EXAMEN APPROFONDI

DES DIFFICULTE'S

DE M. ROUSSEAU DE GENÈVE

CONTRE

LE

CHRISTIANISME

CATHOLIQUE.

A PARIS,

M DCC LXIX.

AVERTISSEMENT.

Jamais Ouvrage contre la Religion n'a paru avec un éclat plus féduisant que l'Emile de M. Rouffeau. C'étoit un enthoufiafme général. Les feuilles à mefure qu'on les imprimoit couroient à la Cour & dans Paris. Ceux qui par leur goût & par leur efprit font en poffeffion de donner le ton à la Nation, fe difoient à l'oreille que M. Rouffeau s'étoit furpaffé dans cette production, qu'elle portoit plus que tout autre, l'empreinte de fon génie, qu'il y avoit déployé tous les refforts de fon ame. On s'arrachoit ces feuilles, & l'air de myftère avec lequel on les lifoit, leur prêtoit de nouveaux charmes. (Lettres de M. Yvon à M. Rouffeau page 81)

AVERTISSEMENT.

Telle fut la réputation naissante d'Emile, & cette reputation n'a rien perdu de son lustre dans l'esprit de la plus part des Incrédules. Ils en recitent des lambeaux entiers sur-tout de la profession de foi du Vicaire Savoyard, comme des morceaux qui contiennent des difficultés sans répli-que. On y trouve en effet dans un stile enchanteur les precis des argumens employés par les ennemis de la Révélation. Voila les objections qu'on s'est proposé de combattre, & qu'on se flatte d'avoir détruit.

EXAMEN APPROFONDI
DES DIFFICULTÉS
DE M. ROUSSEAU DE GENEVE
CONTRE
LE CHRISTIANISME
CATHOLIQUE.

SECTION PREMIERE.

Néceſſité de répondre aux objections des Incrédules. A quelles conditions nous pouvons nous y engager. Célebre paſſa-ge de M. ROUSSEAU ſur JESÜS-CHRIST, & ſur les Evangiles.

L ɛ s ennemis de la Révélation, qui veu-lent paroître inſtruits & ſinceres, ne nous conteſtent point que les preuves que nous

A

leur en produifons, ne foient frappantes.
Mais elles font contrebalancées, difent-ils,
par des objections infolubles. On verra
dans la fuite, que M. *Rouffeau*, notre principal Adverfaire dans cet Ouvrage, voudroit faire croire que le plus impartial
examen de ces preuves ne l'a conduit qu'à
un état de fufpenfion. Balancé de part &
d'autre, il ne fait (*a*) s'il fe déterminera à
adopter la Révélation, ou à la rejeter.
Bien d'autres Incrédules, qui fe donnent
à eux-mêmes le nom d'*inconvaincus*, prétendent auffi que nos preuves ne produi-
fent en eux qu'incertitude & indécifion.

Quand vous auriez raifon, ne ceffent-
ils de nous dire, d'attribuer à vos arguments la force des démonftrations, nous
ne devrions, ni ne pourrions nous foumettre à un fyftême de croyance oppofé
aux lumieres du bons fens, & qui en renverfe les maximes les plus certaines. Auffi
les Sociniens, qui ont penfé comme nous,
ont renoncé à un fi grand nombre de vos
Articles de Foi, que vous avez peine de
les reconnoître pour Chrétiens. Ce font
cependant les Sociniens feuls, qui font
en droit d'exiger que nous écoutions les
preuves de leur croyance. Les autres Chré-

_____

(*a*) Emile, Tom. 3. pag. 164.

tiens nous veulent faire recevoir des
Dogmes qui détruifent ceux de la lumiere naturelle. Comment donc vient-on nous
dire : Voici des démonftrations de la vérité de l'Evangile ? puifqu'il y a dans l'E-
vangile des chofes contraires au bon fens.
La raifon eft, en dernier reffort, le juge de
ce qui eft vrai ou faux. On veut nous
faire préférer la Révélation ; mais c'eft
nous prêcher tout à la fois le oui & le
non. Par la raifon, Dieu me dit qu'il eft
fouverainement parfait ; & la connoiffance de fes attributs doit précéder tout ce
qu'on veut m'apprendre par la Révélation.
Si l'on me perfuadoit des Dogmes inconciliables avec les attributs de Dieu , on
me rendroit Pyrrhonien.

La vérité, répondons-nous , n'étant jamais contraire à elle-même, defque la vérité de l'Evangile eft clairement prouvée,
il ne peut contenir des Dogmes abfurdes &
oppofés à la raifon. Ainfi, plus les difficultés des Incrédules feront exactement difcutées , plus le triomphe de la bonne caufe
fera éclatant. Nous nous engageons donc
fans crainte, à répondre à ces difficultés ,
pourvu qu'ils ne prétendent point que
nous défendions , comme nos Dogmes ,
les fentiments que l'Eglife n'a point ca-
nonifés pas fes décifions , & à condition

A ij

encore qu'on regardera comme nulles, les difficultés qui attaquent les principes admis par les Incrédules eux-mêmes. On ne prendra pour Dogme du Christianisme, que ce que l'Eglise a décidé. On ne prendra pour objection valable contre les Dogmes du Christianisme, que celle qui ne renversera pas des vérités reconnues par les Incrédules. A l'égard de ces vérités, ils doivent faire avec nous cause commune.

Si l'Incrédule n'est pas tout à fait Pyrrhonien, il a ses Dogmes. Aussi voyonsnous avec complaisance, que *l'Auteur d'Emile* déteste l'Athéisme. Il croit en Dieu; il adopte la Religion naturelle; sa profession de Foi exclut l'Epicuréisme & le Spinosisme; il reconnoît la Providence. Quelle est cependant, car il importe de le savoir, quelle est la Religion de *M. Rousseau*, ou du *Vicaire Savoyard* qu'il met sur la scene. Un célebre passage de la profession de Foi du *Vicaire Savoyard* devroit nous l'apprendre. Inférons-le ici en entier, pour ne pas donner lieu à renouveller la plainte (*b*), qu'on affoiblit ce passage, en ne le représentant que tronqué (*c*).

_____

(*b*) Voyez une note de la page 87 de la lettre de M. Rousseau à M. l'Archevêque de Paris.

(c) Le texte suivant est tiré du troisieme Tome d'Emile, pag. 165.

» J'avoue que la majeſté des Ecritures
» m'étonne ; la ſainteté de l'Evangile parle
» à mon cœur. Voyez les livres des Phi-
» loſophes avec toute leur pompe ; qu'ils
» ſont petits près de celui-là ! Se peut-il
» qu'un livre, à la fois ſi ſublime & ſi ſim-
» ple, ſoit l'ouvrage des hommes ? ſe peut-
» il que celui dont il fait l'hiſtoire, ne
» ſoit qu'un homme lui-même ? eſt-ce-là
» le ton d'un Enthouſiaſte, ou d'un am-
» bitieux Sectaire ? quelle douceur, quel-
» le pureté dans ſes mœurs ! quelle gra-
» ce touchante dans ſes inſtructions ! quel-
» le élevation dans ſes maximes ! quelle
» profonde ſageſſe dans ſes diſcours ! quel-
» le préſence d'eſprit, & quelle fineſſe dans
» ſes réponſes ! quel empire ſur ſes paſ-
» ſions ! Où eſt l'homme, où eſt le ſage ,
» qui ſait agir, ſouffrir & mourir ſans foi-
» bleſſe & ſans oſtentation ? Quand Pla-
» ton peint ſon juſte imaginaire, couvert
» de tout l'opprobre du crime, & digne de
» tout le prix de la vertu, il peint trait pour
» trait J. C. La reſſemblance eſt ſi frappan-
» te , que tous les Peres l'ont ſentie, &
» qu'il n'eſt pas poſſible de s'y tromper.
» Quels préjugés, quel aveuglement ne
» faut-il pas avoir, pour oſer comparer le
» fils de Sophroniſque au fils de Marie !
» quelle diſtance de l'un à l'autre ? So-

» crate mourant fans douleur , fans igno-
» minie, foutint aifément jufqu'au bout,
» fon perfonnage ; & fi cette facile mort
» n'eût honoré fa vie , on douteroit fi So-
» crate avec tout fon efprit , fut autre
» chofe qu'un Sophifte. Il inventa, dit-on ,
» la Morale. D'autres, avant lui, l'avoient
» mife en pratique : il ne fit que dire ce
» qu'ils avoient fait ; il ne fit que mettre
» en leçons leurs exemples. Ariftide avoit
» été jufte, avant que Socrate eût dit ce
» que c'étoit que juftice. Léonidas étoit
» mort pour fon pays, avant que Socra-
» te eût fait un devoir d'aimer la Patrie :
» Sparte étoit fobre, avant que Socrate
» eût loué la fobriété : avant qu'il eût dé-
» fini la vertu , Sparte abondoit en hom-
» mes vertueux. Mais où Jefus avoit-il
» appris parmi les fiens, cette morale éle-
» vée & pure , dont lui feul a donné
» les leçons & l'exemple ? Du fein du
» plus furieux fanatifme, la plus haute fa-
» geffe fe fit entendre , & la fimplicité des
» plus héroïques vertus honora le plus vil
» de tous les Peuples. La mort de Socra-
» te philofophant tranquillement avec fes
» amis, eft la plus douce qu'on puiffe dé-
» firer ; celle de Jefus expirant dans les
» tourments , injurié , raillé , maudit de
» tout un Peuple, eft la plus horrible qu'on

» puisse craindre. Socrate prenant la cou-
» pe empoisonnée bénit celui qui la lui
» présente, & qui pleure. Jesus au milieu
» d'un supplice affreux, prie pour ses bour-
» reaux acharnés. Oui, si la vie & la
» mort de Socrate sont d'un sage, la vie
» & la mort de Jesus, sont d'un Dieu. Di-
» rons-nous que l'histoire de l'Evangile, est
» inventée à plaisir ? Non, ce n'est pas ain-
» si qu'on invente ; & les faits de Socra-
» te, dont personne ne doute, sont moins
» attestés que ceux de Jesus-Christ. Au
» fonds, c'est reculer la difficulté, sans
» la détruire. Il seroit plus inconcevable
» que plusieurs hommes d'accord, eussent
» fabriqué ce livre, qu'il ne l'est qu'un
» seul en eût fourni le sujet. Jamais les
» Auteurs Juifs n'eussent trouvé, ni ce ton,
» ni cette morale ; & l'Evangile a des
» caracteres de vérité si grands, si frap-
» pants, si parfaitement inimitables, que
» l'inventeur en seroit plus étonnant que
» le héros.

A iv

SECTION SECONDE.

Le paſſage ſur JESUS-CHRIST, de l'Auteur d'Emile, eſt en contradiction avec le reſte de l'Ouvrage. Quels ſont les Dogmes abſurdes que MR. ROUSSEAU trouve dans le Nouveau Teſtament. Il eſt impoſſible qu'on les y ait inſérés après coup.

LE célebre paſſage que nous venons de tranſcrire, donne occaſion à d'importantes obſervations ; & d'abord la contradiction de ce Texte avec les paroles qui ſuivent immédiatement, nous étonne. » Avec tout cela, nous dit *Monſieur Rouſ-* » *ſeau*, ou le *Vicaire Savoyard*, avec tout » cela ce même Evangile eſt plein de cho- » ſes incroyables, de choſes qui répu- » gnent à la raiſon, & qu'il eſt impoſſible » à tout homme ſenſé de concevoir ni » d'admettre.

Mais quelles ſont ces choſes incroya- bles & abſurdes ? On ne le dit pas. Faut- il donc traiter ce diſcours de pure décla-

mation & d'autant plus vaine , qu'elle
vient tout de ſuite après l'éloge de Jeſus-
Chriſt & de l'Evangile ? Car on n'a ſi ma-
gnifiquement loué Jeſus-Chriſt & l'Evangile , qu'à cauſe de ce que l'Evangile contient. Ainſi comment un livre , qui a des
caracteres de vérité ſi grands , ſi frappants ,
ſi parfaitement inimitables , eſt-il plein de
choſes abſurdes , qu'un homme ſenſé ne
peut concevoir ni admettre? Il eſt étrange qu'on ne daigne pas nous apprendre
en détail , ce qu'on condamne dans l'Evangile avec des qualifications ſi dures , ce
qu'on y blaſphême d'une façon ſi atroce.
On ſait ce que l'Evangile eſt pour nous.
Nous l'adorons, nous l'aimons : il nous eſt
plus cher que notre vie. Qu'on nous diſe au-moins ce qui dépare , ce qui avilit ,
ce qui corrompt ce livre ſi admirable , ſi
parfaitement inimitable. Peut-être a-t-on
des motifs pour nous le faire deviner.
Heureuſement cela n'eſt pas trop difficile.

Le Dogme le plus odieux à *M. Rouſſeau*,
eſt celui de l'Intolérance Théologique. Ce
Dogme fondamental de la Religion Chrétienne , en tant que Religion Chrétienne,
décide la néceſſité de la Foi au Rédempteur. L'exiſtence de Dieu (*a*) eſt la baſe

---

(*a*). *Credere oportet accedentem ad Deum , quia eſt ,* &

A v

de toute Religion , quelle quelle foit. La Foi à Jefus - Chrift , comme Médiateur , eft le Dogme propre du Chriftianifme. C'en eft le caractere diftinctif. On peut être Orthodoxe fur l'exiftence & les attributs de Dieu , fans être Chrétien : & *Mr. Rouffeau* veut que toutes les Religions foient bonnes , que le culte effentiel foit celui du cœur ; que ce culte fuffife fans la connoiffance de la révélation des myfteres du Chriftianifme , fans le Baptême. Ainfi , profcrire tous les cultes différents du culte chrétien , paroît à *Rouffeau* une tyrannie intolérable. Il nous pardonneroit d'adopter les Dogmes de la Théologie chrétienne , la Trinité , l'Incarnation du Fils de Dieu , la Rédemption du genre-humain , la Réfurrection des morts, les peines & les récompenfes à venir , pourvu que nous n'impofaffions pas l'obligation de croire ces Dogmes ; de même qu'il pardonne à ceux qui rejetent ces Dogmes , pourvu qu'ils s'acquittent du culte qu'il lui plaît d'appeler le culte effentiel , & qu'il dit être celui du cœur.

---

inquirentibus fi remunerator fit. Hæb. 11. v. 6.

Hæc eft vita æterna , ut cognofcant te , folum Deum verum , & quem mififti Jefum-Chriftum. Joan. 17. v. 3.

Ces deux Textes font l'abbregé de la Religion naturelle & de la révélée.

On voit l'impoffibilité d'accorder ces principes avec les endroits de l'Ecriture qui fuppofent, ou qui inculquent la néceffité de croire en Jefus-Chrift, qui nous enfeignent que le genre humain degradé & corrompu par le péché d'Adam, a befoin d'un Rédempteur ; qu'il ne peut par aucun autre moyen, rentrer en grace avec Dieu ; que tous étant morts en Adam, nul ne peut revivre que par Jefus-Chrift, ni felon le corps, ni felon l'ame ; que Jefus-Chrift par fes fouffrances & par fa mort, a fatisfait à la Juftice Divine pour nos péchés perfonnels & pour le péché de notre origine ; que nous fommes purifiés par le Sang de Jefus-Chrift fait Homme pour être notre Médiateur ; que le mérite de ce Sang nous eft appliqué par les Sacrements de la Loi nouvelle ; qu'enfin la grace intérieure, fruit de ce Sang précieux, guérit les plaies que le péché a faites à notre ame, fortifie fa foibleffe, lui fait aimer le bien, forme en elle un cœur nouveau.

Voilà le fyftême du Chriftianifme, tel qu'on le profeffe chez les Catholiques, chez les Proteftants, tant de l'une que de l'autre Communion, chez les Grecs, on peut ajouter, chez tous les Chrétiens, excepté les Sociniens, plutôt Déiftes que

A vj.

Chrétiens , & peut-être les Rémontrants ,
qui sans combattre ouvertement ces Dogmes , soutiennent que la croyance n'en
est pas nécessaire. Leur tolérance Théologique s'étend aux Pélagiens, aux Ariens,
aux Nestoriens , & généralement à tous
ceux qui reconnoissent Jesus-Christ pour
le Messie. Ce Christianisme tolérant étoit
la Religion d'Episcopius , de le Clerc,
des Arminiens. *Rousseau* l'adoptera volontiers , pourvu qu'on lui laisse la liberté de penser qu'on est aussi en voie de
salut , dès qu'on rend à Dieu le culte essentiel , ou celui du cœur.

Mais l'Evangile combat de front ce systême latitudinaire. L'intolérance Théologique, disons mieux, l'intolérance Evangélique est une Regle de fer , qu'on ne
sauroit fléchir. Il n'y a pas moyen d'al-
lier l'Evangile avec le salut des Infideles
vivant moralement bien, exacts observa-
teurs de la loi naturelle. Sans Révélation,
sans Foi au Médiateur , point de Christianisme. Cependant la Révélation, la Foi
au Médiateur n'est que la croyance des
Dogmes que nous venons d'indiquer. Ces
Dogmes indissolublement liés au Christianisme , sont répandus dans tout l'Evangile ;
on les y trouve à chaque page & presque
à chaque ligne. Or ces Dogmes parois-

sent à *M. Rousseau* des choses incroyables, qui répugnent à la raison, qu'un homme sensé ne peut concevoir, ni admettre : & c'est de ces choses que l'Evangile est plein. Qui les y a donc mises ? Ce Livre, qui a des caracteres de vérité si grands, si frappants, si parfaitement inimitables, a-t-il été glosé, altéré, corrompu ? *Rousseau* n'a pas dit un mot qui donne lieu de lui attribuer cette idée, qui après tout ne le meneroit à rien.

Que résulteroit-il en effet de la supposition, qu'il y a des additions dans l'Evangile, lesquelles ne viennent pas de la premiere main ? Si elles sont peu considérables, *Mr. Rousseau* n'a nul intérêt à en parler. Si elles sont importantes, il est impossible qu'elles ayent échappé aux yeux de tant de personnes intéressées à diminuer le respect qu'on a toujours eu pour l'Evangile parmi les Chrétiens. Supposé qu'on aille s'imaginer que l'Evangile étoit originairement tel que le réformeroit *Mr. Rousseau*, s'il étoit obligé d'en ôter tout ce qui choque sa façon de penser, ce ne seroit plus qu'un Livre entierement différent de l'Evangile que nous avons entre les mains, & qui, au jugement de *Mr. Rousseau*, est plein de choses incroyables & absurdes.

Qui feroit d'ailleurs l'auteur de ces additions ? Ce ne pourroit être qu'un homme
imbu des Dogmes reçus par toutes les
Communions Chrétiennes (excepté les
Sociniens), qu'on ne reconnoissoit pas au
commencement du Christianisme. Cet
homme auroit donc fourré dans l'Evangile déja existant sans ces Dogmes, les
passages qui les supposent, & qui y font
visiblement allusion : il y auroit inféré
cette multitude de Textes, qui ne semblent pas susceptibles d'une autre significa-
tion que celle qu'on leur a toujours
donnée dans le Christianisme, jusqu'à ce
que les Sociniens inventerent leur nouvelle méthode d'interpreter les saintes Ecritures ; car cette nouvelle méthode en fait
disparoître le péché originel, la nécessité
de la grace intérieure, l'Incarnation du
Fils de Dieu, sa Divinité, sa Satisfaction
pour les péchés des hommes.

Ajoutons que le Nouveau Testament,
car ce terme doit être ici regardé comme
synonime à celui d'Evangile ; le Nouveau
Testament n'a pas été fait par un seul Auteur, le même jour, ni dans un même
lieu. Il a été composé par différents Ecrivains, en divers temps, & en divers
lieux. Ses diverses parties ont été promptement répandues parmi les Chrétiens &

traduites en plusieurs langues. On ne sauroit donc exaggérer l'absurdité de l'hypothese qui supposeroit que le Nouveau Testament, écrit d'abord comme l'eût écrit un homme imbu des sentiments de *Mr. Rousseau*, auroit promptement été altéré au point de se trouver tel que nous l'avons.

Aussi n'imputons-nous point à *Mr. Rousseau* une telle absurdité ; il a trop d'esprit, pour ne pas en sentir le ridicule. Mais l'idée qu'il adopte est plus audacieuse, sans être plus raisonnable, ou plutôt c'est un assemblage de contradictions. Il prétend que les Auteurs d'un livre qui a des caracteres de vérité, si grands, si frappants, si parfaitement inimitables, l'ont rempli de choses incroyables, qui répugnent à la raison, qu'il est impossible à tout homme sensé de concevoir, ni d'admettre ; ou pour être plus court, l'ont rempli d'absurdités. La prétention de *Mr. Rousseau* va à traiter d'absurdes, le systême chrétien, les Dogmes & les Mysteres qui en font l'essentiel & le précis. Les Gentils en jugeoient de même ; l'Evangile étoit pour eux une folie. Mais, selon Saint Paul (*b*), c'étoit la sagesse de Dieu, qu'il avoit manifestée dans les der-

_____

(*b*) I. Cor. 1. v. 23.

niers temps par (c) la prédication des Apôtres. Pourquoi donc ce qui a fait l'admiration des Peres de l'Eglise, & des Savants du Christianisme, ne paroît-il à *Mr. Rousseau*, qu'un amas d'absurdités, contenues pourtant dans un Livre qui a des caracteres de vérité si grands, si frappants, si parfaitement inimitables? Expliquons cette énygme dans la Section suivante.

(c) Ephes. 3. v. 5.

SECTION TROISIEME.

Le Vicaire Savoyard *approuve toutes les Religions. Selon lui, le culte eſſentiel eſt celui du cœur, & le Calviniſme de Geneve, la Religion qu'il approuve le plus. Il exerce les fonctions de la Religion Catholique, laquelle n'en tolere aucune autre. La volonté de plaire à Dieu rend attentif aux preuves de la véritable Religion. L'intention d'honorer Dieu, mauvaiſe apologie des cultes mauvais & impies. Que juger de ceux dont on ne ſait comment ils ont été établis, & par quels motifs ? C'eſt ſe contredire d'approuver des Religions intolérantes, & telles ſont le Mahométiſme & le Chriſtianiſme. Si toutes les Religions ſont bonnes, Jeſus-Chriſt eſt un Docteur de menſonge. Le Paganiſme, trop abominable pour être une bonne Religion.*

LE célebre paſſage que nous avons

tranfcrit , ne nous apprend point quelle
eft la Religion de *Mr. Rouffeau*, ou de
fon *Vicaire Savoyard*. Il faut donc demander de nouveau , eft-il Catholique ,
ou Proteftant ? eft-il attaché à l'Eglife
Grecque , au Mahométifme , au culte
Idolâtre ? Je pourrois répondre qu'il eft
tout cela. Je pourrois répondre , qu'il
n'eft rien de tout cela. Sa Religion eft
celle de fa patrie ; fon culte eft celui du
pays où il fe trouve. » Je regarde (*a*) ,
» dit-il , toutes les Religions particulie-
» res comme autant d'inftitutions falutai-
» res , qui prefcrivent dans chaque pays ,
» une maniere uniforme d'honorer Dieu
» par un culte public , & qui toutes peu-
» vent avoir leurs raifons dans le climat ,
» dans le gouvernement , dans le génie du
» Peuple , ou dans quelque autre caufe
» locale , qui rend l'une préférable à l'au-
» tre , felon les temps & les lieux. Je les
» crois toutes bonnes , quand on y fert
» Dieu convenablement. Le culte effen-
» tiel eft celui du cœur. Dieu n'en rejete
» point l'hommage , quand il eft fincere ,
» fous quelque forme qu'il lui foit offert. «
　Voilà une profeffion de foi très-intelli-
gible. Le *Vicaire Savoyard* fera bon Pro-

(*a*) Emile , Tom. 3. pag. 169. & fuiv.

testant, ou devot Catholique, suivant les pays où il se trouvera. Il fera la Cene à Geneve, ou il dira la Messe en Italie & en France. Ce n'est point une conséquence que nous lui imputions par conjecture. Il va au-devant des questions qu'on pourroit lui faire là dessus, puisqu'il ajoûte tout de suite : » Appellé ...... au » service de l'Eglise, j'y remplis avec » toute l'exactitude possible, les soins qui » me sont prescrits, & ma conscience me » reprocheroit, si j'y manquois. » C'est-à-dire, que cet homme pieux célebre la Messe avec toute la décence possible.

Mais l'article de la Consécration & de l'Adoration du Sacrement, ne le gênera-t-il pas ? Non. Car sans croire ce que croyent les Catholiques, voici comment il en use quand il approche du moment de la Consécration, » je me recueille (*b*) » pour la faire avec toutes les dispositions » qu'exige l'Eglise & la grandeur du Sacre-,, ment; je tâche d'anéantir ma raison de-,, vant la suprême intelligence : Je me dis : ,, Qui es-tu pour mesurer la puissance infi-,, nie ? Je prononce avec respect les mots ,, sacramentaux, & je donne à leur effet ,, toute la foi qui dépend de moi. ,, Sans

_____

(*b* Emile, Tom. 3. pag. 171.

croire à la préfence réelle, il agit au dehors,
comme agiffent les Prêtres Catholiques
qui en font les plus pénétrés. Il ne craint
pas de profaner un myftere de foi, qu'il
adore extérieurement, en ne le regardant
que comme un je ne fais quoi, qu'il
traite de myftere inconcevable. Mais par
cet hommage hypocrite il n'honore que
les hommes, dont il ne veut pas s'attirer la difgrace. En fe couvrant du mafque
d'un Prêtre Catholique, il prétend uniquement ne pas mourir de faim : & fans
s'étudier, à cacher ce fecret, » après,
» dit-il, un (*e*) long interdit, vous
» favez que j'obtins, par le crédit de
» Mr. de Mellarede, la permiffion de re-
» prendre mes fonctions pour m'aider à
» vivre. » L'Epifode du *Vicaire Savoyard*
n'eft qu'un Roman. Mais c'eft un Roman fait pour apprendre au Public ce
que penfe fur le culte religieux *Mr.*
Rouffeau de Geneve. Il a feint un perfonnage qu'il nous donne pour modele ;
& ce perfonnage croit qu'il faut fervir
Dieu conformément à la Religion du pays
où l'on eft. Le Bonze Indien, le Dervi-
che Turc, le Papa Grec, le Miniftre
Proteftant, le Prêtre Catholique, doivent

___

(*c*) *Ibid.* pag. 170.

chacun ſe conformer à la Religion de
leur pays. C'eſt pour eux le moyen d'honorer Dieu convenablement. Dieu n'exige que le culte eſſentiel, qui eſt celui
du cœur ; le *Vicaire Savoyard* prend toutes ſortes de précautions pour inculquer
ce principe ; » c'eſt, dit-il, une inexcu-
» ſable préſomption de profeſſer (*d*) une
» autre Religion que celle où l'on eſt né. »
Des déciſions ſi préciſes ne ſauroient
laiſſer aucun doute ſur les vrais ſentiments
de l'Auteur ; & il faut convenir que cela
plaît à plus d'un lecteur

Mais cette apologie des Religions les
plus inſenſées, fait naître les plus grandes
difficultés. On y ſuppoſe que la Religion de la naiſſance eſt préférable à toute autre : maxime dont on ne donne pour
preuve, que la Theſe même, ſavoir, que
toutes les Religions ſont égales, & qu'on
ne doit point abandonner celles-mêmes
dont on aura reconnu la fauſſeté & l'extravagance. Comment donc pratiquer l'a-
vis du *Vicaire Savoyard* à ſon Eleve ?
» Retournez, lui dit-il, dans votre pa-
» trie, reprenez la Religion de vos (*e*)
» peres (le Calviniſme), ſuivez-la dans

(*d*) *Ibid.* Tom. 3. pag. 180.
(*e*) *Ibid.* Tom. 3. pag. 179.

» la fincérité de votre cœur , & ne la
» quittez plus. Elle eft très-fimple & très-
» fainte. Je la crois de toutes les Reli-
» gions qui font fur la terre, celle dont
» la morale eft la plus pure , & dont la
» raifon fe contente le mieux. »

Mais fi le Calvinifme mérite la préférence , parce que la raifon s'en accommo-
de le mieux , & que fa morale eft la plus
pure , il faudroit le préférer , quand même ce ne feroit pas la Religion de la naiffance : ou s'il doit obtenir la préférence,
parce qu'on y a été élevé , on lui devroit auffi cette préférence dans l'hypothefe que ce ne feroit pas la Religion de
toute la terre , dont la morale eft la plus
pure , & dont la raifon fe contente le
mieux. Quelle difcordance de maximes !
l'Auteur d'Emile prétend que toutes les
Religions étant indifférentes , on doit s'ac-
commoder à celles de tous les pays. Et
néanmoins , fi l'on a des talents pour parler , il prefcrit de ne parler que fuivant
(*f*) fa confcience : il veut qu'on refte
toujours ferme dans la voie de la vérité,
ou de ce qui paroît l'être. Il veut qu'on
dife ce qui eft vrai , comme fi la Religion de la naiffance étoit toujours la vé-

_____

(*f*) Emile , Tom. 3. pag. 184. & fuiv.

ritable, ou celle qui paroît l'être, comme ſi elle étoit toujours la plus conforme
au jugement de la conſcience. Ce nouveau légiſlateur nous parle magnifique-
ment du zele & de l'amour qu'on doit
avoir pour la vérité ; & il nous prêche
en même-temps à pleine bouche, l'indifférence des Religions. Il nous dit tout à
la fois : chériſſez la vérité, reſpectez votre conſcience : pratiquez pourtant tous
les faux cultes ; profeſſez des Religions que
vous croyez être l'effet de l'impoſture, &
qui, ſuivant les lumieres de votre bon
ſens, ſont contraires aux loix de la morale naturelle & de la ſaine raiſon.

Dieu ne rejete point l'hommage du
cœur, quand il eſt ſincere. C'eſt ce que
nous dit & nous redit le *Vicaire Savoyard*.
Mais comment cette leçon tant inculquée
s'accorde-t-elle avec le menſonge, qu'il
veut nous faire pratiquer, en feignant d'être
de la Religion de tous les pays ? Sa grande maxime, que le culte que Dieu demande, eſt le culte du cœur, ſe peut-elle
pratiquer ſous le maſque de la diſſimu-
lation & de l'impoſture ?

On auroit beau dire que cette diſſimu-
lation ne concerne que les articles de
croyance ſur leſquels il eſt indifférent
de ſe tromper. Car qui peut s'arroger

l'autorité de décider quels font ces articles ? N'eft-il d'aucune conféquence, par
exemple, de foufcrire à une profeſſion
de Foi Catholique ? Si le *Vicaire Savoyard* ne permet pas d'y foufcrire, il
condamne fa propre conduite. Jouer le
perfonnage de Prêtre Catholique, c'eſt
ou expreſſément, ou par équivalent, foufcrire à une profeſſion de Foi Catholique.
Mais entre les points de Foi qui la com-
pofent, il y en a un qui ne fauroit profcrire plus expreſſément la Tolérance Théologique. Les premieres & les dernieres
lignes du Symbole de Saint Athanafe,
que tous les Prêtres de l'Eglife Catholique ont fi fouvent dans la bouche, ne
laiſſent aucun fubterfuge aux plus rafinés
partifans du fyftême du *Vicaire Savoyard*
(*g*). Si fans croire à ce Symbole pas plus
qu'un Socinien, on peut y foufcrire, ou
le réciter comme faifant profeſſion d'y
croire, la bonne foi eſt anéantie, la vérité

(g) *Quicumque vult falvus eſſe, ante omnia opus, ut
teneat Catholicam Fidem .... quam niſi quiſque fideliter,
firmiterque crediderit, falvus eſſe non poterit.* Ce font les
premieres & les dernieres paroles de ce Symbole. Voyez
auſſi la formule d'abjuration qu'on fait prononcer aux
Calviniftes qui reviennent à l'Eglife Catholique. On
la trouve à la fin de quelques Rituels.

rité n'est plus comptée pour rien. Que signifient donc les promesses du *Vicaire Savoyard*, qu'il ne prêchera jamais le Dogme de l'Intolérance, qu'il n'adoptera jamais ce Dogme inhumain ? N'est-ce donc pas le prêcher & l'adopter ? N'est-ce pas du-moins feindre de l'adopter, de réciter le Symbole de Saint Athanase ? N'est-ce pas l'adopter que de prononcer anathême contre toutes les Hérésies que condamne l'Eglise Romaine, que de promettre avec serment, de garder à l'avenir sa Foi ? Tout cela est renfermé dans la formule d'abjuration de l'Hérésie, prescrite aux nouveaux convertis. On n'est point reçu dans le sein de l'Eglise, sans faire cette abjuration : c'est-à-dire, ou que l'on est sincerement Catholique, ou que l'on fait un faux serment : serment équivalemment répété tous les jours, par la profession extérieure qu'on fait d'être Ministre de l'Eglise. Cette hypocrisie n'effraye point le *Vicaire Savoyard*. Mais elle fait horreur au reste des Chrétiens. Ils s'écrient tous qu'un Christianisme qui ouvre le sein à tous les cultes, n'est point la Religion de Jesus-Christ.

Mais quand ce seroit une maxime avouée par le bon sens, & sur laquelle on ne pût former aucun doute, qu'avec le culte essentiel, qui est celui du cœur ;

la Divinité suprême n'exige rien de plus, ce culte ne devient-il pas abominable à ses yeux, quand il est couvert par le masque de l'hypocrisie ? A ne considérer l'Eglise Chrétienne que comme une assemblée de gens sages, son suffrage ne l'emportera-t-il pas sur celui du *Vicaire Savoyard* ? On sait avec quelle sévérité elle a condamné les Priscillianistes, qui avoient pour principe, de dissimuler leur croyance. L'Eglise Judaïque avoit eu les mêmes sentiments que la Chrétienne. Elles ont cru l'une & l'autre, que le mensonge, en fait de croyance, étoit criminel. La Loi que Jesus-Christ a faite à tous ses Disciples de confesser son nom devant les hommes, est comme la base de son culte ; c'est renverser le Christianisme que de la détruire. Le *Vicaire Savoyard* veut nous persuader qu'on se sauve dans toutes les Religions ; mais nous aimons mieux en croire Jesus-Christ, qui nous dit formellement que la vie éternelle consiste à connoître Dieu le Pere & le Fils qu'il a envoyé : nous aimons mieux en croire les Apôtres, qui nous assurent qu'il n'y a point d'autre nom donné aux hommes pour parvenir au salut, que celui de Jesus-Christ ; que Jesus-Christ, en un mot est la pierre angulaire de l'édifice du salut.

A ne conſulter même que les lumieres du bon ſens, dans la fameuſe diſpute entre Saint Ambroiſe & Symmaque, ſur le rétabliſſement de l'Autel de la Victoire, nous devons décider en faveur de Saint Ambroiſe. » Il eſt raiſonnable, diſoit Symmaque, » (*a*) de croire que ce que tous hono-» rent, eſt le même Etre. Les mêmes Aſ-» tres nous éclairent; nous ſommes enfer-» més dans le même Univers. Il ſert de » bien peu par quelle prudence, vraie ou » fauſſe, on cherche cette vérité ſur la-» quelle on nous fait une controverſe. » C'eſt un ſecret trop caché, pour le dé-» couvrir, en ſuivant la même voie. » La réponſe (*b*) de Saint Ambroiſe eſt tranchante : Que Dieu, dit-il, m'inſtrui-ſe lui-même des myſteres céleſtes, & que

_____

(a) *Æquum eſt, quidquid omnes colunt, unum putaré: Eadem ſpectamus aſtra, commune cœlum eſt. Idem nos mundus involvit. Quid intereſt quâ quiſque prudentiâ verum requirat. Uno itinere non poteſt perveniri ad tam grande ſecretum; ſed hæc ocioſorum diſputatio eſt. Symmachus.* Epiſt. 54. Lib. 10. ad Valent.

(b) *Cœli myſterium doceat me Deus ipſe, qui condidit, non homo, qui ſeipſum ignoravit. Cui magis de Deo, quàm Deo credam. Quomodò poſſum vobis credere, qui fatemini vos ignorare quod colitis. Uno, inquit, itinere non poteſt perveniri ad tam grande ſecretum. Quod vos ignoratis, id nos Dei voce cognoſcimus. Et quod vos ſuſpicionibus quaritis, nos ex Dei ſapientia & veritate compertum habemus.* Ambroſ. adverſus Symmachum, Libello ſecundo.

B ij

ce ne foit pas l'homme, qui ne fe connoît pas. Quand il s'agit des chofes de
Dieu, à qui s'en rapporter plutôt qu'à
Dieu ? Et comment vous en croirai-je,
vous qui tombez d'accord que ce que
vous adorez, vous ne le connoiffez pas ?
Par un même chemin, dites-vous, on
ne peut arriver à une chofe fi cachée. Ce
que vous ne connoiffez donc pas, nous
le connoiffons par la parole de Dieu : &
ce que vous cherchez par des conjectures
& par des foupçons, nous en fommes
inftruits par la fageffe même & la vérité
de Dieu. C'eft par fon Fils, qui eft cette
fageffe & cette vérité, qu'il nous a appris
le chemin du Ciel. Je fuis, dit Jefus-Chrift,
la voie qui conduit à la vie (*a*) ; je fuis
la porte par où l'on y entre : il eft encore
le portier qui en ouvre l'entrée : mais Jefus-
Chrift a-t-il raifon de s'attribuer ces grands
titres ? Ses œuvres en font le garant ; &
l'*Auteur d'Emile* n'auroit point de répugnance à les lui attribuer auffi, pourvu que
ce ne fût pas exclufivement à tout autre.
» Car Jefus-Chrift n'eft pas le feul Inftitu-
» teur d'un culte religieux. Avant & après
» lui, d'autres ont établi des moyens dif-
» férents pour s'attirer la bienveillan ce

_____

(a) *Joan. 14. v. 6. & Joan. 10. v. 9.*

» & la protection du Ciel : & c'en est
» assez pour s'assurer l'un & l'autre. Tout
» culte, dès qu'il part d'un bon cœur, ne
» sauroit ne pas être agréable à la Divi-
» nité. La sincere intention de lui plaire,
» supplée à tout, forme l'essentiel du cul-
» te. Avec elle seule, même sans croire
» des Dogmes spéculatifs, on est assuré des
» bonnes graces de l'Etre suprême. »

Voilà le précis de la commode Théologie du *Vicaire Savoyard* ; mais il auroit
dû nous apprendre comment on peut avoir
une sincere envie de plaire à Dieu, sans
croire à Jesus-Christ, lorsqu'on a des preuves qu'il est l'Envoyé du Ciel ; ou comment cette envie peut être sincere, quand
on néglige d'approfondir ces preuves. Il
faut que des créatures qui doivent à Dieu
tout ce qu'elles sont, recherchent tous les
moyens possibles de l'honorer & de le
servir : suffit-il d'assurer de bouche, qu'on
en a le plus ardent désir, si on n'en donne des marques effectives ? L'essentiel de
ce culte dont parle tant *l'Auteur d'Emile*,
doit renfermer une pleine volonté, non
pas de faire à Dieu la leçon, mais de la
recevoir de lui.

Ainsi l'Incrédule aura beau dire avec
le *Vicaire Savoyard* : Je m'acquitte de ce
qu'il y a d'essentiel dans le culte qu'on

doit à l'Être suprême ; mon cœur lui est connu , & me rend témoignage que je veux sincerement lui plaire. Cette grande question , quelle est notre passion dominante , ne se décide pas par des protestations verbales. On a eu raison d'applaudir à ce mot fameux : *Ce que nous voulons est juste ; ce que nous aimons est saint* (*a*). Les folies de l'Idolâtrie Egyptienne ont été canonisées. Juvenal s'en moquoit avec les gens sages ; & les Egyptiens s'applaudissoient de leur zele à défendre le culte de leurs animaux sacrés. Ils auroient (*b*) mieux aimé dévorer de la chair humaine , que de toucher à celle de quelques bêtes. Des Nations barbares & des Nations civilisées offroient (*c*) des hom-

---

(a) *Jam ut vetus proverbium fertur* : *Quod volumus , sanctum est.* Augu ſt. contra Cresconium. Lib. 4. cap. 37. On avoit pris cette parole d'un Ecrivain Donatiste , nommé Cresconius. Voyez Saint Augustin , *Epître 48 , de l'ancienne Edition , à Vincent.*

(b) Juvenal , satyre 15.

(c) Mr. Morin , de l'Académie des Inscriptions a , voulu faire douter de cet usage inhumain. Voyez le premier Volume de l'Histoire de cette Académie , pag. 57. & suiv. *Edit. in 12.* Mais cette prétention est insoutenable ; & pour douter de cette barbarie, toute horrible qu'elle est , il faudroit s'inscrire en faux contre le témoignage de tous les Anciens. Voyez le 18. Vol. de cette Académie , page 178. & suiv. *Edit. in 4°.* Voyez encore la page 454 & suivantes du 3e. Vol. des *Discours historiques , critiques & moraux de Saurin.*

mes en ſacrifice, en Paleſtine, à Carthage, chez les Celtes, même à Rome ; il falloit du ſang humain pour appaiſer certaines Divinités; quelquefois même il falloit qu'en leur honneur, les peres immolaſſent leurs propres enfants. On ne croyoit pouvoir ſatisfaire que par ces victimes, aux devoirs de la Religion. Que nous dira donc *l'Auteur d'Emile* ? Approuvera-t-il toutes ces horreurs ? Juſtifiera-t-il les inhumanités du plus extravagant fanatiſme ? Car s'il condamne ces barbares manieres d'honorer les Dieux, il renonce à la Regle générale, qu'on peut & qu'on doit ſuivre la Religion de la patrie. Il ne peut plus regarder toutes les Religions particulieres comme autant d'Inſtitutions ſalutaires, qui preſcrivent dans chaque pays, une maniere uniforme d'honorer Dieu par un culte public.

L'*Auteur d'Emile* ſemble s'être préparé une réponſe, en nous diſant, qu'il croit bonnes toutes les Religions, quand on y ſert Dieu convenablement. Mais les partiſans de tous les cultes, les Idolâtres de tous les pays ne prétendront-ils pas ſervir Dieu convenablement ? Quand on trouvera dans leurs cultes, de l'inhumanité, de la barbarie, de l'indécence, tous ces défauts ne feront-ils pas couverts par le déſir de ſervir Dieu convenablement, puifque le culte effentiel eft celui du cœur ? *L'Auteur d'Emile* ne nous apprend rien, fuppofé que pour fervir Dieu convenablement, il faille quelque chofe de plus que la bonne intention. Car les partifans de tous les cultes proteftent qu'ils ont intention de fervir Dieu convenablement ; tous affurent que les Inftituteurs de leur culte ne l'ont point établi fans de bonnes raifons, & qu'on n'a pu le recevoir fans en avoir de fages motifs. Mais il eft impoffible de deviner aujourd'hui quelles ont été les vues des Inftituteurs. Ce que l'on peut préfumer, & cette préfomption approche beaucoup de la certitude, c'eft que dans l'inftitution des cultes religieux, on a compté la vérité prefque pour rien. Or, cette préfomption ne fuffit-elle pas pour en rendre la légitimité plus que fufpecte ?

Les principes de *Mr. Rouffeau* doivent le conduire à nous répondre qu'il n'eft point néceffaire d'entrer dans ces difcuffions, & qu'on peut fuivre tous les cultes religieux qui font établis dans de vaftes contrées, tels qu'étoient autrefois l'Idolâtrie & même aujourd'hui le Mahométifme. Mais quelle étrange témérité, de décider qu'on peut fuivre une Religion dont l'Inftituteur eft un impofteur ou un fanatique ? Nous savons , à n'en pouvoir douter , que le Fondateur du Mahométisme ne prétendoit point faire des miracles , ni avoir aucun signe d'une Million Divine , que le premier venu ne puisse également s'attribuer. En se donnant pour l'Envoyé du Ciel , il n'en a fourni aucun témoin qu'on ne puisse récuser , disons mieux , qu'on puisse écouter sans être imbécille (*d*).

Bien loin de prouver qu'il y ait eu du surnaturel dans l'établissement des cultes du Paganisme , on sait (*e*) qu'en agissant comme Ministres de la Divinité , leurs Instituteurs , fourbes ou fanatiques , croyoient que sur cette matiere , l'imposture leur étoit permise. Pour approuver leurs Institu-

---

(*d*) Au lieu que les premiers Prédicateurs de l'Evangile avoient fait une infinité de miracles indubitables , puisque ces miracles avoient pour témoins ceux qui se convertirent au Christianisme , dans presque toutes les Provinces de l'Empire Romain , il est certain que Mahomet ne prétendoit pas même faire des miracles. Il en fait formellement , ou équivalemment , l'aveu dans beaucoup d'endroits de son Alcoran , que j'ai cités à la page 240 du Tom. 2. de la Religion naturelle & révélée.

(*e*) Voyez le quatrieme Livre de la Cité de Saint Augustin , ch. 27 , 30 , 31 , 32. Je n'en citerai que ce peu de mots. » *Expedire igitur existimat (nempè* » *Scævola) falli in Religione Civitates. Quod dicere etiam* » *in Libris rerum divinarum ipse Varro non dubitat. Aug.* » ubi suprà , cap. 27.

B v

tions religieuses , il faut donc s'imaginer
qu'on se rend la Divinité favorable en
pratiquant la Religion d'un fanatique ou
d'un fourbe ; & puisque , selon le *Vicaire
Savoyard* , les cultes du Paganisme ayant
ce qui fait l'essentiel du culte Divin , il est
de la bonté de l'Être suprême de les accep-
ter ; notre nouveau Docteur doit adopter
ce principe , qu'il est à peu près égal en ce
qui concerne le service de Dieu , de se conduire par les Institutions d'un imposteur ,
ou d'un visionnaire , ou d'un Envoyé du
Ciel ; maxime qui nous paroît le comble
de la témérité.

Cette reflexion peut devenir plus sen-
sible par cette supposition. Une troupe
d'hommes sages , mais dépourvus de toute assistance surnaturelle , délibérent entre
eux sur le choix du culte qu'ils rendront
à l'Être suprême ; & le succès de leur entreprise est heureux , au-moins en ce qu'ils
ne font entrer dans ce culte, rien de contraire à la loi naturelle , rien qui ne soit
propre à entretenir & à fortifier les sentiments de respect, de reconnoissance &
d'amour , que la créature doit à son Créateur. On ne pourroit qu'applaudir au choix
que feroit d'un tel culte, une Nation isolée,
qui n'étant en commerce avec aucun autre Peuple, n'auroit point de moyen pour

connoître quelque Inſtitution religieuſe préférable. Quoique ce culte fût tout naturel, l'impoſſibilité d'en ſuivre un meilleur en ſeroit une ſuffiſante juſtification : & puiſque *l'Auteur d'Emile* avoit tant à cœur de défendre la Religion naturelle, il devoit adopter une eſpece de culte religieux qui n'eût rien d'indigne des perfections du Créateur, rien d'oppoſé aux devoirs de la créature raiſonnable.

Cependant, ſans examiner quelle eſt l'origine & la croyance, quelles ſont les cérémonies, au-moins des principales Religions en vogue dans le monde, le *Vic. Sav.* les approuve toutes ; & cette approbation s'étend au Paganiſme, au Chriſtianiſme & au Mahométiſme : Religions, qui par ſes propres principes ſont condamnables, & qu'il ne peut juſtifier par les moyens de défenſe qu'on pourroit faire valoir en faveur de la Religion de ce Peuple iſolé, dont nous parlions tout à l'heure.

L'origine & les infames cérémonies du Paganiſme doivent le faire proſcrire à tout partiſan zélé des droits de la ſaine raiſon. Quand on veut qu'on ne trompe ni ſoi-même, ni les autres, qu'on ne parle jamais contre ſa conſcience, on ne ſauroit approuver le Paganiſme ancien ni moderne. Le *Vic. Sav.* ne ſauroit avoir plus d'indulgence pour le Chriſtianiſme & pour le Mahométiſme ; Religions eſſentielle- ment intolérantes, & par conſéquent en horreur au *Vicaire Savoyard.* Dans quel- les Régions de l'Univers ſeront donc les Peuples qui ſuivront une Religion qu'on puiſſe adopter ſans démentir ſes principes ? Il approuve toutes les Religions dans la théorie, & les condamne toutes dans la pratique. Où trouvera-t-il, je ne dis pas une Nation qui ſuive un culte religieux formé ſur ſes idées, mais dont on puiſſe eſpérer qu'elle l'embraſſera, ſi on le lui propoſe. Il faudroit aller dans une nouvel- le Atlantide, créée ſuivant le modele de celle du Chancelier Bacon (*f*) où une troupe de ſages auroient formé un culte, qui ne mériteroit aucun des reproches qu'on eſt en droit de faire aux cultes re- ligieux pratiqués dans l'Univers.

On diſpute ſi les Mahométans ne croyent pas qu'en vivant bien, on peut ſe ſauver dans des Religions différentes du Maho- métiſme. Mais quand Mr. Reland n'auroit

----

(*f*) Bacon appelle nouvelle Atlantide, l'Iſle ima- ginaire qui ſert de Théatre au Roman Philoſophique, imprimé à la ſuite de l'Ouvrage intitulé : *Silva Silvarum.* Cette Iſle n'a point de commerce avec le reſte de l'Univers.

pas démontré (*g*) le contraire , on ne fauroit lire quelques pages de l'Alcoran , fans
être perfuadé que Mahomet n'apportoit aucun adouciffement à fon intolerance pour
l'Idolâtrie. Et ce feroit perdre du temps
de prouver qu'on ne peut être Chrétien ,
fans adopter le Dogme de l'Intolérance
Théologique. Il ne s'agit point ici de l'Intolérance civile.

Quelle eft donc la prétention du *Vic.
Sav.* ? Il autorife toutes les Religions comme bonnes , depuis même que Jefus-Chrift
a apporté aux hommes une Religion nouvelle, qui abolit tous les autres cultes
paffés, préfents, & à venir : il autorife
toutes les Religions, fans néanmoins accufer la Religion de Jefus-Chrift de porter aucun caractere de réprobation, de
manquer d'aucun des fignes qui peuvent
annoncer une origine célefte. Malgré les
abfurdités qu'il attribue à l'Evangile, il
n'a ofé dire que la Religion Chrétienne
n'eût pas des marques de vérité & de
fainteté, que nulle autre Religion ne lui
conteftera jamais. Bien loin d'imputer à

(*g*) Voyez un Ouvrage intitulé : *La Religion des
Mahométans* , *expofée & tirée du latin de Mr. Reland.*
A la Haie 1721 , page 70 & fuivantes des Eclairciffe-
ments,

Jesus-Christ d'être un fanatique ou un fourbe, il prouve que sa sainteté a été plus
qu'humaine. La Philosophie n'en a point
approché, même par la peinture qu'elle
a voulu nous tracer d'un sage parfait. Le
Vic. Sav. n'a point entrepris non plus, de
montrer que Jesus n'eût pas réprouvé toutes les Religions différentes de la sienne,
ou qu'il n'eût pas enseigné l'Intolérance
Théologique. Il n'a point tenté de faire
voir que les Apôtres n'ayent pas exactement suivi l'esprit de sa Religion, lorsqu'ils ont dénoncé aux Juifs que le nom
de Jesus-Christ, le culte Chrétien, est
l'unique moyen de salut que Dieu a accordé aux hommes.

Mais si l'Intolérante Religion de Jesus-
Christ & des Apôtres condamne toutes les
Religions différentes du Christianisme, si
cette doctrine a été enseignée par ses
Fondateurs, comment sauver cette contradiction : *Toutes les Religions sont bonnes ,*
sans en excepter le Christianisme ; & le Chri-
tianisme proscrit toutes les autres Religions.
Que le *Vic. Sav.* s'explique sur cette alternative : ou les anathêmes que le Chri-
tianisme lance sur toutes les Religions, le
vitient, & le corrompent totalement, lui
font perdre la qualité de bonne Religion
dans laquelle on peut se sauver : ou bien

l'Intolérance du Christianisme n'empêche pas qu'on n'y trouve encore la route du salut : cette intolérance est seulement un défaut, qu'il faudroit corriger dans la Religion Chrétienne, parce qu'il la dépare & la dèshonore, sans cependant la rendre une voie de perdition. Dans le premier cas, il n'est point vrai que toutes les Religions soient bonnes, & qu'on puisse dans toutes se sauver : puisque le Dogme de l'Intolérance empêche qu'on ne puisse se sauver dans le Christianisme. Au second cas, & si malgré ce Dogme inhumain, on peut trouver dans le Christianisme une voie de salut ; si, dis-je, en prêchant & en croyant l'Intolérance Théologique, on demeure dans la voie du Ciel, ce que le *Vic. Sav.* nous débite contre cette doctrine, est un discours en l'air.

Il y a plus, & ne négligeons pas d'apprendre à nos Lecteurs un secret dont ils feront bien aises d'être instruits. On doit se rappeller qu'après les magnifiques éloges que le *Vic. Sav.* a fait de Jesus-Christ & de l'Evangile, il ajoûte, qu'avec cela ce même Evangile est plein de choses incroyables & absurdes, sans nous dire en particulier, quelles elles sont. Mais on ne sauroit douter que ce ne soit principalement le Dogme de l'Intolérance Théologi-

que. Qu'on sache donc que ce Dogme
inhumain, barbare, absurde tant qu'on
voudra, ne laisse pas d'être si pardonna-
ble, d'être si peu dangéreux, qu'on peut
& le croire & le prêcher, sans cesser d'être
dans la voie du salut, de l'aveu volontaire ou forcé du *Vicaire Savoyard*.

Ajoûtons qu'il faut inévitablement ou
adopter le Dogme de l'Intolérance Théologique, ou abjurer le Christianisme. C'est
l'anéantir, de le ravaler à la condition des
autres Religions. Aucun de ceux qui les
ont établies n'a prétendu qu'on ne trouveroit que dans sa Religion la voie de
l'immortalité. C'est dans le Christianisme
qu'on trouve le Prince du siecle futur,
le Pontife des biens étenels, le Médiateur entre Dieu & les hommes. Jesus-Christ
possede exclusivement (*h*) ces grands titres. Il est la vie, la voie qui mene à la
vie ; il est le Pasteur qui y conduit, qui

_____

(*h*) La comparaison des endroits de l'Ancien Testament, où il est parlé du Messie, & de ceux du Nouveau, qui montrent l'accomplissement de ce qui en
avoit été prédit, fourniroit le Commentaire de ce que
je dis ici. On peut voir la *Démonstration Evangélique de M. Huet*, proposit. 9e. Voyez sur-tout les
Chapitres onze, vingt-deux, vingt-huit, trente-un,
trente-cinq, cinquante-quatre, soixante-un, & beaucoup des Chapitres qui suivent.

en ouvre l'entrée. Il le fait lui ſeul, & il ne le fait que par ſa Religion, que par le culte Chrétien. Il ne le fait que par l'exercice des titres qui lui ſont propres & incommunicables : titres qui nous font dire que l'Intolérance Théologique eſt eſſentielle à la Religion de Jeſus-Chriſt. Les Prophetes n'ont annoncé le Meſſie qu'en les lui attribuant, qu'en le déſignant par ces titres. Si on refuſe de reconnoître qu'ils lui appartiennent, on ne croit pas en lui : ſi on croit en lui, on croit que l'Intolérance Théologique eſt eſſentielle au Chriſtianiſme.

Que fait donc le *Vic. Sav.* en s'efforçant d'établir l'indifférence des Religions ? Il travaille à prouver que Jeſus-Chriſt n'eſt point l'Envoyé de Dieu. Car s'il eſt ſon Envoyé, c'eſt une erreur capitale de prétendre que les autres Religions ſont des voies de ſalut : & ſi les autres Religions ſont des voies de ſalut, Jeſus-Chriſt eſt un Docteur de menſonge. Pour avoir la gloire d'être ſeul Légiſlateur ſur le culte religieux ; pour édifier le Chriſtianiſme ſur les ruines des autres Religions, il les anathématiſe toutes. Il ſe fait le Tyran des conſciences. N'eſt-ce pas l'être en effet, de perſuader aux hommes qu'ils doivent, ſous peine de damnation, s'aſſujettir au

joug de fa Religion, quoiqu'ils puffent
fe fauver dans les autres, comme dans la
fienne ? On ne peut gueres imaginer de
plus grand crime. Aufli le *Vic. Sav.* qui
fe permet à lui-même de diffimuler fes
fentimens fur d'autres points de Religion
protefte-t-il qu'il n'enfeignera jamais le
Dogme de l'Intolérunce Théologique.

Je n'infifte pas fur l'impoffibilité de prêcher l'Evangile, fans prêcher ce Dogme,
& de fubftituer dans une Chaire Chrétienne, la Religion naturelle, à la Religion révélée. Tout cela fourniroit matiere à bien de reflexions que je fupprime;
& je conclus: les éloges de Jefus-Chrift
& de l'Evangile que nous lifons dans la
profeffion de Foi du *Vic. Sav.* & l'approbation qu'il donne à toutes les Religions,
même aux Religions intolérantes, n'eft
qu'un chaos de contradictions.

Je n'ajouterai qu'un mot fur les cultes
des anciens Idolâtres. Ils n'avoient pour
appui, que l'impofture ou le Fanatifme,
qui n'eft au fonds, qu'une efpece de menfonge. Les preuves en font connues. Un
Etranger arrivé en Grece ou à Rome,
racontoit les cérémonies religieufes qu'on
pratiquoit en Egypte, en Phénicie, en
Samotrace; un homme débitoit une vi-
fion nocturne, dans laquelle un mort lui

étoit apparu avec les fymboles d'un Dieu;
un autre s'étant enfermé dans une caver-
ne, en fortoit pour publier de nouvelles
loix, qu'il prétendoit dictées par quelque Divinité; il ne falloit rien de plus
pour établir & perpétuer de nouveaux
cultes. Mais avoit-on de folides preuves,
avoit-on feulement de raifonnables pré-
fomptions, que ces nouveaux cultes venoient du Ciel? Savoit-on que leurs Inftituteurs mériroient d'en être crus? Etoit-on
même affuré que ce n'étoient pas des vi-
fionnaires? Ce font-là des queftions trop
curieufes, trop importunes, & fuivant
la Théologie du *Vic. Sav.* peu importantes. Difons plus férieufement que l'Idolâtrie ne pouvoit être qu'un objet de mépris pour toutes les perfonnes fenfées.
Mr. Rouffeau va le dire pour nous, & plus
énergiquement que nous ne faurions le
faire. » L'ancien Paganifme, ce font (*i*)
» fes paroles, enfanta des Dieux abomi-
» nables, qu'on eût punis ici-bas comme
» des fcélérats, & qui n'offroient pour
» tableau du bonheur fuprême, que des
» forfaits à commettre, & des paffions à
» contenter. Le défordre en étoit venu

_____

(i) Émile, Tom. 3. pag. 98. & 99.

» à un point , que la voix de la nature,
» plus forte que celle des Dieux, fem-
» bloit réléguer dans le Ciel le crime avec
» les coupables. Un culte qui a de tels
objets d'adoration , peut-il n'être pas criminel aux yeux de Dieu ?

SECTION QUATRIEME.

Réfutation des objections du Vicaire Savoyard *contre la néceſſité de la Révélation. Le culte religieux des premiers hommes venoit de Dieu. Sans la Révélation, nulle uniformité dans la croyance. La raiſon naturelle ignore quelle eſt la deſtination de l'homme, & les moyens d'y parvenir. On déguiſe les effets de la Révélation, pour l'attaquer, & on la confond avec les fauſſes Révélations; celles-ci prouvent la néceſſité d'une véritable Révélation. Ce que Dieu ajoute au culte eſſentiel eſt d'une néceſſité indiſpenſable. Confiance inſenſée des Fanatiques, fondée ſur l'abus de cette parole :* Le cœur fait tout dans la Religion. *Néceſſité du culte extérieur.*

L E *Vicaire Savoyard* va d'abord nous parler du ton le plus modeſte. (*a*) Après

---

(*a*) Emile, Tom. 3. pag. 121.

avoir exposé les raisons qui lui font adopter quelques vérités dont tous les Incrédules ne tombent pas d'accord. » L'Examen
» qui me reste à faire, dit-il, est bien dif-
» férent : je n'y vois qu'embarras, myste-
» re, obscurité ; je n'y porte qu'incerti-
» tude & défiance : je ne me détermine
» qu'en tremblant, & je vous dis plutôt
» mes doutes, que mon avis. » Mais ne
nous y trompons pas. Ses difficultés n'en
sont pas moins dangereuses, par l'air qu'il a
su leur donner. Lorsqu'elles ne sont pas
considérables par elles-mêmes, il les débite avec une confiance qui en impose :
& rien ne lui coute moins que d'avancer
les plus grands paradoxes, sans en donner
de preuve. En voici un exemple qui s'offre de lui-même.

» Il est bien étrange, dit-il, qu'il faille
» une autre (*b*) Religion que la Religion
» naturelle ! par où connoîtrai-je cette né-
» cessité ? De quoi puis-je être coupable
» en servant Dieu, selon les lumieres
» qu'il donne à mon esprit, & selon les
» sentiments qu'il inspire à mon cœur » ?
Mais selon les principes qui nous sont
communs avec *l'Auteur d'Emile*, on est
coupable de n'avoir pas des lumieres qu'on

_____

(*b*) *Ibid.* pag. 122.

a négligé d'acquerir , & de manquer des ſentiments qu'on n'a pas pris ſoin de faire naître & de cultiver. Dieu ne peut voir ſans en être offenſé , qu'on ne faſſe point uſage de ſes facultés pour améliorer le fonds de ſes connoiſſances , & rectifier ſes penchants. *Mr. Rouſſeau* croit qu'on peut ſe rendre auſſi fécond en bonnes actions avec la ſeule Religion naturelle , qu'avec le ſecours de la Révélation : comme ſi l'on ne ſe conduiſoit pas mieux à la lumiere d'un grand jour , qu'à la lumiere des ſimples étoiles.

Il y a un double écueil à éviter ſur la Révélation. Le premier ſeroit de la regarder comme un bienfait peu avantageux à l'homme , & dont il eût pu facilement ſe paſſer. C'eſt ce que croit *Mr. Rouſſeau* ; il ſemble même pouſſer l'audace juſqu'à la traiter de (*c*) nuiſible & de pernicieuſe. Mais il eſt incroyable qu'il ait eu réellement une telle penſée , & je n'oſerois la lui imputer. L'autre écueil ſeroit de re-

___

(*c*) Ce ſoupçon ne pourroit que trop être juſtifié par ce qu'il fait dire au *Vicaire Sav.* pag. 123. & ſuiv. Car on ne ſauroit l'excuſer , en prétendant qu'il ne déclame que contre de fauſſes Révélations. Il eſt viſible qu'il attaque la Révélation Chrétienne & la Judaïque , autant & plus que les fauſſes Révélations.

garder la Révélation comme si indispensablement nécessaire à l'homme, qu'en la
lui résusant, Dieu eût dérogé à ses perfections. La précision veut qu'on distingue diverses especes de nécessités. Il est
des besoins extrêmes ; on ne peut subsister,
s'il n'y est pourvu. Le Créateur voulant
que le genre-humain se conserve sur la terre,
il est de sa bonté de lui donner des ali-
ments, ou des ressources pour s'en fournir. L'usage du feu est extrêmement nécessaire. Des Peuples entiers néanmoins
ne l'ont pas (*d*) connu, & se sont conservés. Si Dieu produit des créatures rai-
sonnables, il ne paroît pas qu'il puisse les
laisser dans l'impossibilité de lui rendre
quelque espece de culte. La créature doit
honorer l'Auteur de son être. Mais est-il
essentiel que ce culte soit fondé sur des
connoissances acquises par la Révélation ?
On ne peut l'assurer, à moins qu'on ne
prétende que Dieu doit aux hommes une
destination surnaturelle. Or, dans cette
supposition, si, dis-je, leur destination
étoit telle, ils devroient le connoître &

(*d*) Voyez le Dictionnaire Géographique portatif
à l'article, *Isles Marianes*, & sur-tout l'Ouvrage de
feu M. Goguet, intitulé *Origine des Loix*, des
Arts, &c. Tom. 1, pag. 68. & suiv. Edit. in 4°.

pour

pour en rendre graces , & pour ſe conduire conformément à une telle faveur. Mais
ſans une Révélation , il eſt impoſſible de
connoître qu'on a une deſtination ſurna-
turelle. La queſtion ſe réduit donc à ſavoir , ſi Dieu doit à ſes perfections , d'inſtruire les hommes par la Révélation , de la
maniere dont il faut qu'ils le ſervent. Un
culte formé ſur les connoiſſances naturelles , peut trop facilement être perverti ;
mais il ne paroît pas qu'il doive néceſſairement être indigne de Dieu , ni que les
paſſions humaines ayent toujours à gagner
en mêlant dans ce culte des cérémonies
condamnables.

Aux premiers âges du monde nous ne
voyons rien de repréhenſible dans les Sacrifices offerts à la Divinité. Mais les
hommes de ces temps avoient été inſtruits
par le Créateur. Entre Dieu & l'homme ,
après même qu'il eut été chaſſé du Paradis
terreſtre , il y avoit un commerce fré-
quent. Dans leurs Sacrifices , Abel, Énos,
Noé , Abraham , ne faiſoient apparemment
que pratiquer les leçons qu'eux ou leurs
peres avoient reçues de Dieu. Ainſi, on
n'en peut rien conclure pour la pureté des
cultes dont les autres hommes étoient
les Auteurs. Dans la plus haute antiquité
on ne trouve que de fauſſes Divinités ado-

C

rées à la place du Créateur, & des cérémonies quelquefois puériles, souvent
criminelles. De quoi les hommes livrés
à eux-mêmes ont-ils donc été capables ?
L'Histoire fait là-dessus une bien triste réponse. Partout ils n'ont gueres fait que
s'égarer : grande preuve du besoin qu'ils
avoient dans le culte religieux, d'un meilleur guide que leur raison.

Qu'inférer d'ailleurs de tant de signes
de dépravation qu'on croit appercevoir
dans les hommes ? Ne laissent-ils pas voir
des penchants injustes & deréglés, un étrange oubli du Créateur, beaucoup d'amour
pour les choses sensibles ? Dieu les écou-
tera-t-il donc sans Médiateur ? Peuvent-ils,
ou ne peuvent-ils pas s'en passer ? Sur cette question & sur bien d'autres qui y ont
rapport, ils répondroient, s'ils étoient sinceres, qu'ils ignorent ce que Dieu ne leur
a point appris. Mais un tel aveu n'est-il
presque pas équivalent au désir d'une Révélation ? & si l'Auteur d'Emile ne la
souhaite point, ne nous fera-t-il point
soupçonner qu'il a contre elle, une haine
secrete, qu'il la combat par intérêt ?

Son langage en effet le décele ; autrement il n'eût jamais dit : » Quelle pureté
» de morale, quel (e) Dogme utile à

_____

(e) Emile, Tom 3. p. 122.

» l'homme & honorable à ſon Auteur
» puis-je tirer d'une doctrine poſitive, que
» je ne puiſſe tirér ſans elle, du bon uſage
» de mes facultés ? Montrez-moi ce qu'on
» peut ajoûter pour la gloire de Dieu,
» pour le bien de la ſociété, & pour mon
« propre avantage, aux devoirs de la loi
» naturelle, & quelle vertu vous ferez
» naître d'un nouveau culte, qui ne ſoit
» pas une conſéquence du mien ? »

Mais l'Auteur d'Emile peut-il ignorer
combien diffèrent entre eux les partiſans
de la loi naturelle ? Qu'y auroit-il de plus
difficile, que de les faire convenir d'une
commune profeſſion de foi ? Ils ne ſont
point d'accord ſur les récompenſes & les
punitions qu'on doit attendre de l'obſervation & du violement de la loi naturelle. Ils donnent plus ou moins d'étendue
aux devoirs qu'elle preſcrit. Ils varienf
ſur les motifs qu'on a de l'obſerver. Les
uns ne s'y croyent obligés que par la
beauté de la vertu, & par la difformité
du vice. D'autres ne ſavent que penſer
ſur l'immortalité de l'ame. Rien ne peut
fixer l'incertitude des Philoſophes ſur ces
queſtions, que la Révélation décide ſans
ambiguité. D'ailleurs, ce n'eſt parler gueres férieuſement, de prétendre ces deux
choſes : la premiere, que le bon uſage de

C ij

nos facultés nous fait découvrir nos devoirs & nous affermit auffi folidement dans
leur pratique, que la Révélation. La feconde, que les motifs de s'attacher à la
vertu ne font pas plus puiffants, lorfqu'ils
font fondés fur des connoiffances révélées,
que lorfqu'ils n'ont pour appui, que les incertitudes de la raifon humaine.

L'illufion n'eft pas moins fenfible dans
ce qu'ajoûte notre Ecrivain. » Les plus
» grandes idées de la Divinité, dit-il,
» nous viennent par la raifon feule. Voyez
» le fpectacle de la nature. Ecoutez la
» voix intérieure. Dieu n'a-t-il pas tout
» dit à nos yeux, à notre confcience, à
» notre jugement ? » Non affurement,
non : Dieu ne nous a pas tout dit par les
lumieres de notre raifon. Il ne nous a appris par ce moyen, ni la profondeur de nos
maux, ni l'excellence des remedes qu'il
préparoit à leur guérifon : il ne nous a
appris ni qu'il nous deftine à le poff
éder,
ni la fainteté qu'il exige en conféquence
de cette glorieufe deftination. Malheur au
Philofophe qui femble vouloir prefcrire
des bornes à la bonté Divine, & décider
des moyens pour faire arriver l'homme à
fa perfection. Cette averfion pour la fainteté du Chriftianifme fervira de conviction
contre le Philofophe, qu'il n'a pas voulu

faire les efforts qui l'y auroient conduit.
Ce que prouveront ses arguments, c'est
que pour gagner le suffrage des Incredules, il falloit que le Christianisme ne
les obligeât pas à croire une miséricorde
incompréhensible à l'orgueil philosophi-
que. Je transcrirois ici un Chapitre des
pensées de Pascal qui se (*f*) rapporte à
cette matiere, si depuis un siecle, ce Livre étoit moins admiré, & moins commun en France.

La suite du Texte de notre Auteur découvre de plus en plus sa haine contre
tout ce qui porte le nom de Révélation.
» Qu'est-ce, ajoûte-t-il, (*g*) que les
» hommes nous diront de plus ? Leurs
» Révélations ne font que dégrader Dieu,
» en lui donnant des passions humaines.
» Loin d'éclaircir les notions du grand
» Être, j'y vois que les Dogmes parti-
» culiers les embrouillent ; que loin de
» les ennoblir, ils les avilissent ; qu'aux
» mysteres inconcevables qui l'environ-
» nent, ils ajoûtent des contradictions
» absurdes ; qu'ils rendent l'homme, or-
» gueilleux, intolérant, cruel ; qu'au lieu
« d'établir la paix sur la terre, ils y por-

(*f*) C'est le quatrieme.
(*g*) Emile, Tom. 3. *page 123.*

C iij

» tent le fer & le feu. Je me demande à
» quoi bon tout cela, fans pouvoir me
» répondre : je n'y vois que les crimes
» des hommes & les mifères du genre hu-
» main. »

Voilà, felon *Mr. Rousseau*, le portrait
de la Révélation contenue dans notre Bible ; & il faudroit en tomber d'accord ;
il n'y auroit rien de plus pernicieux, fi
la peinture qu'il en fait, étoit ressem-
blante. Mais ce monftre hideux n'exifte
que dans fon imagination. Si nous demandons au Prophete, quelle idée nous
devons nous faire de la Révélation, fa réponfe fera (*h*) l'exclamation d'un cœur
pénétré de reconnoiffance pour ce fignalé
bienfait : Seigneur, dit-il, qu'heureux
eft l'homme que vous avez vous-même
inftruit, & à qui vous avez enfeigné
votre loi ! les fages du monde ne défa-
voueroient pas cette réponfe ; & quand
nous mettrons dans ce nombre le célebre Montefquieu, nous ne devons pas
craindre la cenfure de l'*Auteur d'Émile*.
Le raifonnement de l'Auteur des Loix ne
perdra rien de fa force, quand nous fubfti-
tuerons le mot de *Révélation* à celui de
Religion. La Religion eft un terme géné-

(*h*) *Pfalmo* 9?.

ral qui renferme la Religion naturelle &
la révélée. D'ailleurs , Bayle attaquoit
ſur-tout la Religion révélée , par les maux
ſans nombre dont il prétendoit qu'elle
étoit la cauſe. Voici ce que lui répond
l'Auteur de l'Eſprit des Loix : » C'eſt mal
» raiſonner (*i*) contre la Religion de raſ-
» ſembler dans un grand Ouvrage une
» longue énumération des maux qu'elle
» a produits , ſi on ne fait de même celle
» des biens qu'elle a faits. Si je voulois
» raconter tous les maux qu'ont produits
» dans le monde les Loix civiles , la Mo-
» narchie , le Gouvernement républicain,
» je dirois des choſes effroyables. » Telle
eſt l'inſidieuſe méthode de notre Auteur.
Il inſiſte ſur les maux que la Révélation
a occaſionnés , & paſſe ſous ſilence les
biens infinis dont on lui eſt redévable.
C'eſt un moyen aſſuré d'étonner , & de
tromper un lecteur peu inſtruit. Par-là
on fait lire les plus grands paradoxes. *Mr.
Rouſſeau* aime cette maniere d'écrire. En
faiſant une ſatyre contre le Gouvernement civil , il prétend montrer que l'état
des Sauvages vivant dans les bois , ſans
maître , ſans arts , ſans police , eſt préférable à l'état des hommes vivant en

(*i*) *Eſprit des Loix.* Liv. 24. Cha. 2.

C iv

fociété. Cependant avec de l'efprit, une imagination brillante, un ftyle énergique, on ne fait pas changer de nature aux objets. Après l'éblouiffement de la furprife, la vérité reprend fes droits, & diffipe l'illufion.

Un autre artifice de notre Ecrivain bien plus criminel, mais auffi beaucoup plus groffier, c'eft de fubftituer à la véritable Révélation, celle qui n'en a qu'un faux mafque, comme fi la véritable étoit refponfable de toutes les impoftures & de tous les Dogmes qu'on lui prête. Mahomet s'attribue des Révélations, & croit les juftifier par fes victoires. Ceux qu'il a imités, & ceux qui l'ont imité lui-même, n'ont au fonds d'autres garants de leurs prétendues révélations, que leur enthoufiafme. En un mot, il y a eu beaucoup d'impofteurs; il n'y eut donc jamais de véritable envoyé du Ciel. Quelle Logique !

L'*Auteur d'Emile* prétend conclure contre toutes les Révélations, par les abfurdités & les contradictions qu'elles renferment. Mais la queftion eft de montrer ces abfurdités & ces contradictions dans les Dogmes du Chriftianifme. Notre Écrivain ne doit pas exiger qu'on l'en croye fur fa parole ; & nous allons répondre à fes objections. On doit s'attendre au refte à

voir ici pluſieurs minces difficultés qui
ne méritent point de diſcuſſions étendues.
Le Texte qu'on va lire peut être mis dans
cette claſſe.

» On me dit qu'il falloit une Révéla-
» tion pour (*k*) apprendre aux hommes
» la maniere dont Dieu vouloit être ſer-
» vi : on aſſigne en preuve, la diverſité des
» cultes biſarres qu'ils ont inſtitués ; &
» l'on ne voit pas que cette diverſité mê-
» me vient de la fantaiſie des Révélations.
» Dèsque les hommes ſe ſont aviſés de
» faire parler Dieu, chacun l'a fait parler
» à ſa mode, & lui a fait dire ce qu'il a
» voulu. Si l'on n'eût écouté que ce que
» Dieu dit au cœur de l'homme, il n'y
» auroit jamais eu qu'une Religion ſur la
» terre. »

Il falloit ajoûter, ſuppoſé que tous les
hommes euſſent eu la même éducation,
les mêmes préjugés, les mêmes vues : ſuppoſé encore qu'il n'y eût parmi eux ni impoſteur, ni enthouſiaſte. A moins de cela,
il n'étoit pas poſſible que tous les hommes euſſent les mêmes penſées ſur la Religion. Qu'on ſe ſouvienne des différentes
idées qu'on s'eſt fait de la félicité de l'autre vie dans divers pays du monde, &

_____

(*k*) *Ibid.* pag. 123.

C v

de tant d'autres chofes où chacun foutient
que fon opinion n'eft que l'expreffion des
fentiments de la nature. Si tous les hommes faifoient le complot d'interroger leur
confcience fur la Religion, ils croiroient
entendre des réponfes parfaitement dif-
cordantes.

Les fauffes Révélations prouvent que
les hommes ont fenti qu'ils ne pouvoient
fe paffer de Révélation; elles prouvent
encore que de fins politiques, ou d'habiles impofteurs, ont fçu fe prévaloir du
penchant de l'homme à vouloir être inftruit du culte qui peut plaire à la Divinité. Mais fuit-il de là que Dieu n'a point
dû avoir égard à cet inftinct fecret qui
femble réclamer fes leçons, ou que l'homme eft capable de difcerner par lui-même,
en quoi confifte le culte religieux, ou
qu'enfin ce culte fe réduit uniquement au
culte du cœur? Cette derniere penfée,
que notre Auteur ne ceffe de nous répéter, obligeroit à dire que les idées les
plus bifarres & les plus outrageufes à la
Divinité, ne font pas capables de fouiller
la pureté de ce culte, & que Dieu ne le
rejete pas, quoiqu'on lui attribue en
même-temps ce qui feroit rougir un homme fage. Faut-il donc croire au premier
venu, qui prononce d'un ton d'oracle,

que le culte religieux confifte en tout ce qu'il lui plaît de débiter ?

De toutes parts s'éleve ce cri : Mon culte religieux mérite la préférence, du-moins il ne doit pas être profcrit, puifqu'il contient ce qui fait l'effentiel du culte religieux : conteftation interminable, fi Dieu ne s'en mêle. Or, y faire intervenir Dieu, c'eft décider la néceffité de la Révélation. Tout le monde prétend n'écouter que Dieu, & l'Univers entier difpute fur ce que dit Dieu, ou fur ce que fignifie fon langage : il n'y a par conféquent d'autre moyen de terminer cette efpece de guerre, qu'une Révélation bien conftatée. Point de Révélations, nous dit cependant l'*Auteur d'Emile*, point de Révélations : elles rendent l'homme orgueilleux, intolérant, cruel ; au lieu d'établir la paix fur la terre, elles y portent le fer & le feu. Mais quoi ! déférera-t-on plutôt au fuffrage de l'*Auteur d'Emile*, qu'à celui de tout le genre humain, qui n'efpere que par le fecours de la Révélation, de fortir de fes incertitudes fur le culte religieux ? Ce feroit attribuer à *Jean-Jacques* une efpece d'infaillibilité, qu'il regarde comme une tyrannie en fait de Religion. Il eft d'ailleurs contre le bon fens d'imputer à la véritable Révélation dont nous prenons uni-

C vj

quement la défense, ce qu'on ne peut imputer qu'à de fauffes Révélations, qui en
ufurpent le titre. La vérité eft-elle refponfable de ce que produit le menfonge ?

Bien fouvent une fiere contenance ne
prouve que plus de foibleffe. Il fuffit de
prévenir par ce mot, fur le Texte que
je vais tranfcrire. » Il falloit un culte uni-
» forme. Je le veux bien : mais ce point
» étoit-il donc fi important, qu'il fallût
» tout l'appareil de la Puiffance Divine
» pour l'établir. Ne confondons pas le cé-
» rémonial de la Religion avec la Reli-
» gion. Le culte que Dieu demande eft
» celui du cœur ; & celui-là, quand il eft
» fincere, eft toujours uniforme. C'eft
» avoir une vanité bien folle de s'imagi-
» ner que Dieu prenne un fi grand inté-
» rêt à la forme de l'habit d'un Prêtre,
» à l'ordre des mots qu'il prononce, aux
» geftes qu'il fait à l'Autel, & à toutes
» fes genuflexions. Eh ! mon ami, refte de
» toute ta hauteur, tu feras encore affez
» près de terre. Dieu veut être adoré en
» efprit & en vérité : ce devoir eft de
» toutes les Religions, de tous les pays,
» de tous les hommes. Quant au culte ex-
» térieur, s'il doit être uniforme pour le
» bon ordre, c'eft plutôt une affaire de
» police. Il ne faut point de Révélation
» pour cela. »

La Puiſſance Divine, ſuivant notre Auteur, ne devoit entrer pour rien dans l'établiſſement du culte religieux. Dieu prodiguoit les prodiges en Egypte, au paſſage de la mer rouge, à Sinaï, dans le Déſert ; Jeſus-Chriſt multiplioit à pure perte, les miracles pendant le cours de ſa prédication, & à la naiſſance de l'Egliſe Chrétienne. Pour une fin auſſi mince que le culte Judaïque & le culte Chrétien, valoit-il la peine que Dieu déployât ſon pouvoir tout-puiſſant ? Ces frais ſont exceſſifs, ſuivant *Mr. Rouſſeau.* Mais ils ſont déja faits ; & en critiquant les œuvres de Dieu, on ne les change pas ; on découvre ſeulement un excès de témérité.

Car ſi l'on analyſe cette diſpute, voici à quoi elle ſe réduit. Pour faire connoître qu'il vouloit être ſervi & comment il vouloit l'être, Dieu manifeſta ſa Puiſſance dans tout ſon éclat. Mais *Mr. Rouſſeau,* qui croit ſuffiſant l'hommage du cœur pour remplir nos devoirs à l'égard de Dieu, fait très-peu de cas de ce qu'on peut ajoûter à l'eſſentiel de ce culte. Il le mépriſe comme indifférent & arbitraire. Que jugerons-nous cependant des cérémonies de ce culte, dans l'hypotheſe que Dieu lui-même, médiatement ou immédiatement, en ſoit l'inſtituteur ? Des

cérémonies dont Dieu fera l'Auteur, ne
feront-elles pas indispensablement nécessaires ? Ainsi la question ne se réduira-t-elle
pas à une question de fait ? Je veux dire
qu'il s'agira, non pas de décider, si, suivant la maniere de raisonner de l'*Auteur
d'Émile*, il devroit y avoir dans le culte
religieux, des cérémonies qui ne lui étoient
pas essentielles, mais si en effet, Dieu,
Auteur de ce culte, a voulu qu'il fût dé-
coré ou accompagné de telles & telles cérémonies ? Et l'appareil de la Puissance
Divine ne nous manifeste-t-il pas qu'il l'a
voulu ainsi ?

C'est bon sens & sagesse de ne pas
changer ce que Dieu a prescrit, ou ce
qu'on a prescrit par son ordre. Sans avoir
l'imbécillité d'attribuer à Dieu de la ja-
lousie pour des cérémonies indifférentes,
on doit condamner des changements qui
indiqueroient de l'inconstance. D'ailleurs,
quoique par des motifs sages on puisse,
pour leur en substituer d'autres, abolir
des cérémonies d'institution humaine, il
est de ces cérémonies qui ne sont point
sujettes à la Jurisdiction des Tribunaux
humains. Ne point distinguer des choses
si dissemblables, c'est parler au hazard.

Le *Vic. Sav.* prétend que le culte religieux est par-tout uniforme, parce qu'il

a par-tout ce qui lui eſt eſſentiel, l'hommage du cœur. Mais c'eſt ſe jouer ſur des
équivoques, ou revenir à de pures pé-
titions de principes. On diſpute en effet
ſi on ſe rend la Divinité favorable, quelque culte religieux que l'on pratique. Or,
pour terminer ou éclaircir cette diſpute,
à quoi ſert-il d'obſerver que c'eſt principalement par le cœur qu'on honore Dieu ?
vérité qu'on ne ſauroit conteſter, mais
avec laquelle on ne tenta jamais de paci-
fier les différens en fait de Religion. Ce
mot, *le cœur fait tout dans la Religion*,
peut détromper ceux qui s'imaginent qu'on
s'acquitte envers Dieu par des cérémonies
extérieures où le cœur n'a point de part.
Mais ce mot n'eſt point un charme qui
faſcine les yeux même de la Divinité pour
ne rien voir des folies que les hommes
ont faites, ſous prétexte de l'honorer.
Le cœur fait tout dans la Religion, diſent
les plus grands Fanatiques. Perſuadés que
Dieu poſſede leur cœur tout entier, ils
ſe regardent comme ſes favoris. Dieu ne
peut leur en refuſer les marques les plus
éclatantes. Ils opéreront des (*l*) miracles.

_____

(*l*) J'en puis citer l'exemple que m'indique l'Auteur de l'Article *Eccléſiſme* de l'Encyclopédie. « Qui
» croiroit, dit-il, que cet homme, qui a aſſemblé

Ils en ont pour gage, leur confiance au pouvoir du Tout-puissant. On a vu d'ha-

„ tout Londres dans une Eglise, pour être témoin
„ des résurrections qu'il promet sérieusement d'opé-
„ rer, est le Géometre Fatio. „ Je vais faire un
petit Commentaire sur ces paroles de l'Encyclopédis-
te, moins pour relever son peu d'exactitude, de substituer une Eglise à un Cimetiere, que pour instruire
beaucoup de lecteurs, d'un fait tout singulier, qui
peut ne leur être pas connu, & qu'on ne doit pas i-
gnorer, quand on parle de Fanatisme. Entre les prétendus Prophetes des Cevenes, qui au commencement
de ce siecle, s'étoient réfugiés à Londres, & auxquels
se joignirent des Anglois & des Réfugiés François,
il y en eut qui s'attribuerent des dons surnaturels.
Mais les personnes sensées furent fort surprises de
voir de gens de Lettres embrasser ce parti. Parmi
ces derniers on compta M. Misson, très connu par son
voyage d'Italie, & M. Fatio de Geneve, fameux Géometre. Les petits Prophetes furent condamnés par le
Magistrat, comme des Imposteurs & des Séditieux.
Mais cette flétrissure ne les guérit pas de leur ente-
tement visionnaire, puisqu'ils s'engagerent à prouver
par un miracle éclatant & public, qu'ils avoient une
mission divine. Le jour fut pris au 26 Mai 1708. Ils
annoncerent qu'ils ressusciteroient un mort qui avoit
été de leur parti; il étoit Médecin de profession, &
avoit été enterré dans le Cimetiere de Burehinsiels.
Cependant le Magistrat donna de bons ordres pour
prévenir toute supercherie. Aussi les prétendus Prophetes ne trouverent pas à propos de faire l'essai de
leur pouvoir miraculeux : & cette insensée démar-
che leur fit tellement tort, que leur parti alla toujours depuis en diminuant. Il y en avoit pourtant
quelques-uns, en 1725, qui s'assembloient avec assez
de secret. On ajoûte que la Veuve du Ministre Jurieu, qui se retira à Londres après la mort de son
mari, en étoit entierement possédée, & les soutint
beaucoup par sa bourse. Je n'imagine aucune des cir-

biles gens d'ailleurs, qui en raisonnant
ainsi, se sont immolés à la risée du Public. C'est sur un fondement à peu près
le même, c'est, dis-je, sur un principe,
qui après tout, n'est pas moins fanatique,
que l'*Auteur d'Emile* nous débite sa maxime favorite, que *le cœur fait tout dans la
Religion*.

Le *Vicaire Savoyard* ne conteste point
la nécessité du culte religieux. Il est donc
presque inutile d'insister sur la nécessité
du culte extérieur, tant ce culte extérieur a d'influence sur le culte intérieur.
Ne craignons pas de dire, que si dans une
Nation imbue de la croyance qu'on doit à
Dieu un culte intérieur, on abolissoit
tout exercice du culte extérieur, bientôt
cette Nation ressembleroit à ces Peuples
qu'on accuse d'être Athées. Nous verrons
dans la suite que sans le secours de l'éducation, très-peu d'entre les hommes par-

___

constances que je viens de marquer ; & voici mes
garants : *Les Mémoires de Trevoux*, Septembre 1707,
pag. 1671 & suiv. & Février 1708, pag. 354 & 355 ;
*La Religion Chrétienne démontrée par la Résurrection
de Jesus-Christ*, page 144 du Tome second de la Traduction Françoise ; *Les témoins de la Résurrection de
Jesus-Christ*, page 15, de la Version Françoise. Le
mort qu'on prétendoit ressusciter, s'appelloit *Eems*, ou
Emmes.

viendroient à la connoiſſance de la Divinité. Ceux qu'on a inſtruits des droits du
Créateur ſur la créature, ont un extrême
penchant à les perdre de vue, ou à les oublier tout-à-fait. Ainſi livrés à eux-mêmes, c'eſt-à-dire, ſans culte extérieur,
preſque tous les hommes vivroient comme s'il n'y avoit point de Dieu.

Pour en être convaincu, on n'a qu'à
refléchir ſur la force de l'exemple, le plus
deſpotique de tous les maîtres. L'exemple
produit tous les vices nationaux ; & ce
qui prouve encore mieux ſon aſcendant
ſur les mortels, il forme les vertus humaines ; il fait des Peuples entiers, Sol-
dats, Recouvreurs, Matelots. Le nombre de gens qui ont l'eſprit propre à faire
des découvertes, eſt infiniment petit ; &
le nombre de ceux qui exercent ce talent
ſur leurs devoirs intérieurs, l'eſt encore
infiniment davantage. Concluons que le
commun des hommes, qui ne verroit
point pratiquer de culte extérieur, ne
différeroit preſque point des bêtes, à l'égard
de ce qu'ils doivent à leur Créateur.
Concluons, que ſans le ſecours du culte
extérieur, le culte intérieur n'auroit point
d'appui, qu'il n'auroit point d'exiſtence.

SECTION CINQUIEME.

On ne peut faire un crime à la Providence, de ce que l'autorité paternelle inspire une fausse croyance au plus grand nombre des humains. De la foiblesse & de l'ignorance où naissent tous les hommes, il s'ensuit que les parents doivent instruire leurs enfants sur la Religion, comme sur tout le reste. M. Rousseau *ne veut pas qu'on donne des leçons aux jeunes gens sur le Culte religieux, qu'ils n'ayent environ vingt ans. Impiété de cette pratique. Ne point différer d'apprendre les preuves de la véritable Religion. L'ignorance de ces preuves n'exclut pourtant pas de la voie du salut, quand on n'a aucun doute sur la vérité du Christianisme. Ne point accuser de mauvaise foi les gens élevés dans l'erreur.*

Le *Vicaire Savoyard* fait ici une espece d'interruption, pour se reprocher d'avoir adopté une Religion qui prétend à des connoiffances furnaturelles , & dont le culte eft un culte exclufif. Le Chriftianifme en effet , s'attribue le privilege d'être la feule Religion que Dieu ait établie luimême en parlant aux hommes. Voilà de quoi le *Vicaire Savoyard* foutient qu'il eft impoffible de s'affurer : & pour aller à ce but , il fait une longue énumération des difficultés qu'il y a à diftinguer la véritable Religion d'avec celles qui fe parent de ce beau titre , fans en avoir d'autre conviction , que des préjugés de naiffance & d'éducation. La derniere analyfe de la Foi eft pour le grand nombre même de ceux qui profeffent la véritable Religion ; *on me l'a enfeigné ainfi ;* l'*Auteur d'Emile* cite à cette occafion, un paffage de la *Sageffe de Charron* , qui dans fon langage furanné, s'en explique avec bien de la naïveté & de l'énergie : » La Nation , dit-il , le pays, » le lieu donne la Religion ; l'on eft de » celle que le lieu auquel on eft né & « élevé , tient. Nous fommes circoncis , « baptifés , Juifs , Mahométans , Chrétiens, » avant que nous fachions que nous fom- » mes hommes ». (*a*) Cet endroit ne pa-

(*a*) Livre fecond Chap. 5. Ce paffage eft à la page 257 de la premiere Edition de Bordeaux. Il fe trouve dans une Edition poftérieure de l'année 1613 , à la

roît que dans la premiere Edition de la *Sageſſe*, ou dans les Editions qui ont été faites ſur celle-là. Car on le fit changer à l'Auteur, comme s'il eût voulu par-là inſinuer l'indifférence des Religions, & qu'on n'eût pas pu dire pour ſa juſtification, qu'il étoit ſimple Hiſtorien, & non pas Apologiſte d'un fait dont tout le monde eſt témoin.

Dans l'enfance, on n'embraſſe une fauſſe Religion, que par les préjugés de la naiſſance & de l'éducation ; & le plus ſouvent, il en eſt de même à l'égard de la véritable Religion, s'il s'agit ſur-tout de gens ignorants & groſſiers. C'eſt que les hommes naiſſant enfants, ne peuvent agir comme des gens inſtruits. Les Incredules s'en font néanmoins une matiere de triomphe contre le Chriſtianiſme ; & voici comme on les entend raiſonner :

» Tous les hommes naiſſent dans l'i» gnorance du Chriſtianiſme, & la plu» part vivent dans cette ignorance juſqu'à » la mort. Ce n'eſt que le hazard de la » naiſſance & de l'éducation, qui en don» ne la croyance à ceux qui le profeſſent.

page 785, dans le Recueil des paſſages retranchés ou changés, qu'on a ramaſſés dans cette Edition, à la fin de tout l'Ouvrage.

» La voie du Ciel eſt donc fermée au plus
» grand nombre des humains, ſans qu'on
» puiſſe leur faire de reproche ſur un évé-
» nement, qui n'eſt à leur égard, qu'un
» malheur, ou ſi l'on veut, un effet de
» la providence ». S'il faut en croire les
Incredules, il n'y a pas un mot à dire
contre cette difficulté.

Mais Dieu a-t-il dérogé à quelqu'une
de ſes perfections, en voulant que les
hommes fuſſent dans un état d'ignorance
& de foibleſſe pendant leurs premieres
années, & qu'ils ne puſſent ſe paſſer du
ſecours de leurs parents ? La dépendance
où leurs beſoins les mettent les uns à l'é-
gard des autres, en reſſerrant les nœuds
de leur union, produit de précieux avantages. Quelques inſectes, les papillons,
par exemple, en ſortant de leur coque,
ſont pourvus de tout ce qui leur eſt néceſſaire pour le temps qu'ils ont à vivre :
les hommes, en naiſſant dans un état
ſemblable, ne reſſembleroient que bien
peu aux hommes qui habitent ſur la terre.
Il ne ſeroit queſtion pour eux, d'enfance,
ni d'éducation ; ou ce qui implique contradiction, ce ſeroit une éducation ſans
docilité. Des éleves qui ne cederoient
à leurs maîtres, ni en forces, ni en lumieres, ne ſubiroient point le joug de la

diſcipline. La ſubordination y étant in-
connue, il n'y auroit eu non plus ni
grandes, ni petites ſociëtés. Celles-là doivent leur naiſſance aux familles particulieres, c'eſt-à-dire, aux petites ſociétés,
qui par leur réunion, ont compoſé les
grands Etats. Or, des hommes qui pourroient vivre ſéparés depuis les premiers
moments de leur exiſtence, ne forme-
roient jamais entre eux des familles qui
ne demeurent raſſemblées que par les liens
réciproques des beſoins, de l'amour, de
la reconnoiſſance. Ainſi, ſuppoſer que les
hommes vinſſent au monde, tels qu'ils ſont
à l'âge de vingt ou de vingt-cinq ans,
c'eſt ſuppoſer un ordre de choſes tout
différent.

Il y auroit de la témérité d'aſſurer qu'un
autre auroit de plus grands avantages. Ne
raiſonnons que ſur ce qui nous eſt connu :
je veux dire ſur le plan de providence
que Dieu a préféré, & dans lequel nous
vivons. Dans la préſente économie, les
hommes naiſſent ſans forces, ſans connoiſſances, ſans rien voir des yeux de
l'eſprit, ſans ſavoir parler que par leurs
larmes. Ils ne peuvent ſe paſſer d'être
gardés, ſoignés, nourris, détendus, inftruits, n'ayant d'autre reſſource que l'a-
mour de leurs peres, ni d'autre moyen

pour donner de l'activité à cet amour, que
les cris de leur impuiffance. Dans leurs
plus tendres années, les enfants n'ont pour
fe guider, fe conferver, s'inftruire, que
les pieds & les mains, les lumieres & l'induftrie de leurs peres. Leur ôter les fecours paternels, ce feroit comme les expofer dans les bois, à la rapacité des bêtes
fauvages. Tout feroit renverfé, tout feroit perdu, fi les peres ne penfoient pas
pour leurs enfants. Et dans cette univer-
falité de befoins, tout eft renfermé, fans
que la Religion puiffe en être exceptée.
Car les enfants ne doivent pas vivre en
Athées, parce qu'incapables de délibérer
fur les moindres affaires, ils comprennent
à peine ce que c'eft que délibération. S'il
faut donc que d'autres faffent pour eux le
choix d'une Religion, qui en aura le droit,
ou fur qui en tombera l'obligation ? Les
fuffrages des Jurifconfultes & des Théologiens s'accordent à dire, que jufqu'à ce
que les enfants foient en âge de décider,
c'eft à leurs peres à les inftruire dans le
culte que les peres jugent le meilleur.
Quoiqu'elle prévoye que les enfants des
Infideles fucceront avec le lait, les erreurs
paternelles, l'Eglife défend de les leur en-
lever. C'eft une loi du droit naturel de ne
point ravir aux peres l'autorité d'inftruire

leurs

leurs enfants dans la Religion qu'ils prati-
quent eux-mêmes, comme préférable à
toute autre.

Mais l'*Auteur d'Emile* s'éleve ici contre
le ſentiment de tout l'Univers. Il veut
qu'on laiſſe aux enfants le choix de (*b*)
la Religion qu'ils aimeront mieux profeſſer. Et comme on n'eſt gueres capable
de ce choix , avant l'âge d'environ vingt
ans , il ne peut ſouffrir qu'on leur parle
plutôt de Religion, ni qu'on leur en faſſe
faire aucun exercice. Il y a une eſpece de
contradiction à prévenir leur choix , & à
prétendre remplir pour eux un devoir qui
eſt une affaire perſonnelle. C'eſt dans le
fonds ne rien faire, d'embraſſer une Religion pour un autre homme ; ce choix ne
remplit point ſon obligation. D'ailleurs,
la pratique d'un culte religieux eſt pour
les enfants, une œuvre prématurée, que
ne comporte pas la foibleſſe de leur raiſon, & leur défaut de diſcernement. Il eſt
ridicule d'exiger qu'un enfant ſoit de la
taille d'un homme fait. Mais il n'eſt pas
plus ſage de vouloir qu'il ait du jugement
avant d'être parvenu à l'âge du jugement;

(*b*) Voyez Emile, Tome ſecond vers la fin, ſur-
tout aux pages 313. & ſuiv. 315 , 317 , 321 , 325 ,
326 , 331.

D

ou qu'il pratique le culte religieux fans
les actes de l'esprit, qui forment le culte religieux. (*c*)

Telle est l'insensée Philosophie dont
l'*Auteur d'Emile* faillit d'être la victime.
La fuite qui le garantit du châtiment, ne
l'a pas mis à couvert de la juste indignation du public. Eh ! pouvoit-il ne pas se
l'attirer en soutenant des paradoxes si
odieux ? On ne peut entendre fans indignation, qu'il ne faut pas parler de culte
religieux pendant les premieres années de
la vie. On aura passé de bien loin celles
de l'âge nubile ; depuis dix ans on sera
sorti de l'enfance, & l'on ne connoîtra
encore rien de la Religion ; on n'aura point
encore été admis dans les assemblées du
culte religieux. Il faudra être Philosophe
à la façon de notre Ecrivain, avant de
pouvoir servir son Créateur.

Mais quels font encore les motifs d'une
police si inouie ? C'est, nous dit l'*Auteur
d'Emile*, qu'on ne doit point prévenir la
nature. Elle parviendra, mais lentement,
aux idées qui entrent dans la connoiffan-

─────────────────────

(*c*) Quoique *M. Rousseau* n'ait pas eu le courage
de persister dans des idées si étranges, je n'ai pas cru
devoir changer ou supprimer ce que j'avois écrit
contre son paradoxe. Voyez plus bas la Section sep-
tieme.

ce de l'Être ſuprême , & du culte qui lui
doit être rendu. Ce progrès de lumieres ,
opération longue , eſt le fruit d'un eſprit
déja avancé , ſinon tout-à-fait mur ; cela
n'eſt pas au-moins de la compétence des
enfants. On prémature , on gâte tout de
leur parler de Dieu , lorſqu'ils ne ſauroient que s'en faire de fauſſes idées , &
ſans ſe le repréſenter, comme faiſoient les
Antropomorphites. D'ailleurs , le culte
de Dieu ſuppoſe préalablement qu'on a
déja fait le choix de ce culte : choix néanmoins viſiblement diſproportionné à la
capacité des enfants, des jeunes-gens ,
des perſonnes ignorantes & groſſieres.

Tout le plan de l'éducation d'Emile
roule ſur les idées qu'on vient d'expoſer.
Une hiſtoire inventée à plaiſir y forme
un nouveau ſyſtème d'inſtitution. On y
prend un jeune homme depuis le berceau,
& on le conduit juſqu'à ſon mariage in-
cluſivement. Or, dans cette eſpece de
Roman allégorique , on s'attendroit inutilement que l'*Inſtituteur d'Emile* lui parle
de Religion , des devoirs religieux ; qu'il
le rempliſſe des principes qui ſont le
fondement de la probité ; qu'il pénetre
ſon ame des idées de l'Être ſuprême ; de
ſa providence , de l'immortalité de l'ame,
des récompenſes & des punitions à ve-

nir. On écarte toutes ces idées ; on prétend former un fage , qui ne tienne point
à ces notions. On s'occupe de ce qui peut
donner à Emile un corps fain , agile , ro-
bufte : on fonge à le guérir de quelques
préjugés vulgaires. On travaille à lui rendre l'efprit mâle , ferme , judicieux. Mais
on prend bien garde que la Religion n'influe dans fes difpofitions & fes fentiments.
Quand il faura un métier, qu'il aura pris
l'habitude d'écouter, d'obferver, de refléchir, alors & pas plutôt, il fongera à
s'inftruire fur ce qu'il doit croire ; il fera
choix des articles de fa profeffion de foi,
& des devoirs qu'il lui plaira de fe prefcrire à foi-même.

Les objections que *M. Rouffeau* ramene
avec le plus de complaifance & fous un
plus grand nombre de faces, attaquent
l'obligation d'embraffer le Chriftianifme &
» la maniere de l'embraffer. On donne la
» préférence au culte chrétien fans con-
» noiffance de caufe. On n'eft Chrétien
» qu'au hazard, fans avoir de folides rai-
» fons pour décider que le Chriftianifme
» vaut mieux que les autres Religions,
» & par-là le culte chrétien eft indigne de
» l'Être infiniment fage. On eft Chrétien
» au même titre qu'on eft Mahométan.
» C'eft parce qu'on eft né dans le Chriftia-

» niſme & dans le Mahométiſme. Si l'on
» eſt donc coupable d'être Mahométan &
» Idolâtre, parce qu'on eſt né dans le
» Mahométiſme & dans le Paganiſme,
» on n'eſt pas plus excuſable d'être Chré-
» tien parce qu'on eſt né de parents Chré-
» tiens. On dit que l'Egliſe eſt en droit
» d'impoſer ſes loix & ſa créance à ceux
» qu'elle a fait ſes enfants par le Baptême.
» Mais n'y a-t-il que Fanatiſme dans un
» Chrétien, qui ſans en comprendre les
» motifs, ſe ſoumet à la Foi & aux loix de
» l'Egliſe? Si des raiſons convaincantes doi-
» vent lui faire ſubir ce joug, il doit les
» connoître, afin que ſa foi & ſon obéiſ-
» ſance ſoient raiſonnables. Tout comme
» on condamne un Muſulman d'en croire
» ſes Docteurs ſur la prétendue miſſion de
» Mahomet, on ne doit pas faire plus de
» grace à un Chrétien qui s'en rapporte à
» ſes Cathéchiſtes, ſans concevoir la for-
» ce des preuves qu'ils font valoir. C'eſt
» un hommage indigne de Dieu, de croire
» à la vérité par hazard ; & c'eſt comme ſi
» on la croyoit par hazard, de la croire par
„ le même motif qui perſuade à d'autres
„ le menſonge. „

Réponse. On n'eſt point diſpenſé de
connoître les preuves du Chriſtianiſme,
parce qu'on eſt né dans un pays où cette

Religion eſt dominante. Les Chrétiens parvenus à l'âge de diſcrétion ſont obligés
d'être inſtruits des fondements de leur
créance, à proportion de leurs lumieres,
& de la facilité que leur en fourniſſent l'é-
tat & les circonſtances où ils ſe trouvent.
Ce mot *ignorans ignorabitur*, n'a pas été
écrit en vain. L'ignorance véritablement
involontaire, eſt un malheur & non un crime. Mais ſi ce n'eſt pas par la faute du
Peuple, n'eſt-ce pas ſouvent par celle de
ſes Paſteurs qu'il ignore les grands motifs
qui le doivent attacher au Chriſtianiſme ?
On a parlé ailleurs de cette ignorance, &
l'on ſera obligé d'y revenir plus d'une fois,
en examinant la ſuite du Texte du *Vicaire
Savoyard*. Contentons-nous pour le préſent de raiſonner ſur ces Chrétiens groſſiers qui vivent dans la plus profonde paix
ſur la Religion de leur naiſſance, ſans le
moindre doute, ſans le moindre ſcrupule qu'elle pourroit être fauſſe ; & s'il leur
vient là-deſſus quelque peine de conſcience, ils la rejetent auſſi-tôt, comme une
tentation dangereuſe. La paix dont jouit
leur conſcience eſt-elle innocente aux yeux
de Dieu ? La cupidité l'a-t-elle produite ?
L'amour d'un repos temporel y a-t-il influé ?
Dieu ſeul le ſait ; & ſi ce motif a affermi
cette paix de conſcience, Dieu ſeul con-

noît juſques à quel point il y a concouru,
& par conféquent auſſi juſqu'à quel point
elle eſt innocente, ou coupable. Comme
il s'agit d'une infinité de gens ſimples, qui
ne connoiſſent à la vérité que très-confu-
ſement, les preuves de leur Religion, pour
ne pas dire qu'ils les ignorent entierement,
mais à qui l'on a mille fois inculqué que
Dieu leur avoit fait la grace ſpéciale de
naître dans la Religion qui eſt ſeule la
voie de ſalut, bien loin d'avoir des ſoupçons qu'elle ſoit fauſſe, s'il leur venoit
de tels ſoupçons, ils les prendroient pour
des ſuggeſtions du Démon. Comment
pourroient-ils donc être coupables, en per-
ſévérant dans une bonne foi qui ne ſauroit être plus entiere ?

Il ne ſeroit pas même prudent de leur
faire naître des doutes dont les ſuites
pourroient être dangereuſes. Le Chriſtianiſme a des preuves ſenſibles, populaires, à la portée des gens les plus groſſiers. Mais il y a tant d'eſprits bouchés,
ſtupides, enfoncés dans la matiere, qu'on
ne ſauroit leur faire rien comprendre ſur
des choſes qui ne leur ſont point familieres. De tous les arguments qui établiſſent la divinité du Chriſtianiſme, il n'en
eſt point de plus facile à comprendre que
celui-ci : la main de Dieu eſt viſible dans

l'établiſſement de la Religion Chrétienne :
elle n'a point pris naiſſance par des
moyens humains & naturels. Les Chrétiens & leurs Livres Canoniques nous l'atteſtent, ſans que nous puiſſions former aucun doute ſur leur témoignage. Tout ce
qui entre dans cet argument eſt d'une entiere certitude, & ſemble devoir être facilement compris. Comment néanmoins
le faire concevoir à une infinité de gens
qui n'ont nulle habitude avec les idées
qui le compoſent, qui n'ont point refléchi pourquoi entre les événements anciens,
il en eſt d'indubitables, & d'autres qui
ne ſont nullement certains ? Sans avoir
des connoiſſances prématurées, des jeunes gens ſont capables de faire le bien &
le mal, & ne ſont cependant pas en état
de ſuivre ce raiſonnement, d'en ſentir la
force, d'en ſaiſir les conſéquences. C'eſt
à la coûtume ſeule qu'on doit la facilité
d'exercer ſa raiſon ſur quelques ſujets,
plutôt que ſur d'autres.

Ainſi, que juger de tant de perſonnes
qui ne ſont plus enfants ? Sur quelques
matieres ils ont un diſcernement parfait;
mais ſur d'autres, comme ſont les arguments qui prouvent la vérité du Chriſtianiſme, ils ſont ſans intelligence. Leur eſprit s'y trouve hors de ſa ſphere. D'ail-

leurs, comme nous l'avons dit, ils n'ont pas de doute ſur leur croyance ; ou ce qui eſt équivalent, s'il leur en vient quelqu'un, ils croyent devoir le rejeter comme une tentation ; on peut ajouter qu'ils n'ont point commis des fautes mortelles, & qu'ils ne ſoupçonnent pas d'en faire de vénielles, en ne faiſant point de recherches, (qui ne ſont pas de leur portée) ſur la Religion qu'elles profeſſent ſans avoir aucune crainte qu'elle pourroit être fauſſe. Voilà de quelles perſonnes on demande, ſi on doit préſumer qu'elles ſeront condamnées au Tribunal d'un Dieu plein d'indulgence pour les erreurs de l'eſprit qui ne ſont point une ſuite de la corruption du cœur ? Et c'eſt ſur quoi on ne peut être en ſuſpens.

» Pourquoi donc condamnons-nous les » errants qui ſont dans le même cas ? Car » ils n'ont aucun doute ſur la Religion où » ils ont été élevés ; & ils ſont hors d'état » d'en découvrir la fauſſeté. Que faut-il » de plus pour leur juſtification ? C'eſt » avoir deux poids & deux meſures. » Leur perſuaſion d'être attachés à la vé-» rité eſt la même. S'ils ſe trompent, ce » n'eſt pas leur faute ; peut-on leur en fai-» re un crime ?

RÉPONSE. Non ſans doute. Auſſi ne

D v

prétendons-nous pas qu'on foit toujours par fa faute, hors de la (*d*) voie de falut. Les Adultes ne peuvent être dans cette voie, que par la foi au Médiateur. Mais dans l'incertitude fi tels & tels font coupables de ne pas faire profeffion de la véri-

---

(*d*) Des gens qui ne conçoivent point qu'on ne fente pas la force des arguments qui leur paroiffent d'une entiere évidence, foupçonnent, même difent, qu'il y a de la mauvaife foi dans les Hérétiques obftinément attachés aux fentiments dont ils ont été imbus depuis leur bas âge. Mais les Ecrivains qui ont approfondi nos controverfes, penfent au contraire que ces errants ne font dignes que de compaffion ; & ils en tirent une conféquence qui me fervira d'apologie contre les perfonnes dont je parle. Cette conféquence eft qu'il y a peu d'Hérétiques de naiffance, qui foient damnés pour être dans l'erreur de mauvaife foi. *Valdè paucos.* Ces deux mots font d'*Arriaga*, célebre Théologien du dernier fiecle ; & l'Auteur qui me les fournit eft *M. Laplacete*, fameux Ecrivain Proteftant, qui les défapprouve beaucoup, comme fi *Arriaga* avoit eu tort de croire excufables devant Dieu, les effets de l'ignorance invincible fur la Religion. (Voyez *le Traité de la Foi Divine* de Laplacete, pag. 47.) Au lieu de nous arrêter ici à juftifier *Arriaga*, obfervons combien font juftes les motifs qu'on a de ne point condamner ceux qu'on ne fait point être coupables. Aufli toutes les fois que les objections des Incredules nous y forceront, nous ne manquerons pas de faire ufage de ce grand principe, que Dieu feul connoît jufqu'à quel point font criminels ou innocents, ceux qui n'ont pas eu le bonheur de naître dans le fein de l'Eglife. Voyez fur ce fujet, deux beaux paffages de Saint Auguftin & de Salvien, que nous citerons dans la Section huitieme.

table Religion, on ne doit pas prononcer ſur ce qui eſt réſervé à la connoiſſance de Dieu ſeul. Plus on a de lumieres, plus on a d'indulgence pour les préjugés de l'éducation, moins on eſt porté à taxer de mauvaiſe foi ceux qui ont été nourris dans une Religion différente de la ſienne. Et cette conduite eſt fondée ſur ce qu'on ignore, 1°. Si certaines gens ſont coupables d'être ſans ſcrupule dans des erreurs qui à d'autres paroiſſent évidentes. 2°. Quand eſt-ce que des erreurs innocentes dans la jeuneſſe, ceſſent de l'être. 3°. Si des travers dans le caractere d'eſprit, qui juſtifient une infinité de faux jugements ſur des choſes indifférentes, ne juſtifient pas d'autres faux jugements qui concernent le choix d'une Religion. Ainſi, quoiqu'il ſoit hors de doute que lorſqu'étant parvenu à l'âge de diſcrétion, on comprend qu'on ne peut mériter ſes bonnes graces en ſervant Dieu au hazard, on ne peut ſavoir juſqu'à quel degré la conſcience de chacun s'eſt faite là-deſſus entendre. Ce ſecret eſt réſervé à Dieu.

D vj

SECTION SIXIEME.

La naissance, principale cause extérieure du salut. Nulle différence essentielle entre la prédestination ante *&* post prævisa merita. *Le salut vient de la bonté de Dieu. Les réprouvés ne peuvent imputer leur malheur qu'à eux-mêmes. La prévision de l'avenir expose les Pélagiens aux objections qui attaquent les Orthodoxes. Ne point imputer à Dieu qu'on puisse errer dans le choix d'un culte. Des signes de la vraie Religion & de la bonne foi qui justifie au Trbiunal de Dieu. L'ignorance volontaire n'y excuse point. Il faut être fort réservé à accuser de mauvaise foi ceux qui ont été élevés dans des fausses Religions.*

LES vérités que nous venons d'établir, font naître des difficultés, dont les Incredules ne manquent pas de se prévaloir. La nature de cet Ouvrage nous impoſe l'obligation de les éclaircir ; & nous y laiſſerions un grand vuide ſi nous ne rempliſſions pas cette tâche.

L'*Auteur d'Emile* met de niveau la perſuaſion qui attache les Chrétiens à leur croyance, & les préjugés qui retiennent les Infideles dans la leur. Il ne reconnoît en tout cela que le hazard de la naiſſance & de l'éducation : hazard qui ne ſauroit donner le moindre droit aux récompenſes divines. Mais *Mr. Rouſſeau* affecte d'oublier que ſi dans l'enfance, les Chrétiens adoptent leur Religion ſans en connoître les preuves, ils peuvent dans la ſuite, acquerir cette connoiſſance. C'eſt d'ailleurs une grande illuſion de ne point parler de la providence ſur un ſujet où elle a tant d'influence. Le grand nombre des hommes s'attache à la Religion que l'éducation lui fait croire être la meilleure ; & l'éducation ſe trouve preſque toujours une ſuite de la naiſſance. Mais c'eſt Dieu qui préſide à la naiſſance, nous diſent les Incredules. Il eſt vrai, & par conſéquent c'eſt Dieu auſſi qui décide du ſort des hommes, non ſuivant leurs mérites, mais ſelon ſon bon plaiſir. Car le ſalut des hommes eſt une chaîne d'événements qui dépendent les uns des autres. Si l'on ôte le premier anneau, ce n'eſt plus la même chaîne. Dans la vie d'un homme, en changeant la naiſſance, on change tout le reſte. Cette circonſtance fait qu'on eſt élevé & nourri dans le ſein de l'Egliſe, ou qu'on eſt un Muſulman plein de ferveur pour le Mahométiſme, qu'on eſt un Sauvage ſtupide, qui ne connoît point de culte religieux, qui ne ſe connoît pas lui-même.

Tout cela paroît inconteſtable. Mais avant d'en tirer des conſéquences ultérieures, il faut ſavoir ſi l'Incredule qui diſpute ici contre nous, eſt orthodoxe ſur les attributs de l'Être ſuprême, s'il croit que Dieu prévoit les événements à venir. Car s'il rejetoit ce Dogme, la queſtion changeroit de face, & il faudroit travailler à l'y ramener. On en connoît les preuves ; & ce ſeroit trop s'écarter de les expoſer ici. Nous devons raiſonner ſur la ſuppoſition qu'on l'admet de part & d'autre. Or, dèſque ce Dogme nous ſert de principe commun, & qu'il eſt certain d'ailleurs que l'attachement à un culte, plutôt qu'à un autre, dépend preſque toujours de l'éducation, c'eſt à la bonté de la providence, qu'on eſt redévable du bonheur d'être attaché à la vraie Religion. Si les Incredules appellent cette grace, un heureux hazard, ils ne doivent pas exiger que nous reconnoiſſions de hazard dans ce que Dieu conduit. Puis donc que rien n'a tant d'influence dans le choix d'une Religion que l'éducation & la naiſſance, & que c'eſt Dieu ſeul qui préſide à la naiſſance, c'eſt à Dieu ſeul qu'il faut attribuer le bonheur de naître dans la véritable Religion.

On rend ces vérités odieuſes, en faiſant retomber ſur Dieu-même, le malheur de ceux qui ſuccent avec le lait, la perſuaſion, que des faux cultes ſont la véritable Religion. Les égarements où cette perſuaſion entraîne les hommes, ſont infinis ; mais aucun ſyſtême n'eſt à l'abri de ces conſéquences. Il faut les admettre, ou rejeter la providence & la preſcience. Les Sociniens même, qui nient la préviſion des événements libres, ne ſe mettent point à couvert de la difficulté. Car, quand on ſuppoſeroit que Dieu ne connoît point infailliblement l'avenir, il le connoît du-moins conjecturalement, il le connoît quand il eſt prêt à arriver. Pourquoi laiſſe-t-il donc naître parmi les Infideles tant de millions d'hommes qui le deviendront auſſi par une ſuite des préjugés de leur éducation ? Dans la ſuppoſition même que Dieu ne peut prévoir les actions libres de ſes créatures, il ne

laiffe pas d'avoir en main mille refforts
pour en empêcher les fuites. Si Dieu ne
doit pas fouffrir les fuites de l'éducation
d'un enfant né dans le pays des Infideles ,
quand il les prévoit d'une maniere infaillible , il ne doit pas non plus les fouffrir
lorfqu'il les connoît feulement par conjecture , ou quand elles font prêtes à arriver. Si l'on veut donc dénigrer les fyftêmes orthodoxes parce qu'ils femblent imputer à Dieu le malheur de ceux qui naiffent dans l'erreur , cette objection tombe
fur le fyftême Socinien , comme fur les
fyftêmes orthodoxes; & fi l'on veut y faire
une réponfe folide , il faut fe reftreindre
à dire , que Dieu ne doit rien qu'à lui-
même & à fes perfections : les faveurs
qu'il fait à quelques-unes d'entre fes créatures , ne font point un titre à d'autres ,
pour en exiger de femblables. C'eft de ce
principe qu'il faut partir pour fe décider
fur cette célebre queftion de la prédefti-
nation des Élus : eft-elle antérieure ,
eft-elle poftérieure à la prévifion de leurs
mérites ? Queftion , qui a violemment
agité les Écoles : mais pour ne rien diffimuler , queftion affez peu importante ,
quand on condamne fincérement le Péla-
gianifme , & qu'on reconnoît la gratuité
de la grace. Dans cette fuppofition en

effet, tout revient au même : il eſt égal que
Dieu prédeſtine à la gloire , & qu'en conſéquence , il donne les ſecours efficaces
qui y conduiſent infailliblement ; ou qu'èn
conſéquence de ſon Décret , il donne des
ſecours efficaces qui menent intaillible-
ment à la gloire ; prédeſtiner des ſecours
qui conduiſent infailliblement à la gloire ,
c'eſt bien réellement prédeſtiner à la
gloire. (*a*)

On peut préſenter le Dogme de la pré-
deſtination , comme l'objet le plus atter-
rant: mais on peut l'enviſager ſous une
face différente , & qui ne laiſſe pas d'être
exactement véritable. La raiſon eſt décon-
certée quand on ſe dit : il n'a point dépen-
du de moi d'être prédeſtiné ; & ſi je ne
le ſuis point , les graces que j'ai reçues ne
ſerviront qu'à me rendre plus miſérable :
voilà qui eſt certain. Mais ſi ces vérités me
deviennent une tentation , au lieu de me
nourrir de ces lugubres penſées , il faut
plutôt que je me diſe : je ne puis être
malheureux que par ma faute ; & dans ce
ſens , je ſuis moi-même l'arbitre & l'ou-

_____

(*a*) Dans *l'Action de Dieu ſur la créature* , on
met cette réflexion dans un tel degré d'évidence ,
qu'on ne ſauroit s'y refuſer. Voyez la Section ſixieme , Partie 3e. Chap. 4. pag. 371 & ſuiv. de l'Edition in 12. Tom. 4.

vrier de ma deftinée. Il eft en même-temps
vrai, que fi Dieu ne m'a prédeftiné au
bonheur, je n'y parviendrai point ; & que
fi je fuis malheureux, je ne pourrai l'imputer qu'à moi-même : mais au lieu de
me fatiguer infructueufement pour concilier ces deux vérités, le bon fens me dic-
te de travailler de toutes mes forces, pour
mériter la clémence de mon Juge. Comme
la nue prévifion de l'avenir n'influe réellement & phyfiquement en rien fur cet
avenir, de même la non-prédeftination
au bonheur n'influe phyfiquement en rien
fur les fautes qui caufent ma mifere : je
ne me l'attire qu'en voulant être coupable : je ne fuis point en droit de dire à
Dieu : vous me précipitez dans la mifere
parce que vous ne m'avez point prédeftiné. Dieu me répondroit : vous n'êtes mi-
férable, que pour être volontairement criminel ; n'en accufez que vous-même ; &
tout cela eft également vrai dans les deux
fyftêmes *ante & poft prævifa merita*. Ces
confidérations doivent infpirer une falu-
taire humiliation, par la jufte crainte de
n'être pas prédeftiné, & doivent être un
puiffant motif, pour ne pas s'expofer à
être foi-même l'artifan de fa propre mifere.

Mais on dit : le fort des hommes eft irrévocablement arrêté par les Décrets de

Dieu. Il est impossible que ces Décrets
ne s'exécutent ; & par conséquent, que
ceux qui ne sont pas du nombre des Élus
ne soient point réprouvés. Il est impossible, j'en tombe d'accord, que l'élection
& la prévision de Dieu n'ayent pas leur
effet : l'élection, parce que c'est un Décret absolu qui porte que tels & tels seront les héritiers du Ciel : la prévision,
parce qu'elle implique contradiction, que
ce que Dieu a prévu, n'arrive pas comme il l'a prévu. Or, par la supposition,
Dieu a prévu que les réprouvés s'attire-
roient librement par leurs fautes, la damnation. Mais y a-t-il quelque injustice
réelle ou apparente, que Dieu ait prévu
que telles & telles actions arriveroient librement, & que tels châtiments en seroient la punition ?

Ce qui est une suite nécessaire de la nature des choses, ne sauroit fournir que
de vaines difficultés. Ainsi, dèsque nous
raisonnons sur ces principes, que le *Vicaire Savoyard* paroît admettre, *il y a un
Dieu qui prévoit les actions libres des créatures, qui aime & récompense la vertu, qui
haït & punit le vice*, toutes les objections
qui attaquent ces principes, ne peuvent
être que de vains sophismes, que des arguments qui prouvent trop, auxquels on

ne feroit pas obligé de répondre en rigueur. Si on les difcute, c'eft par con-
defcendance, & pour découvrir l'illufion
qui les a enfantées ; faifons l'application
de cette regle, à quelques-unes des objections des Incredules fur la matiere que
nous examinons.

Il y a, difent-ils, de l'injuftice en
Dieu, de choifir arbitrairement quelques-
unes de fes créatures pour la gloire, &
d'abandonner les autres à la mifere. Mais
il faut qu'on explique, fi l'on veut conclure de cette objection, que Dieu n'eft
pas maître de fes faveurs ; que la diftribu-
tion en doit être égale ; que Dieu ne peut
pas difpofer, fuivant fon bon plaifir, de
l'élection à la gloire ; qu'il ne peut pas
punir les fautes de fes créatures fuivant
leur qualité & leur grandeur ; qu'il ne peut
pas avant tous les temps, former un Décret
abfolu de cette punition. Tous les raifonnements qui attaquent ces vérités prouvent trop. On peut en faire l'effai, en les
mettant dans la bouche des Sectaires dont
on anathématife les fentiments. Prenons
pour exemple un Pélagien, qui ne peut
fouffrir le Dogme de l'élection gratuite :
& demandons-lui s'il ne reconnoît pas,
& que Dieu prévoit les actions libres de
fes créatures, & qu'il eft le maître de les

placer dans les circonstances où il sait
qu'elles se détermineront au bien ou au
mal. A moins d'abjurer ses sentiments,
ce Pélagien doit répondre affirmative-
ment ; mais cette réponse fait évanouir
les objections contre l'élection gratuite.
Avant en effet, que les hommes existent,
Dieu a prévu tout ce qu'ils feront dans les
circonstances où il est le maître de les
placer. Ainsi, même en supposant qu'ils
font le bien sans la grace, & par leurs
forces naturelles, il ne dépendra que de
Dieu de les placer dans des circonstances
heureuses ou malheureuses, avantageuses
ou désavantageuses pour leur salut.

Les Incredules se plaignent de la loi
que Dieu fait aux hommes d'embrasser la
véritable Religion, quoiqu'il les envi-
ronne de préjugés qui la leur font méconnoître, quoique par leur éducation, il
semble les attacher presque invinciblè-
ment aux faux cultes où ils ont été nourris. Mais Dieu devoit-il inspirer aux enfants une aversion naturelle pour les leçons de leurs peres & de leurs instituteurs ? C'eût été renverser le monde, d'empêcher que l'autorité paternelle n'eût point
d'influence sur la croyance des enfants,
ou de faire naître les hommes avec la maturité de raison que donnent l'âge & l'ex-

périence. En dementant fa fageffe & fes
perfections, Dieu auroit pu fatisfaire les
Incredules : mais le devoit-il ? Car s'ils en
avoient été les maitres, ils auroient exi-
gé qu'il n'y eût point de choix à faire fur
la Religion, ou qu'il fût impoffible de
s'y tromper. » Leur choix, dit le *Vicaire*
» *Savoyard*, parlant & de ceux qui em-
» braffent une (*b*) fauffe Religion, &
» de ceux qui s'attachent à la véritable,
» leur choix eft l'effet du hazard ; le leur
» imputer, c'eft récompenfer ou punir,
» pour être né dans tel ou tel pays. Ofer
» dire que Dieu nous juge ainfi, c'eft ou-
» trager fa Juftice. »

Auffi ne connoiffons-nous point de
Théologien qui impute à Dieu une telle
conduite. Mais ce n'eft point outrager
les perfections divines, de dire qu'il fait
naître qui il veut, dans le pays où l'on
fucce, pour parler ainfi, la véritable Religion avec le lait, & qu'il juge du choix
qu'on fait d'une fauffe Religion fuivant
les regles de fon équité. Le choix de la
bonne Religion peut être criminel à caufe de la perverfité de fes motifs ; & par
une raifon contraire, on peut être inno-
cent devant Dieu en s'attachant à une fauf-

(*b*) Emile, Tom. 3. pag. 127.

ſe Religion, puiſque ce peut être l'effet
d'une ignorance invincible. Ce n'eſt pas
en vain que Dieu porte le glorieux titre
de ſcrutateur des cœurs. Reſpectons le
ſecret de ſes Jugements, & ne craignons
pas qu'il s'y gliſſe de la partialité ni du
mécompte.

J'ai dit qu'au jugement des Incredules,
il devroit être comme impoſſible de ſe
tromper dans le choix de la véritable Religion. Le diſcours du *Vicaire Savoyard* ne
peut le ſignifier plus clairement. » Ou
» toutes les (*c*) Religions, dit-il, ſont
» bonnes & agréables à Dieu ; ou s'il en
» eſt une qu'il preſcrive aux hommes, &
» qu'il les puniſſe de méconnoître, il lui
» a donné des ſignes certains & mani-
» feſtes, pour être diſtinguée & connue
» pour la ſeule véritable. Ces ſignes ſont
» de tous les temps & de tous les lieux,
» également ſenſibles à tous les hommes,
» grands & petits, ſavants & ignorants,
» Européens, Indiens, Africains, Sauva-
» ges. S'il étoit une Religion ſur la terre,
» hors de laquelle il n'y auroit que dam-
» nation éternelle, & qu'en quelque lieu
» du monde, un ſeul mortel de bonne foi
» n'eût pas été frappé de ſon évidence,

(*c*) *Ibid.* page 128.

» le Dieu de cette Religion feroit le plus
» inique & le plus cruel des Tyrans. »

De quel ton s'arroge-t-on le droit de
faire la leçon au Dieu de fageffe? A peine
de paffer pour le plus inique & le plus
cruel de tous les Tyrans, on lui impofe
cette loi, qu'il n'y aît pas un feul mortel
de bonne foi, qui ne foit frappé de l'évidence de la véritable Religion; mais on
ne dit pas fi ce mortel de bonne foi fera
imbu des idées d'un Juif charnel, qui fou-
pire uniquement pour les biens de la terre,
ou d'un voluptueux Mufulman, qui (*d*)
prend à la lettre les peintures du bonheur
de l'autre vie, qu'on lit dans l'Alcoran.
On ne nous dit pas fi ce mortel de bonne foi fera l'éleve de nos Philofophes modernes, & de quel d'entre eux : car cette obfervation eft importante. On ne nous
dit pas fi ce mortel de bonne foi eft pénétré de la grandeur de l'Étre fuprême,
& de fes droits fur l'ouvrage de fes mains;
s'il a refléchi fur les caracteres d'un culte
digne du Créateur, afforti aux befoins de
la créature. On ne dit pas fi ce mortel de
bonne foi eft inftruit de plufieurs queftions

(*d*) Voyez *la Religion des Mahométans*, expofée par leurs propres Doċteurs & tirée du latin de
Mr. Reland, pag. 153. & fuiv.

qu'on

qu'on peut faire fur les fignes de la véritable Religion. On peut demander en effet,
fi ces fignes doivent être arbitraires, au
choix ou de chaque Nation, ou de chaque particulier; fi ne coûtant rien au Tout-
Puiffant, il doit les réiterer en faveur des
hommes qui vivent aujourd'hui & qui ne
le méritent pas moins que ceux qui vivoient il y a deux mille ans; fi ces fignes ne doivent pas être tellement multipliés, qu'il n'y ait pas un feul homme qui n'en ait été le témoin & le fé-
vere examinateur; fi ces fignes doivent
être au goût de chacun, proportionnés
à fon intelligence & à la force de fes préjugés; fi ces fignes doivent à tel point
être éclatants & lumineux, qu'ils ne puif-
fent manquer de produire une conviction
parfaite.

Autre grande difcuffion fur la bonne
foi dont nous parle le *Vicaire Savoyard.*
Car le monde eft rempli de gens qui de
bonne foi affurent le oui & le non : &
ce ne fera qu'au Tribunal du Souverain
Juge, que feront jugées en dernier reffort tant d'imputations de mauvaife foi,
dont l'Univers retentit. Que le *Vicaire Savoyard* nous apprenne donc quelle eft la
bonne foi du mortel qui ne feroit pas
frappé des fignes que nous croyons être

les marques de la véritable Religion. Si
cette bonne foi étoit entiere & parfaite,
ce feroit injuftice, ce feroit tyrannie de
condamner à une peine éternelle ce mortel de bonne foi, qui ne feroit pas frappé de l'évidence du Chriftianifme. Mais
ce mortel de bonne foi ne fauroit être
celui qui a fait le bel éloge de Jefus-Chrift,
dont nous avons tant parlé dès le commencement de cet Ouvrage.

Il ne peut y avoir de péché où il ne
peut y avoir de volonté de violer la Loi;
& l'on ne fauroit imputer à quelqu'un
d'avoir voulu violer une Loi qu'il a invinciblement ignorée. L'obligation d'obéir
fuppofe la connoiffance, du moins poffible, de la volonté d'un Supérieur qui
impofe un précepte. Auffi tous les Théologiens tombent-ils d'accord de ces principes à l'égard de l'ignorance invincible
de la Révélation. Ainfi on peut dire d'un
mortel, qui plein de bonne foi, n'eft pas
frappé de l'évidence du Chriftianifme,
qu'il en ignore invinciblement la vérité,
qu'il l'ignore, fans qu'il y ait de fa faute.
Mais à qui peut-on donner le témoignage de cette pleine bonne foi? Plus on
a de lumieres, avons nous dit, plus on
voit des raifons d'en douter. Les décifions
hardies, différent peu des décifions té-

méraires. Ne se faire aucun reproche sur sa prétendue bonne foi, est trop souvent une présomption qu'on a jugé précipitamment. Les personnes les plus suspectes de Fanatisme, craignent le moins de se tromper. On se prodigue à soi-même l'éloge d'être dans la bonne foi. Mais de quoi cet éloge décide-t-il devant les hommes, & à plus forte raison, devant Dieu ?

Les Incrédules donnent beaucoup de latitude à la bonne foi ; cependant ils n'oseroient canoniser le culte que les Carthaginois & les Syriens rendoient à Saturne par le sacrifice de (*e*) leurs propres enfants, ou les Babyloniens à Venus par leurs (*f*) prostitutions. Si de tels excès rendent criminel le culte religieux, l'ignorance crasse & affectée du véritable culte n'est point une excuse légitime, pour lui en substituer un autre. Voilà donc des principes qui nous doivent être communs. L'ignorance crasse n'excuse point : l'ignorance invincible excuse. Mais l'Incrédule semble vouloir se faire l'apologiste d'une autre espece d'ignorance, qui, sans être affectée, n'est pourtant pas in-

(*e*) Voyez l'*Histoire universelle*, traduite de l'Anglois, Tom. onzieme, pag. 644 ; & Tom. 2. pag. 61.
(*f*) Voyez le même Ouvrage, Tom. 3. pag. 255.

E ij

vincible, & que Dieu condamne comme
un péché puniffable. La raifon fait fentir
qu'on doit s'étudier à plaire à fon Créateur, qu'on eft coupable de n'en avoir pas
le défir ; & fi l'on interroge fa confcience, elle dira que Dieu ne peut voir fans
indignation, ce que les hommes prendroient
pour une infulte de la part de leurs infé-
rieurs. Cette morale doit obtenir le fuffrage de tous les gens fenfés : & il n'y a
qu'à changer les termes, pour avoir de
juftes idées de la bonne & de la mauvaife
foi fur le culte religieux.

Tombons cependant d'accord qu'on ne
fauroit difcerner avec une entiere précifion, les bornes de cette bonne & de cette mauvaife foi. Le plus raifonnable moyen
d'en juger eft l'examen des preuves. L'a-
dhéfion à des fentiments appuyés fur des
arguments plaufibles, capables d'obtenir
le fuffrage des gens habiles, peut être de
bonne foi, peut même former des erreurs
invincibles : ce qu'on doit beaucoup moins
penfer d'un fentiment denué de preuves,
qui paroît enfanté par l'ignorance & le
Fanatifme.

Cependant la ftupidité du plus grand
nombre des mortels, leur penchant à
adopter ce qu'on leur a infpiré dans leur
bas âge, ne permet pas de taxer de mau-

vaiſe foi la croyance ſuccée avec le lait.
Une expérience mille fois répétée, apprend
aux enfants que leurs peres en ſavent
plus qu'eux ; ils s'accoûtument par-là à
adopter ce que leurs peres diſent d'une
maniere ſérieuſe. C'eſt l'inſtitution de la
nature, & nous avons vu qu'elle eſt
digne de la ſageſſe de ſon Auteur. Les
opinions d'ailleurs les plus déſeſpérées &
les plus inſoutenables, ne laiſſent pas
d'avoir des partiſans qu'on n'accuſe point
de mauvaiſe foi. Les opinions de l'ancienne Philoſophie en fourniſſent des exemples connus. Les diſpoſitions de l'eſprit
& du cœur, ſouvent imperceptibles à
ceux qui en ſont affectés, des circonſtances dont l'impreſſion leur échappe, influent dans leurs jugements, & ces jugements décident du genre de vie & du
culte religieux où l'on ſe fixe. Or, Dieu
ſeul peut juger ſi l'on eſt coupable, &
juſqu'à quel point on eſt coupable ſur cette influence, & ſur les effets qui en ſont
les ſuites. (*g*)

(*g*) Quelques capitales que ſoient certaines vérités,
on pourroit ſe plaindre de les voir ici trop répétées,
ſi les mêmes objections propoſées en diverſes façons,
ne forçoient à revenir aux mêmes réponſes.

E iij

SECTION SEPTIEME.

L'ignorance sur les disputes de Religion n'autorise point à admettre l'indifférence des Religions. On ne doit point quitter la Religion où l'on est né, sans avoir des raisons de la croire fausse. Les ignorants de l'Eglise sont en voie de salut : mais ils doivent se faire instruire. Etrange impiété de M. Rousseau, *qui ne veut pas qu'on pratique de culte religieux avant dix-huit ou vingt ans. Sans une connoissance entiere de ce qu'en savent des gens mieux instruits, on peut être Chrétien.* Origene *étoit dans cette pensée, & d'autres Peres après lui. Facilité de comprendre les raisons qui doivent faire préférer la Religion Catholique à toute autre Religion. Obligation de remplir les devoirs du Christianisme, quoiqu'on n'ait point encore distinctement réfléchi sur ses preuves. L'ignorance où*

naiſſent les hommes doit les attacher
d'abord à la Religion de leurs peres.
Dieu ſeul connoît quand l'attache à
cette Religion ſuppoſée fauſſe, devient
condamnable.

CEPENDANT les Incredules ſe prévalent
des reflexions mêmes qu'on vient de lire;
& voici comme on les entend raiſonner.
» Entre pluſieurs milliers de perſonnes,
» à peine y en a-t-il une qui ait aſſez de
» lumieres pour faire judicieuſement le
» choix de ſa Religion. Les hommes aſ-
» ſujettis aux travaux des campagnes, ou
» à des métiers qui les tiennent toujours
» courbés vers la terre, ne ſauroient
» comprendre les preuves du Chriſtianiſ-
» me. Ils ignorent mille choſes qu'il faut
» connoître pour en ſentir la force. Qu'on
» leur mette des Livres en main, la plû-
» part ne ſavent pas lire. Qu'on eſſaye
» de leur faire diſtinguer les Livres de
» l'Écriture d'avec d'autres Livres pure-
» ment humains, ils n'y découvriront
» aucune différence. Qu'on leur parle de
» monuments authentiques qui ne doivent
» pas être mis dans la claſſe des Livres
» juſtement ſuſpects de ſuppoſition, c'eſt

» les entretenir dans un langage étranger,

» c'eſt les mener dans un pays inconnu;

» ils n'ont point d'habitude avec ceux qui

» l'habitent, & ne ſauroient converſer

» avec eux. En un mot, leur demander

» qu'ils jugent de la ſolidité des argu-

» ments qui établiſſent la vérité du Chriſ-

» tianiſme, qu'ils prononcent ſur les con-

» troverſes agitées entre les Communions

» chrétiennes, c'eſt leur demander qu'ils

» changent de nature, qu'ils ſoient ce

» qu'ils ne ſont pas, & ce qu'il eſt im-

» poſſible que ſoient des gens appliqués à

» des travaux incompatibles avec une vie

» d'étude. Cependant, continuent les In-

» credules, ces hommes ne doivent pas

» vivre ſans culte religieux. Puis donc

» qu'il leur eſt impoſſible de le choiſir par

» eux-mêmes, & que perſonne ne peut le

» choiſir pour eux, il faut qu'ils perſéve-

» rent dans celui où le hazard de la naiſ-

» ſance & de l'éducation les a placés. On

» a beau inventer des méthodes faciles,

» propres à mettre les controverſes à la

» portée des plus ignorants; les plus le-

» geres diſcuſſions ſont encore au-deſſus

» de la ſphere des gens dont nous parlons.

» C'eſt au fonds la providence qui a dé-

» cidé de leur naiſſance, de leur éduca-

» tion, & de la Religion où ils ont été

» nourris : Religion qu'ils ne peuvent aban-
» donner ſans en avoir des motifs raiſon-
» nables & ſenſés. Or, il n'eſt certaine-
» ment pas une perſonne entre mille, qui
» ſoit capable de ſe convaincre par ſes
» propres lumieres, qu'une autre Religion
» eſt préférable à la ſienne : & cette doc-
» trine ne differe preſque en rien de celle
» de *Mr. Rouſſeau* ſur l'indifférence des
» Religions. »

RÉPONSE. Ce ſeroit une imprudence d'abjurer la Religion de ſa naiſſance,
avant d'être convaincu qu'elle eſt fauſſe :
& c'eſt une autre imprudence de perſé-
vérer dans un culte religieux, quand on
ignore s'il eſt légitime. Si toutes les Religions étoient indifférentes, on pourroit
en changer au hazard & par caprice : mais
comme Dieu a fait lui-même le choix du
culte qu'il veut recevoir de ſes créatures,
il ne faut rien négliger pour ne pas s'y
méprendre. L'impoſſibilité de bien faire
ce choix, & non la difficulté, peut être
une excuſe de le mal faire. Mais puiſque
Dieu connoît, & que lui-ſeul connoît ſi
dans le choix du culte religieux on eſt
coupable, & juſqu'à quel point on eſt
coupable, comment former contre lui des
plaintes qui ayent quelque apparence de
juſtice ? Car qui pourroit l'avoir appris.

E v

aux hommes ? D'où ont-ils pu savoir
que Dieu châtie avec trop de rigueur la
négligence de s'instruire sur le culte religieux, ou les fautes qui se peuvent glisser dans le choix de ce culte ? Dieu seul,
qui est la souveraine équité, statue sur la
grandeur & la qualité de ces manquements.
A moi, dit (*h*) ce souverain Juge, appartient la vengeance : je ne confierai point
à un autre l'exercice d'un droit qui suppose la vue du plus intime des consciences.

» Le culte chrétien, dit-on, doit être
» raisonnable. L'Être suprême ne doit pas
» être servi par des créatures incapables
» de le faire d'une maniere sensée. Avant
» d'offrir à Dieu ses hommages, ne doit-on
» pas connoître s'il les a pour agréables ?
» Il faut donc, ou ne plus noircir le Dog-
» me de l'indifférence des Religions, ou
» s'abstenir de tout culte religieux avant
» de connoître quelle est la meilleure de
» toutes les Religions. Qu'on adopte la
» méthode de l'éducation d'Emile sur l'ar-
» ticle du culte religieux, ou qu'on ne
» la décrie plus comme impie. »

RÉPONSE. L'*Auteur d'Emile* confond
un culte digne de Dieu & de ses perfections infinies, & un culte tel que sont

_____

(*h*) Deuter. 32. v. 35.

capables de le rendre à l'Être ſuprême des créatures pleines d'ignorance & de ténebres. Avec la ſcience des Anges, nous ne ſaurions nous faire des idées proportionnées à la grandeur de Dieu ; s'il falloit pour l'honorer, attendre de le connoître autant que nous le connoîtrons un jour, on devroit abolir toute Religion ici-bas. Le Fondateur du Chriſtianiſme a canoniſé les louanges que rendent à Dieu les enfants : c'eſt que leur ſimplicité n'éteint pas les lumieres de leur eſprit : elle arrête encore moins les mouvements de leur cœur. Sans ſavoir rendre compte des motifs par leſquels un Théologien juſtifieroit leur culte, ils ne laiſſent pas de s'en acquitter.

» Mais, continue l'Incredule, nous
» condamnons nous-mêmes l'ignorant qui
» s'attache à une ſociété religieuſe diffé-
» rente du Chriſtianiſme Catholique. Cet
» anathême eſt dicté par une partialité
» injuſte. Lorſqu'un ignorant préfere à
» tout autre culte le Chriſtianiſme Catho-
» lique, cette demarche eſt téméraire &
» faite ſans connoiſſance de cauſe. »

RÉPONSE. Nous condamnons tout choix de Religion fait au hazard ſans des motifs raiſonnables, quand même ce choix ſe feroit en faveur de notre Communion :

E ıv

& quoique nous ayons developpé ces
maximes dans un Ouvrage imprimé quelques années avant *l'Emile de M. Rouſſeau ,*
il nous paroît plus à propos d'y revenir ,
que de tranſcrire ce que nous avons dit
là-deſſus (*i*).

Si jamais *M. Rouſſeau* devoit reſpecter
les ſentiments de tout le genre humain ,
c'étoit dans cette occaſion. Mais il ne
ſauroit réſiſter au plaiſir de débiter des
paradoxes. Il croit toutes les Religions
bonnes ; cependant il ne veut pas qu'*Emile*
ſoit inſtruit d'aucun culte religieux avant
que ſa raiſon ſoit capable d'en faire le choix
par ſes propres lumieres ; & ce n'eſt point
un mot échappé , une parole hazardée
ſans attention. C'eſt en conſéquence d'un
ſyſtême refléchi. Il a prévu la ſurpriſe où
l'on ſeroit de voir que ſon Eleve a (*k*)
paſſé ſon premier âge avant qu'on lui eût
parlé de Dieu. On s'eſt récrié ſur une

(*i*) Voyez le *Diſcours préliminaire* du cinquieme
Volume de l'Ouvrage intitulé : *La Religion naturelle &*
la révélée établies , &c. imprimé en 1758.

(*k*) Voyez *Emile* , Tome 2. pag. 321 , & pluſieurs
endroits de ce même Tome, depuis la page 308 , juſqu'à
la fin , & confrontez-les avec le *Mandement de Mgr.*
l'Archevêque de Paris , portant condamnation d'Emile ,
pag. 7. & ſuiv. *Mr. Rouſſeau* ſoutient ſon paradoxe
ſans rien rabbattre de ſa fierté , dans ſa Lettre à Mgr.
l'Archevêque de Paris : voyez-en la page 26. & ſuiv.

ïmpiété ſi choquante ; mais il s'eſt obſtiné
à la défendre. Il eſt donc décidé par notre Écrivain, que toutes les perſonnes qui
ne paſſeront pas dix-huit ou vingt ans,
vivront & mourront en Athées. Cette
conſéquence ſuit du ſyſtême de *M. Rouſſeau*.
A quinze ans, nous dit-il, un enfant ne
ſait pas encore s'il a une ame : & peut-
être à dix-huit, n'eſt-il pas temps encore
qu'il l'apprenne ; s'il l'apprend plutôt qu'il
ne faut, il court riſque de ne le ſavoir
jamais. Tout enfant, ce ſont toujours les
idées de l'*Auteur d'Emile*, qui croit en
Dieu, eſt néceſſairement Idolâtre, ou du-
moins Antropomorphythe. Les enfants
n'ayant donc pas à quinze ans, la capacité
de reconnoître la Divinité, Emile n'eſt
élevé dans aucune Religion. Son Inſtituteur travaille uniquement à le mettre en
état de choiſir celle que le meilleur uſage de ſa raiſon doit lui faire préférer quand
le temps en ſera venu. Conformément à
ces principes, *M. Rouſſeau* écarte tout
ce qui pourroit amener ſon Emile aux
idées du culte intérieur qu'on doit à Dieu.
Ainſi toute Religion lui eſt étrangere. Il
vit ſans rendre à Dieu aucun culte ; il a
aſſez de maturité pour faire choix d'une
épouſe, pour devenir pere de famille ; &
il n'en a point aſſez pour rendre à Dieu

fes hommages. Nous ne faurions cependant nous perfuader que fi *M. Rouffeau* lui-même étoit préfent à la mort de quelque perfonne élevée fuivant fa méthode, il ne l'exhortât d'avoir recours à la miféricorde du Créateur : que s'il en étoit befoin, il ne lui fuggérât des fentiments convenables à fon état, qu'au cas même qu'il fût néceffaire de la défabufer de certaines pratiques outrageufes envers la Divinité, il n'eût la charité de le faire. Mais ne feroit-ce pas faire pour un autre le choix d'un culte religieux, ou quelque chofe d'équivalent ? Suppofé que la méthode d'éducation qui nous eft tracée dans Emile vînt à s'établir quelque part, & que *M. Rouffeau* fût chargé de régler comment on en uferoit à l'égard des jeunes perfonnes dont nous parlons, s'en tiendroit-il à un Statut conforme à fon fyftême ? ordonneroit-il en un mot, qu'on les laifferoit mourir fans leur faire pratiquer aucun culte religieux ? (*1*)

___

(*1*) J'avois deffein de faire une plus ample réfutation du paradoxe irreligieux de *M. Rouffeau*. Mais je viens d'être averti que dans un Ouvrage poftérieur, il avoit fait une efpece d'abjuration de la méthode d'éducation de fon Emile. Voici en effet comme il fait parler l'un de fes perfonnages dans fon *Eleve de la nature*, page 121, du Tome fecond. » Comme rien » n'eft fi beau, rien n'eft fi doux à un jeune cœur,

Les inconvénients prétendus de l'éducation ordinaire qui ont jeté *M. Rousseau* dans ces écarts, ne peuvent être attribués qu'à la sagesse divine ; & les aveus qu'il fait ailleurs (*m*) devoient l'avoir conduit à

» que de recevoir avec les premieres sensations de son
» être , les premiers traits de la vérité , de la vertu ,
» de l humanité , ne craignez pas d'apprendre trop
» tôt a votre fils à connoître Dieu , à se connoître lui-
» même , à connoître les hommes , & ses principaux
» devoirs , qui sont en petit nombre. »

Dans ce même Volume , page 24 , *M. Rousseau* fait débiter à un autre des Acteurs qu'il met sur la scene , » qu'il s'applaudissoit à certains égards , de n'avoir pas » excellé à faire des Livres , parce qu'il remarquoit » que même les meilleurs Livres ne hâtoient gueres » les progrès , ni de la raison , ni de la vertu , qu'il » avoit préféré d'élever quelques enfants de diffé-» rentes conditions , qu'il les élevoit selon la natu-» re , selon la Religion , selon les loix de la société , » toutes choses que l'on peut concilier ; & que ces en-» fants bien instruits , ayant l'esprit orné de quelques » talents agréables , commençoient à se répandre dans » les Villes & les campagnes voisines , où ils faisoient » déja plus de bien que n'en auroient pu faire sans eux , » les plus belles Bibliotheques , &c.

Cette espece de Palinodie de *M. Rousseau* est assurement très-insuffisante. Mais les Auteurs d'un grand nom ont tant de répugnance à reconnoître leurs mépri-ses , qu'on doit lui savoir quelque gré d'avoir rétracté du-moins tacitement , les idées anti-chrétiennes qui avoient tant scandalisé dans son Emile. Je ne le com-battrai point là-dessus plus au long : mais je ne crois point aussi devoir retrancher ce que j'avois écrit contre lui sur un point si revoltant , avant d'avoir lu l'*Eleve de la nature.*

(*m*) *Emile*, Tom. 2. pag. 325.

cette vérité. Car il reconnoît que ceux qui
fe feroient trouvés féqueftrés de toute fociété dès l'enfance, auroient mené une
vie abfolument fauvage, privés des lumieres qu'on n'acquiert que dans le commerce des hommes. Il reconnoît (*n*) que
le même homme qui doit refter ftupide
dans les bois, doit devenir raifonnable &
fenfé dans les Villes. Il reconnoît qu'il
eft d'une impoffibilité démontrée, qu'un pareil Sauvage pût jamais élever fes (*o*) reflexions jufqu'à la connoiffance du vrai
Dieu.

Si nous ne fommes pas redévables à
nos peres de nos facultés, nous leur devons de nous avoir appris à en faire ufage. C'eft en cela que confifte l'éducation
de la premiere enfance, qui malgré fon
imperfection & fes défauts, eft d'un prix
infini, mais qui ne peut manquer de nous
faire adopter leurs préjugés, comme elle
nous apprend leur langage. Les opinions
paternelles s'emparent de nos efprits, comme les liqueurs rempliffent les vafes où
on les verfe. On n'eft donc pas plus coupable des leçons reçues dans l'enfance,
que d'un mauvais langage dont on y a
contracté l'habitude.

(*n*) *Emile*, Tom. 2. pag. 312.
(*o*) *Emil.* Tom. 2. pag. 326.

Cependant, il n'appartient qu'à Dieu de régler le culte religieux. C'eſt une maxime du bon ſens naturel, qui n'eſt contredite dans aucune Religion. On en tombe d'accord parmi les Chrétiens, les Juifs, les Mahométans, les Idolâtres. Quand les hommes ſont parvenus à l'entier uſage de leur raiſon, ils ne devroient donc point avoir de plus grand empreſſement que de s'aſſurer ſi on les a élevés dans un culte religieux agréable à la Divinité. Mais que d'obſtacles à cet examen & à ſon impartialité dans les préjugés de l'éducation, & que communément on connoît peu le bonheur d'avoir été nourri dans le ſein de l'Egliſe Catholique!

On nous oppoſe que dans les perſonnes ignorantes l'adhéſion à l'Egliſe étant l'effet de l'éducation, l'hommage qu'elles y rendent à Dieu, n'eſt point un ſervice raiſonnable & digne d'un Dieu qui eſt la ſageſſe ſouveraine. A cela je réponds par deux refléxions. 1°. Les premiers Prédicateurs de l'Evangile eurent à combattre les préjugés de l'éducation qui rendoient Idolâtre preſque tout le genre humain; cependant ils furent obligés de faire l'apologie de cette eſpece de confiance qui fait eſpérer qu'on trouvera de ſalutaires enſeignements chez des gens d'abord preſ-

qu'inconnus. Mais quand on a des ignorants à instruire, par cela même qu'ils
sont ignorants, ils ne connoissent point
ce qu'on veut leur découvrir ; & quand
ils en auroient quelques notions plus ou
moins distinctes, ils n'en savent point les
preuves. Les ignorants qui se déterminent
à écouter les leçons qu'on veut leur donner, peuvent tout au plus présumer qu'on
leur enseignera des vérités qui leur sont
encore cachées. On sait d'ailleurs, & par
le témoignage de nos Auteurs, & par l'impossibilité de supposer le contraire, on
sait que le plus grand nombre de ceux qui
avoient quelque désir de se faire instruire,
n'étoient point des gens de lettres & appliqués à l'étude. Que pouvoit-on donc
faire de mieux, que de leur tenir les discours dont Celse fait un (*p*) reproche
aux Chrétiens ? » Parmi eux, disoit-il, il
» y en a qui ne voulant écouter vos rai-
» sons, ni vous en donner de ce qu'ils
» croyent, se contentent de vous dire :
» N'examinez point, croyez seulement :
» votre foi vous sauvera. » L'expérience
de nos Docteurs faisoit l'apologie de leur
méthode. Les Infideles qui commençoient

(*p*) Origene nous l'apprend dans le Texte qu'on
en va citer.

par croire, ſans comprendre encore les
preuves de la Divinité de l'Evangile, ou
ſans avoir que fort ſuperficiellement con-
çu les motifs de crédibilité de la Foi, ne
tardoient point à en être inſtruits; quoique la converſion de ces Infideles précé-
dât l'examen de ces motifs, elle ne laiſ-
ſoit pas de les faire ſortir du bourbier de
leurs vices, & dès lors ils ne pouvoient
manquer de ſentir la force triomphante
des preuves du Chriſtianiſme. Il ſuffiſoit
de fréquenter les aſſemblées des Chrétiens, pour que ces preuves entraſſent
dans l'eſprit & le ſaiſiſſent. Ce qui s'y diſoit & s'y paſſoit, pénétroit les nouveaux convertis de conſolation d'avoir
eu le bonheur de commencer par croire.
Ne doutons pas que les vœux les plus ar-
dents des Paſteurs de ces ſiecles les plus
féconds en Saints, ne fuſſent de voir aug-
menter le nombre de leurs Néophytes,
ſans attendre qu'ils euſſent diſcuté les
preuves du Chriſtianiſme.

Le changement des mœurs de ces Chrétiens ignorants, étoit une preuve ſenſible que la Religion qui l'avoit opéré,
venoit du Ciel, comme Origene (*q*) en

_____

(q) *Addit* (Celſus) *quoſdam ex his ne velle quidem ra-
tionem Fidei vel reddere, vel accipere, uſurpareque illud*

fait la remarque. Cependant, les anciens
ennemis du Chriſtianiſme accuſoient ces
converſions d'être faites ſans connoiſſance de cauſe ; & nos Incredules modernes
ne regardent que comme des Fanatiques,
des hommes ignorants devenus Chrétiens,
ſans pouvoir rendre des motifs raiſonnables de leur changement de Religion ;
Origene, & nos Docteurs, y ont vu la main
de Dieu qu'une ſuperbe Philoſophie y mé-
connoît. Mais le Fanatiſme ſeul ne rend
pas les hommes conſtamment gens de bien.
D'ailleurs, on ne peut faire une loi au

---

dictum : Ne examina, ſed crede, & Fides tua ſervabit te.
Solereque dicere : Mala res eſt mundana ſapientia, bona ve-
rò ſtultitia. Reſpondendum ad hoc : Si poſſibile eſſet omnes
homines relictis vitæ curis, vacare Philoſophiæ, nemini aliam
viam inſiſtendam præter ſolam hanc ..... Quod quia eſt
impoſſibile, tùm propter vitæ neceſſitates, tùm propter infir-
mitatem hominum .... quid compendioſius excogitari queat
ad ſubveniendum multitudini, quàm quod JESUS gentibus
tradidit. Id experimur in multitudine credentium, liberato-
rum à vitiorum colluvie, in qua volutabantur anteà, his
utrum eſt conducibilius, ſine ampliori diſquiſitione credere
pænas peccatorum, ac benè geſtorum præmia, ſicque mores
corrigere, an averſari nudam credulitatem, & immanere
moribus priſtinis, donec ſe contemplationi doctrinæ dede-
rint ? Manifeſtum eſt, perpaucis exceptis, reliquos ne id qui-
dem aſſecuturos, quod ex nuda Fide adepti ſunt, &c.
Orig. Lib. 1. contra Celſum, circa initium. Et ibidem.
Quòd ſi is qui multorum corpora meliori valetudini reddi-
dit, non ſine favore Dei medicinam feciſſe videtur, quan-
tò magis, qui multorum animas perſanavit atque conver-
tit, &c. V̇.......... Ĺib. 1. Præpar. Evang. Euſebii.

Créateur de conduire les hommes à la
véritable Religion par la même voie. Il y
amene les uns par celle de l'éducation, les
autres par celle du raisonnement, d'autres
par une voie moyenne, qui tient de l'une
& de l'autre, & qui se réduit à une con-
fuse connoissance des motifs de crédibilité.

Sans de profondes discussions, ni des
examens difficiles, les Payens ne laissoient
pas de donner sagement leur confiance à
des gens qui leur apprenoient les élements
de la Foi chrétienne ; Origene n'a donc
point eu tort d'approuver cette espece de
confiance, qui gagnoit à l'Eglise beaucoup d'Infideles. Ce n'est pas au reste le
seul Origene qui a fait contre Celse, l'apologie de cette espece de confiance ; Eusebe
l'a fait après lui dès le commencement de
sa *Préparation évangélique.* Et le savant
Théodoret a encore traité le même sujet
dans le premier Discours de sa *Thérapeu-*
tique.

Je réponds en second lieu, que puisque
Dieu est la sagesse souveraine, il ne sauroit exiger l'impossible de ses créatures,
ni rejeter le culte des enfants qu'il a adop-
tés dans le Baptême, & qui n'en ont point
perdu les droits. Ces jeunes personnes,
ces gens grossiers, dont l'incapacité est
une suite involontaire de leur âge, de

leur état & de leur éducation, font néanmoins affez inftruits de leurs devoirs, pour
pratiquer des actes religieux, entre lefquels les Actes de Foi tiennent le premier
rang. Faudra-t-il donc leur en interdire la
pratique, jufqu'à ce qu'ils foient capables
de connoître les motifs qui doivent les
attacher au Chriftianifme, plutôt qu'au
Mahométifme, & à la Communion Catholique, plutôt qu'à la Proteftante ? Avec
leur groffiereté & leur ignorance, ils
font enfants de Dieu : ils peuvent donc
s'approcher du thrône de la grace, & réclamer la divine clémence : faveur accor-
dée aux plus grands pécheurs, & dont on
ne fait ufage que par des Actes de Foi.
Cependant, l'ignorance de ces jeunes
gens, de ces gens groffiers, devient criminelle dans la fuite, lorfqu'elle eft l'effet
de leur négligence & de leur pareffe ; &
c'eft de quoi Dieu feul peut être Juge.
Il ne condamnera pas fes enfants pour avoir
ignoré ce que leur état ne comportoit pas
qu'ils fuffent. Le travail, partage de la
multitude, eft un grand obftacle à l'acqui-
fition des connoiffances qui font comprendre la préférence que mérite fur tous les
autres cultes, la Religion Chrétienne-Ca-
tholique. Cependant, cette incapacité
n'empêche pas d'être inftruit des devoirs

de la vie chrétienne, qu'on ne s'avisa
jamais d'interdire aux ignorants, parce
que l'analyse de leur Foi se réduit à ce
qu'ils ont appris de leurs Pasteurs. Ils
croyent ce qu'on leur a dit qu'il falloit
croire, & ils le croyent parce qu'on leur
a dit qu'il le falloit croire. C'est en quoi
consiste leur Théologie, & en quoi elle
consistera toute leur vie. Ils sont néanmoins capables de pratiquer des actes
religieux, & de participer aux Sacrements. Leur grande raison pour adopter
les Dogmes & la croyance dont on les
instruit, est la confiance que leurs peres
& leurs maîtres leur apprennent la vérité; & comme ceux-ci ne veulent pas en
effet que leurs enfants & leurs éleves soient
des ignorants & des sots, la déférence à
l'autorité d'un pere & d'un maître est fondée en raison. Aussi, dans les lieux où il y
a plus d'un culte religieux, les enfants
s'attachent à celui de leurs parents, à
moins que des circonstances particulieres
ne l'empêchent. Cependant, cette confiance d'avoir appris de ses peres & de
ses maîtres la véritable Religion, produit
les plus grands égarements. Dans tous
les pays, ce qu'on inculque avec le plus
de soin, & ce qu'on se persuade de
meilleure foi, c'est que la Religion régnan-

te, que les peres enseignent à leurs enfants, est la meilleure : & la cause de ce phénomene, c'est que par-tout les enfants sont enfants. Au reste, je n'ai point dû faire une énumération exacte de toutes les causes qui concourent à attacher les hommes à la Religion de la patrie. Cette exactitude seroit ici deplacée.

» Mais une Foi qui n'a d'autre appui » que l'autorité paternelle, n'est qu'un » pur Fanatisme. C'est dèshonorer Dieu » de lui présenter des hommages, fon- » dés sur des préjugés d'éducation. » (*r*)

RÉPONSE. Le vrai, comme le faux,

_____

(*r*) Ceux qui ont lu le *Traité de la Foi divine* de Mr. Laplacete, comprendront pourquoi j'insiste sur cette matiere. Cet Ecrivain fort estimé parmi les Protestants, sous prétexte de combattre le Probabilisme, chicane nos Théologiens sur quelques-unes de leurs décisions touchant les ignorants, qui bien souvent croyent fins en avoir que des raisons probables & bien différentes des solides raisonnements, que des personnes habiles allégueroient de leur croyance. Mr. Laplacete met en these (*Traité de la Foi divine*, Livre 1. *Ch. 8.*) que des probabilités, des vraisemblances, ne peuvent point servir de fondement à la persuasion de ce que Dieu a révelé. Mais nos Théologiens entendent-ils que ceux d'entre les Fideles qui n'ont d'abord pour motif de leur croyance, que les instructions paternelles, demeureront dans cet état d'enfance ? Un ignorant qui ne sait dire d'autre raison pourquoi il est Chrétien-Catholique, que parce qu'on

peut

peut être adopté par des raisons frivoles.
L'autorité paternelle n'est pas un bon garant de la vérité d'une Religion. Mais ce
n'est pas en un jour que nous sortons de
l'enfance : même pour plusieurs ce passage dure toute la vie. Or, s'il y a quelque sagesse pour ceux qui sortent de l'en-

lui a enseigné qu'il falloit l'être, est-il dispensé d'acquerir des connoissances qui lui developperont les motifs qui doivent l'attacher au culte Catholique ? Nos
Théologiens le dechargent-ils de cette obligation, parce qu'ils enseignent que son ignorance, tandis qu'elle
ne sera point condamnable, ne le met pas hors de la
voie de salut ? Si on analysoit les idées de quelques-
uns de nos gens grossiers, on trouveroit qu'elles se
réduisoient à ceci : Mes peres & mes maitres m'apprennent que je suis dans la route du Ciel, en suivant
leur culte religieux. Mais autant en diroit un Musul-
man ; & peut-on alléguer de plus frivole motif d'adhé-
sion à la Religion nationale ? Mais pour qui n'est pas
capable d'en savoir davantage, faut-il lui demander
l'impossible, & l'exclure du Paradis, sans qu'il y ait
de sa faute ? C'est vétiller, d'argumenter ainsi contre la
foi de cet ignorant : sa croyance n'est fondée que sur
des incertitudes : elle ne sauroit donc le conduire an
Ciel ; non sans doute, si le peu d'envie que cet homme a de se sauver, l'empêche d'acquerir des connoissances qui lui découvriroient des motifs plus raison-
nables de préférer à tout autre le culte Chrétien-Catholique. Les Livres de Controverse fournissent une
infinité d'exemples, qu'on défigure les sentiments les
plus sensés, pour les rendre ridicules & odieux. C'est
de quoi l'on peut en cette occasion, accuser *Mr.
Laplacete*, Ecrivain d'ailleurs judicieux. Voyez ci-
dessus une note de la Section 5, où il est parlé de
Mr. Laplacete.

F.

fance, ou qui n'ont pas plus de lumieres que s'ils ne faiſoient que d'en ſortir,
c'eſt de s'attacher à ce qu'on leur a appris dans l'enfance. Les Eleves de la Religion Catholique ne peuvent cependant
former des doutes ſur ſa vérité, ſi leurs
maitres ont rempli leur devoir en les inſ-
truiſant. Car ils n'ont point manqué de
les rendre attentifs aux caracteres de vérité qu'elle porte , excluſivement à toutes
les autres Religions. Dans les fauſſes Religions, les inconvénients de l'autorité paternelle ſont extrêmes, mais inévitables.
C'eſt tout le contraire dans le Chriſtianiſme Catholique. Des leçons bien con-
duites produiſent dans des eſprits capables de raiſonner la conviction la plus
pleine de la vérité du Chriſtianiſme , &
de l'obligation de s'attacher à la communion de l'Egliſe. Ces leçons auront
tous les avantages d'un doute méthodique,
ſans produire un doute réel. Elles feront
ſentir à un jeune Eleve, qu'il ne doit point
embraſſer la Religion qu'on lui enſeigne,
ſur l'autorité des hommes, & qu'elle a
le témoignage du Ciel. En même-temps
qu'il comprendra que les hommes ſont
trop ſujets à l'erreur, pour être les arbitres de la Foi, il comprendra que c'eſt
le Dieu de vérité , qui ne peut ni trom-

per, ni être trompé, qui ſert d'appui à la ſienne. Ses doutes ſeront donc guéris avant que de naître, ou plutôt ils ne ſe formeront jamais.

» Il y a, dit-on, une viſible partiali-
» té d'excuſer les Eleves de l'Egliſe Ca-
» tholique en vertu de leur bonne foi, &
» ne pas excuſer les Eleves des autres Re-
» ligions, dont la bonne foi eſt la même.
» Les uns & les autres paſſent leurs pre-
» mieres années ſans ſavoir que ce qu'ils
» ont appris de leurs peres & de leurs
» maîtres, & ſans être capables de diſtin-
» guer les erreurs & les vérités dont on
» les a imbus. »

RÉPONSE. On ne ſauroit, je l'avoue, aſſez déplorer l'aveuglement de tant de mortels, ſur la Religion qu'ils ont apriſe dans leur enfance. Le moindre effort de raiſon ſuffiroit pour ſe dire : Une infinité de gens ſéduits par les préjugés de l'édu-cation, ſur le culte qu'on doit à Dieu, paſſent miſérablement leur vie dans l'er-reur. Pourquoi me flater de n'être pas dans la même illuſion ? Car le motif de cette perſuaſion n'eſt autre choſe que cet-te perſuaſion même : ſi quelques-uns, mal-heureuſement trop aiſés à compter, vien-nent à craindre d'être dans l'erreur, & qu'ils examinent cette importante queſ-

tion, jamais difcuffion ne fe fit de plus
mauvaife foi, ou avec plus de prévention. Un fait trop connu le démontre. C'eft
que prefque tous les hommes perféverent
dans leurs fauffes Religions. Ils n'en ont
donc point examiné les fondements, ou
ils les ont mal examinés. Refte à voir fi
la tranquillité où les hommes vivent à
cet égard, eft une bonne apologie de
leurs erreurs ; fi elle les excufe, & jufqu'à
quel point.

On eft d'accord que l'ignorance volontaire des devoirs que Dieu nous prefcrit,
eft criminelle, & que Dieu en impute les
fuites. Mais cette ignorance diminue la
grandeur des fautes dont elle eft le p incipe
cipe, quand elle n'eft point malicieufe &
affectée. Quoique effet du peu d'empreffement que les hommes ont à connoitre
& à remplir leurs devoirs, elle ne détruit
pourtant pas la difpofition où l'on eft de
s'en acquitter, fi on les connoiffoit. La
confcience que forme cette ignorance,
eft une confcience errante, qui excufe en
partie, & à proportion de ce qu'elle eft
plus ou moins volontaire. Car ce volontaire a plufieurs degrés que Dieu feul peut
connoître, & dont il fera le juge. Ce qui
eft tenebres pour nous, ne l'eft pas pour
lui. Ne fachant donc pas jufqu'à quel point

nos penchants influent dans nos actions,
il y auroit de la témérité à prétendre découvrir comment la Justice Divine traitera
des fautes que nous ne saurions apprétier.
Présumons seulement, qu'en jugeant des
coupables conçus dans la corruption, elle
n'imposera pas entierement silence à la
miséricorde, & que si la balance doit pen-
cher d'un côté, ce sera plutôt du côté de
la compassion.

Mais en reconnoissant que l'ignorance
invincible de la révélation ne rend point
coupable devant Dieu, ne prétendons
pas discerner quand cette ignorance cesse
d'être invincible. Ce qui nous importe,
est d'avoir pour la vérité, un amour effectif, sincere, dominant, qui donne la
confiance d'assurer que si on est dans l'erreur, on n'est pas dans une erreur volontaire. Nous ne pouvons nous rendre ce
témoignage à nous-mêmes sans crainte.
Nous ne pouvons non plus condamner
les autres, comme n'aimant pas sincerement la vérité. La plus forte preuve d'un
véritable amour pour elle, c'est de souf-
frir persécution pour ce qu'on croit être
la vérité. Ce n'est pourtant-là qu'une présomption. Une fausse vertu peut prendre
le masque de la véritable, & tromper celui-là même qui en a les apparences. Quel-

quefois auffi , l'attachement à certaines
opinions nous femble être pure opiniâtreté , & néanmoins , il a pour principe la crainte d'abandonner des vérités
divines. Ne jugez pas avant le temps , dit
l'Apôtre (*f*) , nous devrions adopter cette
leçon , quand elle ne feroit pas infpirée.
Car ne connoiffant pas les affections qui
nous dominent , par quel fecret connoî-
trions-nous celles qui dominent les autres ?
Il n'eft pas permis de dire qu'ils ne font
pas dans l'erreur, lorfqu'on le fait. Mais
comment affurer que leur erreur eft criminelle , lorfqu'ils proteftent qu'ils font
dans la bonne foi ?

(*f*) 1. a. *Cor.* 4. *v.* 5.

SECTION HUITIEME.

Suite des objections des Incredu-
les , fondées ſur la néceſſité de connoî-
tre les motifs de ſa croyance. Malgré
l'ignorance de ces motifs , on peut étre
en voie de ſalut. Avec des connoiſ-
ſances très-diſtinctes ſur bien de cho-
ſes , on eſt très-ignorant ſur d'autres ,
ſans en étre coupable. On peut en don-
ner pour exemple , les preuves de la
Religion. Grande indulgence de l'E-
gliſe pour les erreurs puiſées dans le bas
âge. Sentiment de Saint Auguſtin ſur
ce ſujet , adopté par les Théologiens.
L'amour effectif de la vérité , n'eſt pas
prouvé par des paroles. En ſe ſéparant
de l'Egliſe , on ſe met dans l'obliga-
tion de faire des recherches impoſſibles ,
& on ſe trouve privé des Sacrements de
Jeſus-Chriſt.

Aucun Théologien n'a jamais enſeigné que des enfants Catholiques , parve-

nus à l'âge de difcernement, & qui n'ont
eu qu'une éducation commune ; que des
gens de travail, qui ne favent pas lire,
& à qui on n'a appris que les fimples élements du Chriftianifme ; qu'une infinité
d'autres perfonnes, auxquelles il n'eft pas
même venu en idée qu'elles fuffent dans
l'obligation d'étudier les preuves qui doivent leur faire préférer la Religion Catholique à toutes les autres Religions, aucun Théologien, du-moins qui foit venu
à notre connoiffance, n'enfeigne que ces
perfonnes ne foient pas en voie de falut,
& que les actes religieux qu'elles pra-
tiquent, foient condamnables, parce qu'elles ne font point inftruites de ces preuves. On fremiroit d'entendre dire que ces
perfonnes n'ayant perdu l'innocence bap-
tifmale par aucune faute mortelle, & venant à mourir dans cette ignorance, feroient pour cela exclues du Ciel.

Mais n'eft-ce point encore ici fournir des
armes aux Incredules ? Auffi l'un d'eux ne
manque-t-il pas de dire, en fe fervant (*)
de nos propres principes : » La premiere

(*) J'ai ici en vue un Mémoire manufcrit dont il
eft parlé dans le Difcours préliminaire du cinquieme
Volume de la *Religion naturelle & révélée*, &c. &
dans l'Ouvrage de M. l'Abbé Belet, intitulé : *Les
Droits de la Religion fur le cœur de l'homme.*

» obligation pour tous les hommes par-
» venus à l'âge de diſcrétion , c'eſt d'é-
» tudier les preuves de la croyance dont
on veut les inſtruire , ou dont on les a
» déja imbus. Il faut connoître la force &
» la ſolidité de ces preuves, pour n'être
» pas la dupe des préjugés de ſes maîtres.
» Or , c'eſt à quoi on ne ſauroit réuſſir ,
» ſans le ſecours des Livres , & ſans quel-
» que teinture des ſciences humaines. Il
» eſt donc indiſpenſable que tout le monde
» coure à l'école, c'eſt-à-dire , qu'il faſſe
» une choſe impoſſible. Les Actes de Foi
» doivent être prudents & ſenſés. Bien
» différent d'un Enthouſiaſte , le Fidele
» doit connoître les motifs de crédibilité
» qui prouvent la Religion Chrétienne &
» Catholique, & connoître par ſoi-même,
» qu'ils ſont ſolides. De mauvaiſes raiſons,
» ou de bonnes raiſons inconnues à ceux
» qui font les Actes de Foi , ne ſont point
» celles qu'exigent les Théologiens. Les
» Actes de Foi d'un homme qui raiſonne
» mal, qui raiſonne ſur des faits imaginés ,
» mal conſtatés, de pareils Actes de Foi
» ne peuvent être de nul prix devant Dieu.

RÉPONSE. Les hommes qui ont at-
teint l'âge de diſcrétion , ne ſauroient plaire
à Dieu ſans la Foi , & ſans la pratique
des actes propres à la Foi. C'eſt une vé-

rité inconteſtable dans la Théologie Chrétienne. Mais que les Actes de Foi ſur les
Dogmes révélés, ſoient inutiles & de
nul prix aux yeux de Dieu, s'ils ne ſont
accompagnés ou précédés de la connoiſſance des motifs qui rendent cette Foi
prudente & raiſonnable ; c'eſt de quoi
on ne doit point tomber d'accord. Cette
connoiſſance eſt impoſſible à une infinité
de Fideles qui n'ont point négligé de
l'acquerir par aucune ſorte de mépris. Ne
leur étant point venu dans l'eſprit qu'ils
doivent ſe rendre compte de leur croyance, ils n'ont point penſé à mettre en
ordre cet enchaînement d'idées & de vérités, qu'on appelle *motifs de crédibilité* ;
& quand ils pourroient avoir les Livres
qui en parlent, ils ne ſavent point lire.
Leur Foi eſt donc ferme, elle n'eſt point
ébranlée par des doutes ; mais elle a le
grand défaut d'être aveugle ſur les motifs de croire.

On ne dira pas que la Foi ne puiſſe être
plus ou moins lumineuſe ; je ne dis pas
par rapport à ſon objet, ou aux Dogmes
révélés, mais par rapport aux raiſons qui
prouvent qu'ils doivent être crus. A cet
égard, le degré de lumiere que Dieu exige de chacun eſt proportionné aux ſecours
& aux moyens qu'il lui donne. Il ne de-

mande pas la même connoissance de ceux qui ont été inégalement partagés de ses dons. S'il y a donc des personnes si peu capables de raisonner, & d'ailleurs si superficiellement instruites, que tout leur savoir se réduise à dire : je crois ce qu'on m'a enseigné parce qu'on me l'a enseigné, ne craignons pas que Dieu rejete cette foi, quoique si peu éclairée ; une infinité de gens sont dans l'impuissance d'avoir d'autres motifs de leur croyance.

Nous parlons ici des personnes adultes ; à qui le salut est impossible sans la Foi, & qui n'ont d'autre ressource pour apprendre la route du salut, que l'autorité de leurs maîtres. La déférence à cette autorité les expose au danger de tomber dans l'erreur. Mais ils n'y seront pas moins exposés en refusant d'y déférer. Lorsqu'on ne peut se conduire, il faut se livrer à la conduite d'autrui. On ne doit jamais se laisser guider par des maîtres faillibles, quand on peut en avoir qui ne le sont pas. Mais un enfant, un homme ignorant & grossier, se conduiront-ils mieux par eux-mêmes, que par leurs Pasteurs ?

Aussi Dieu n'impute aux enfants les erreurs dont on les a imbus, que quand ils y demeurent par leur faute, & quand elles deviennent volontaires. Sur ce principe, les Théologiens regardent comme appartenant à l'Eglise les enfants baptisés dans les Sectes qui en sont séparées, jusqu'à ce qu'ils adhérent volontairement au Schisme ou à l'Hérésie. Ce n'est point un crime d'être né parmi les errants, & d'y avoir reçu des leçons dont on ne connoît le faux ni le danger. Tant que l'ignorance des enfants des Hérétiques n'est point coupable, ils conservent la précieuse qualité d'enfants de l'Eglise, & par conséquent aussi l'adoption divine.

» Mais si on n'est point coupable de » s'attacher à des erreurs dans l'enfance, » on s'y tranquilisera toute la vie ; on tâ- » chera même de les inspirer à d'autres ; » on se croira obligé de les leur faire adop- » ter, en les persécutant, en se livrant à » tous les funestes effets du faux zele. » Mais qu'arrivera-t-il, en supposant que l'ignorance même invincible, n'excuse point devant Dieu ? Les hommes se tranquiliseront-ils moins dans des erreurs qu'ils prennent pour des vérités ? seront-ils moins zélés pour des faux Dogmes qu'ils croyent des révélations divines ? C'est la fausse persuasion qu'on possede la vérité, qui fait persévérer dans l'erreur, qui produit la haine de la vérité, qui arme contre elle le bras des persécuteurs. Par

une fuite de la conftitution des chofes
humaines, la confcience nous parle comme interprete de la volonté de Dieu, &
nous fommes obligés d'écouter fa voix
lors même qu'elle fe trompe. Puifque
nous devons obéir à Dieu quand il nous
parle, nous le devons quand nous fommes perfuadés qu'il nous parle en effet. Si
nous ne lui devions pas l'obéiffance dans
ce cas, nous ne la devrions jamais. Auffi
eft-il univerfellement décidé qu'on peche
toujours en dementant le dictamen de fa
confcience, même dans la fuppofition
qu'elle eft dans l'erreur.

Jamais la vérité n'eft fi difficile à découvrir, que lorfque les préjugés de l'é-
ducation s'y oppofent, & qu'il faut tour-
ner l'efprit vers un genre de refléxions
qui lui eft entierement étranger ; prefque tous les enfants, prefque tous les
gens fimples & groffiers font parvenus à
l'âge de raifon & d'un parfait difcernement, & ne font pas encore capables
d'entrer dans les controverfes de Religion.
Qu'on écoute raifonner des gens groffiers
fur leurs occupations, fur leurs efpéran-
ces, fur leurs droits, fur les injuftices
qu'ils prétendent qu'on leur fait : & fouvent on apperçoit en eux beaucoup de
jufteffe d'efprit. On fent qu'ils feroient

capables des plus hautes connoissances ;
si on avoit tourné de ce côté-là leurs refléxions. Faute d'instruction & de culture,
parlez-leur d'accord des deux Testaments,
d'accomplissement de Prophéties, de propagation de l'Evangile, il ne leur restera
de vos discours rien qui puisse être com-
paré avec la netteté des idées qui les oc-
cupent, & sur lesquelles ils forment les
raisonnements les plus convaincants ; au
lieu que s'ils s'avisent de discourir sur des
matieres qui leur sont étrangeres, ils hé-
sitent, ils tâtonnent, ils bronchent, ils
deraisonnent. En un mot, on peut les
instruire : mais ils sont incapables de s'instruire eux-mêmes, ou ils ne sauroient y
réussir qu'avec beaucoup de refléxions &
de temps.

Ajoûtons que la conclusion d'un raisonnement ne sauroit avoir plus de force
que la plus foible des deux propositions
sur lesquelles il est appuyé. Si, pour parler le langage de l'Ecole, les prémisses
d'un argument ne sont pas pour moi des
propositions démontrées, je ne dois pas
regarder la conséquence comme démontrée, quand elle seroit d'une évidence
parfaite pour des personnes plus intelligentes que je ne le suis. Ainsi, quoique l'authenticité des anciens Monuments

ſoit indubitable pour ceux qui en comprennent les raiſons, les ignorants & les
ſimples qui n'ont jamais refléchi là-deſſus,
ne conçoivent à peu près rien de diſtinct
ſur cette authenticité. Ils ne la nieront
point véritablement : mais s'ils l'affirment,
ce ſera au hazard. On les embarraſſera,
on les fatiguera, on les rendra preſque
muets, ſi on veut qu'ils faſſent le diſcernement des Livres authentiques & des
Livres ſuppoſés ou ſuſpects de ſuppoſition.
Cependant, les motifs de crédibilité tirent leur principale force de la certitude
des anciens Monuments. Que je diſe, par
exemple, à une perſonne inſtruite du
reſpect qu'on a toujours eu parmi les
Chrétiens, pour les Livres du Nouveau
Teſtament; ces Livres ne ſont donc pas
ſuppoſés, & les principaux faits qu'il contient, ſont véritables; ou cette perſonne
comprendra la force de cette conſéquence, ou il ſera facile de la lui faire comprendre. Mais que j'étende, que je developpe ce raiſonnement à un homme
qui ne connoît que ſes bœufs & ſa char-
rue, ce nouveau langage ſera pour lui
peu différent des mots d'une langue in-
connue. De deux hommes qui écoutent
une période diſtinctement articulée, celui
qui entend la langue dont on s'eſt ſervi,

répétera la période fans en perdre un
mot : & celui qui ne fait point cette langue, ne fera pas capable d'en redire deux
paroles. On n'a prononcé pour lui que
des fons. Les plus convaincantes preuves n'ont gueres d'autre effet à l'égard de
ceux qui ne font pas exercés à raifonner
fur certaines matieres. L'habitude feule
d'y refléchir peut leur en donner l'intelligence. Les gens fimples & fans lettres
peuvent donc être entierement innocents
aux yeux de Dieu, de ne pas comprendre les preuves de la véritable Religion.

L'indulgence de l'Eglife nous fait même
préfumer que Dieu en aura beaucoup pour
les errants qui ont été féduits par le
malheur de leur naiffance, & que leur
ignorance a engagés dans l'Héréfie, &
(*a*) dans le Schifme. L'Eglife les a reçus
fans aucune fatisfaction pour la faute qu'ils
peuvent avoir commife en méconnoiffant
fon autorité. En plus (*b*) d'un endroit

(*a*) Voyez la page 21 & fuivantes du Difcours
préliminaire du Tome 5 de l'Ouvrage intitulé : *La
Religion naturelle & la révélée*, &c.

(*b*) Ceux qui n'ont pas entre les mains les Ouvrages de Saint Auguftin feront bien aifes fans doute de trouver ici ce paffage du fecond Chapitre du
Livre contre l'Epitre qu'on appelloit *l'Epitre du fondement*, où Saint Auguftin parle ainfi aux Manichéens.

de ses Ouvrages, S. Augustin fait (*c*) l'apologie de cette indulgence. Au lieu de la pénitence publique qu'on faisoit subir

---

» *Illi in vos sæviant, qui nesciunt cum quo labore ve-*
» *rum inveniatur, & quàm difficilè caveantur errores. Illi*
» *in vos sæviant, qui nesciunt quàm rarum & arduum*
» *sit carnalia phantasmata piæ mentis serenitate superare.*
» *Illi in vos sæviant, qui nesciunt eum quanta difficul-*
» *tate sanetur oculus interioris hominis, ut possit intueri*
» *solem suum.... de quo dictum est in Evangelio :* Erat
» lumen verum quod illuminat omnem hominem ve-
» nientem in hunc mundum. *Illi in vos sæviant, qui nes-*
» *ciunt quibus suspiriis & gemitibus fiat, ut ex qualicumque*
» *parte possit intelligi Deus. Postremò illi in vos sæ-*
» *viant, qui nullo tali errore decepti sunt, quali vos de-*
» *ceptos vident.* »

(*c*) On accuse le saint Docteur d'avoir démenti ces sentiments en approuvant la persécution contre les Donatistes. Mais sans examiner ici si les procédés de ces Sectaires ne justifioient pas la rigueur dont on usa à leur égard, on ne sauroit douter que Saint Augustin, qui pendant son Episcopat, fut comme l'ame des Conciles d'Afrique, n'ait ou suggéré, ou du-moins autorisé l'indulgence qu'on eut pour les Donatistes qui revenoient à l'Eglise Catholique. Or, voici comme elle en usoit avec eux. Je le recueille de *Mr. Tillemont*, dont on connoît l'exactitude, & je transcris son Texte presque mot à mot. (*Article 133 de la Vie de Saint Augustin, Tom. 13 des Mémoires de l'Histoire Ecclésiastique.*) Saint Augustin, *dit Mr. Tillemont*, écrivant vers l'an quatre cent six, témoigne que les Evêques & les autres Ecclésiastiques qui revenoient à l'Eglise, exerçoient ou n'exerçoient pas leurs fonctions, selon qu'on le jugeoit utile pour la paix de l'Eglise, & pour le salut des Peuples, à cause desquels ces fonctions & ces dignités sont établies ; & il défend cette disci-

pour les crimes capitaux, l'Eglise se contentoit que les Donatistes revinssent dans son sein, sans leur imposer d'œuvres pénibles & satisfactoires. Or, l'Eglise avoit un double motif dans cette grande dou-

---

pline contre les Donatistes, qui la blâmoient. Ecrivant depuis au Comte Boniface , il dit que c'est comme quand on fait une plaie, & une ouverture dans l'écorce d'un arbre, pour y mettre une greffe. On voit que jusqu'à l'an 407, les Evêques Donatistes des lieux où il n'y avoit point d'Evêque Catholique, continuoient à gouverner leur Peuple, après l'avoir ramené à l'Eglise. Dans la Conférence de Carthage on trouve plusieurs Evêques Catholiques qui avoient auparavant été Donatistes. Ceux mêmes qui avoient rébaptisé, ne laissoient pas d'être reçus dans leur dignité . . . . . Mais on ne recevoit pas les Donatistes qui avoient abandonné l'Eglise, pour se faire rébaptiser, avec la même facilité que ceux qui avoient toujours été dans le Schisme . . . . Elle témoignoit plus de douceur à ceux qui n'avoient point encore été ses enfants, & obligeoit à une pénitence plus humble ceux qui avoient quitté son union. Elle n'admettoit point ces seconds à la Cléricature, non plus que ceux qui, après avoir une fois abandonné le Schisme, quittoient l'Eglise, & retournoient dans le Schisme, soit qu'ils fussent demeurés Laïques, soit qu'ils eussent été Clercs parmi les Donatistes . . . . On élevoit même à l'Episcopat ceux qui n'avoient été que Prêtres parmi les Donatistes : on en voit plusieurs exemples dans la Conférence. Le plus remarquable est Sabin, qui étant Prêtre de Tuque dans le Diocese de Mileve, ramena son Peuple, qui l'en avoit souvent prié, à la Communion de l'Eglise; & ce Peuple ayant souhaité d'avoir un Evêque, ce fut Sabin lui-même qu'on lui donna pour l'être.

ceur : le premier étoit de lever tous les
obstacles qui pouvoient empêcher le re-
tour des Donatistes ; le second, c'est
qu'elle les croyoit peu ou point coupables, pour s'être laissés séduire à l'autorité paternelle. On ne doit point en effet
regarder comme des ennemis de l'Eglise,
ceux qui font engagés dans des erreurs
qu'elle a proscrites, s'ils ne les soutiennent pas avec opiniâtreté. Les Théologiens unanimes sur cette doctrine, paroissent l'avoir puisée dans Saint Augustin.
» Ce Pere (*d*) ne veut pas qu'on mette
» au rang des Hérétiques ceux qui ont
» des opinions fausses & erronées, pour-
» vu qu'ils ne les défendent pas avec obs-
» tination, principalement quand ils ne
» les ont pas inventées par une présomp-
» tion téméraire, mais qu'ils les ont re-
» çues de leurs peres ; qu'ils cherchent la
» vérité avec toute la précaution & tout
» le soin possible, prêts à se corriger
» quand ils l'auront trouvée. » Le saint
Docteur répete en plus d'un endroit, cette
doctrine, qu'on n'est Hérétique que par
la revolte contre l'Eglise, & par l'opiniâtreté à défendre des sentiments qu'elle
condamne : ce qui revient à l'idée du

(*d*) Dom Ceillier, Tom. 12. pag. 656. & 657.

commun des Docteurs, qu'on peut avoir des erreurs dans l'esprit, & conserver dans le cœur un sincere amour pour la vérité. Tant que les enfants des Hérétiques & des Schismatiques, quoique extérieurement unis à une Communion Hérétique & Schismatique, conservent ces dispositions dans le fonds de leur ame, ils ne cessent point d'être les enfants de l'Eglise (*e*).

Mais le nombre de ces errants de bonne foi est-il bien considérable ? Secret connu de Dieu seul, avons-nous dit : chacun se rend le témoignage d'aimer la vérité, parce que ce témoignage ne coute rien. Cet amour prétendu pour la vérité peut n'être que dans l'imagination. Quand on n'a point eu occasion de faire à la vérité des sacrifices douloureux, dire qu'on la préfere à tout, & avoir en effet cette disposition dans la volonté, sont des choses aussi différentes que la réalité & les simples apparences. D'ameres épreuves sont capables de peindre les objets de couleurs propres à faire fuir ces épreuves. Des motifs frivoles qui flatent nos penchants l'emportent sur des raisons qui sont démonstratives pour des esprits désin-

(*e*) C'est la constante doctrine de tous les Docteurs & Ecrivains Catholiques.

téreſſés. Si l'on doit donc craindre d'être trompé par une cupidité ſecrete, c'eſt ſur-tout lorſqu'en abandonnant un parti, on perdroit ſon bien & ſon repos. Une vertu foible ſe nourrit agréablement de l'idée qu'on auroit la force de ſe dépouiller de tout pour la vérité. Mais pour ſavoir ſi on a effectivement ce courage, l'épreuve le décide mieux que les paroles.

La charité ne veut pas qu'on accuſe les autres de menſonge, quand ils pro-teſtent d'avoir une vive affection pour la vérité: mais on ne doit pas aiſement ſe perſuader à ſoi-même, qu'on la préfere réellement à tout; on eſt porté à croire qu'on eſt en poſſeſſion de la vérité: & cet-te perſuaſion produit dans l'ame une eſpe-ce de repos, qu'on prend volontiers pour amour de la (*f*) vérité. Nous ſommes de plus tout diſpoſés à juger que nos peres ont

_____

(*f*) Ces diſpoſitions ſont bien peintes dans ce paſſa-ge de Salvien, que je crois devoir copier ici : *Hæ-retici ſunt, ſed non ſcientes. Deniquè apud nos ſunt Hære-tici, apud ſe non ſunt. Nam in tantùm ſe Catholicos eſſe judicant, ut nos-ipſos titulo hæreticæ appellationis infa-ment. Quod ergò illi nobis ſunt, & hoc nos illis. Nos eos injuriam divinæ generationi facere certi ſumus, quòd mino-rem patre filium dicant. Illi nos injurioſos patri exiſtimant, quia æquales eſſe credamus. Veritas apud nos eſt, ſed illi apud ſe eſſe præſumunt. Honor Dei apud nos eſt, ſed illi hoc arbitrantur honorem Divinitatis eſſe, quod credunt.*

eu de bonnes raifons pour embraffer la croyance dont ils nous ont inftruits. Ce frivole préjugé étoit un des grands appuis du culte païen. S'il en couta tant pour le détruire, c'eft qu'il falloit détruire en même-temps le refpect aveugle pour l'Antiquité. Toute nouveauté eft fufpecte en fait de Religion, & l'on prend pour nouveauté tout ce qui ne s'accorde pas avec la Religion paternelle.

D'ailleurs il n'eft point de mauvaife caufe qu'on ne puiffe défendre par quelques arguments fpécieux, ni de vérité fi certaine qu'on ne puiffe obfcurcir par des difficultés apparentes. Or, quand les Maîtres inftruifent, ils n'ont garde d'obferver une exacte neutralité, en préfentant les raifons de part & d'autre, fans donner plus de poids à celles qui favorifent leur propre fentiment. La plûpart des hommes ont l'efprit étroit, peu capable

---

Inofficiofi funt, fed illis hoc eft fummum Religionis officium. Impii funt, fed hoc putant veram effe pietatem. Errant ergò, fed bono animo errant, non odio, fed affectu Dei, honorare fe Dominum, atque amare credentes. Quàmvis non habeant rectam fidem, illi tamen hoc perfectam Dei aftimant charitatem. Qualiter pro hoc ipfo falfæ opinionis errore in die Judicii puniendi fint, nullus poteft fcire nifi Judex. SALVIANUS, *de gubernatione Dei,* Lib. 5. *poft initium.* Tom. 5. Edit. Paris. col. 88. *Bibliotheca Patrum,* an. 1644.

de bien ſaiſir les arguments contraires qui
ſe combattent. Leur vue ne ſauroit s'é-
tendre ſur beaucoup d'objets ; auſſi quand
des Livres polémiques tombent entre les
mains de perſonnes peu inſtruites, elles
ſont frappées de ce que l'Auteur leur met
ſous les yeux ; & ce qu'il ne leur dit pas,
eſt pour elles comme s'il n'exiſtoit point
du tout. Les queſtions agitées avec chaleur
reſſemblent à des perſpectives. Les ſpecta-
teurs placés dans différents points de vue,
voyent & ne voyent pas le même objet.
Le biais dont on enviſage les queſtions,
en fait juger d'une façon différente, ou
même entierement oppoſée. On eſt ſur-
pris que les autres jugent autrement qu'on
ne juge, parce qu'on ignore les motifs de
leurs jugements. Qui décidera cependant
ſi cette ignorance eſt criminelle, juſqu'à
quel point elle eſt criminelle, quelle eſt
enfin ſon influence dans les controverſes
de Religion ? Dans quelles profondes ténebres ne ſommes-nous pas ſur ces queſtions ?

Mais qu'on ſuppoſe les erreurs ou criminelles ou excuſables aux yeux de Dieu,
on n'en ſera pas moins obligé de découvrir aux errants l'aveuglement qui les y
retient. Leur prétendue bonne foi dans leur
ſéparation de l'Egliſe, ne les diſpenſe point

d'examiner les fondements de leur croyance : voilà d'où il faut partir. Si moi Catholique, je conduis bien mes réfléxions, je m'affermirai dans ma foi : mais en me supposant séparé de l'Eglise , il faut justifier cette séparation , ou rentrer dans son sein. Il faut ou que je devienne Catholique , ou que je découvre une Communion chrétienne fondée en raison dans les points qui la divisent de l'ancienne Eglise , qui a servi comme de berceau à toutes les autres sociétés du Christianisme.

Quand on supposeroit cependant qu'on est séparé de l'Eglise par l'effet d'une ignorance invincible , ceux qui ne sont point criminels de vivre dans des Communions étrangeres à l'Eglise , y sont pourtant privés de l'inestimable secours des Sacrements de Jesus-Christ. Or , une charité sincere tâchera toujours de les procurer à ceux qui ont le malheur d'en être privés.

SECTION IX.

SECTION NEUVIEME.

De la prétendue inſuffiſance des preu-
ves du Chriſtianiſme. Dieu n'eſt pas
obligé d'agir au gré des hommes. Aver-
ſion déraiſonnable du Vicaire Savoyard
pour les témoignages humains , ſans
leſquels il eût fallu renouveller pour cha-
que croyant les prodiges qui ont ſervi
de preuve à la Révélation. Etrange
hardieſſe de M. Rouſſeau, *de ne pas*
tomber d'accord que l'éloge qu'il a fait
de J. C. *a pour appui des témoignages*
humains. Il n'y a que ce ſeul moyen
pour établir & l'authenticité & la divi-
nité des Evangiles. M. Rouſſeau *ayant*
tort dans le fonds , eſt impardonnable
d'avoir répondu d'une maniere ſi peu
meſurée à M. *l'Archevéque de* Paris.

L E *Vicaire Savoyard* exige que les preuves de la véritable Religion ſoient d'une
telle évidence qu'on ne puiſſe s'y refuſer ;
vrai piege pour ceux qui ne veulent pas

G

se soumettre au joug de la Foi : quand diront-ils en effet qu'ils sont satisfaits du degré d'évidence de ces preuves ? Tous ceux à qui la Religion est odieuse, adopteront quelqu'une des objections que *Jean-Jacques Rousseau* met dans la bouche du *Vicaire Savoyard.* » Il falloit, diront-ils » de concert, un bien plus grand degré » de clarté pour subjuguer nos esprits. Si » Dieu eût voulu nous faire adopter le » culte chrétien, que lui en eût-il couté » pour en rendre les preuves si palpables, » qu'on n'auroit pu les contredire ? Les » Incredules ont également droit d'ajoû- » ter, en suivant la même idée : les mira- » cles étant à la disposition du Tout-puis- » sant, pourquoi ne les prodigue-t-il pas » à proportion de l'intérêt qu'il prend à » la propagation de son culte, & du nom- » bre des partisans qu'il veut lui gagner ? » Pourquoi Dieu n'opere-t-il pas des pro- » diges proportionnés au caractere de tous » les esprits ? Si l'incrédulité est une ma- » ladie mortelle qui fasse périr l'ame pour » l'Éternité, un Médecin tout-puissant » s'obstinera-t-il à ne se servir que des re- » médes pour lesquels ses malades ont » une extrême répugnance ? L'incrédulité » la plus obstinée céderoit à des prodi- » ges opérés à son choix. Nos Incredu-

» les ne sont pas d'une pire condition
» que ceux du temps passé, que Dieu
» convainquit par des merveilles qu'ils
» virent de leurs yeux. »

En faisant raisonner ainsi les Incredules, on ne prétend pas les rendre ridicules, mais leur faire sentir où l'on abou-
tit, quand on ne veut pas se contenter
de la mesure d'évidence qu'il plaît à
Dieu de donner à sa Révélation. Il n'a
pas besoin qu'on lui fasse la leçon dans
sa conduite sur les hommes ; & au lieu
de dire avec le *Vicaire Savoyard* : Dieu
seroit le plus cruel des Tyrans, si un
seul mortel de bonne foi n'étoit pas frappé de l'évidence de la Religion, il faut
dire plutôt : il n'y a point de plus
criminelle témérité que de vouloir as-
sujettir Dieu à nos caprices, & de faire
dépendre la Foi que nous aurons à ses
oracles, du degré d'évidence qu'il nous
plaira de lui prescrire.

Si les hommes en avoient été crus,
le Dieu que nous adorons, (*a*) n'eût pas
été le Dieu caché : titre dont il se glorifie dans l'Ecriture : s'ils en avoient été
crus, le Sauveur seroit descendu de la
Croix avant la consommation de son Sa-

_____

(*a*) Isa. 45. v. 15.

G ij

crifice. S'ils en avoient été crus, la fidé-
lité des Serviteurs de Dieu n'eût pas été
mise aux épreuves que nous racontent
les Livres Saints. L'impatience humaine
eût voulu que dès les premiers moments,
Dieu sortît de son secret, & qu'il con-
fondît les ennemis de son nom ; mais
ce ne sont pas-là les voies de Dieu ; ce
n'est pas l'économie de sa providence.
Elle présente un côté obscur & un côté
lumineux. Par des coups éclatants, Dieu
annonce la puissance de son bras, &
puis il se referme dans le silence. Il laisse insulter à son pouvoir, pour en donner après, des marques terribles ; l'Histoire du Peuple de Dieu est un tissu presque
continuel de cette alternative, Dieu s'y
montre & s'y cache ; il y semble devenu insensible aux outrages des hommes ;
& ses vengeances y sont si effrayantes,
qu'on ne le croiroit plus le Dieu de toute miséricorde.

Si la Religion est devenue comme une
pierre de scandale contre laquelle ses ennemis se sont brisés, c'est qu'ils ont voulu juger des voies de Dieu par leur propre sagesse : les uns ont dit, qu'en supposant Dieu Auteur du Christianisme, il
n'étoit pas possible qu'il eût choisi les
Apôtres pour Interpretes de ses volontés ;

& que des Orateurs éloquents & diſerts,
(*b*) devoient ſeuls être ſes Ambaſſadeurs.
D'autres ont ſoutenu, que ſi Dieu faiſoit tant que de parler aux hommes, il
ne pouvoit leur parler ſi obſcurement ;
que les preuves de l'Evangile, ſi elles
venoient de Dieu, ne pouvoient être ſi
foibles & ſi peu déciſives. Telle eſt la
méthode du *Vicaire Savoyard.* Il prétend
qu'en parlant aux hommes, Dieu a dû
leur épargner la peine de diſcuter ; ſi
c'eſt lui en effet qui leur a parlé, qu'il a
dû encore leur marquer clairement le
ſens de ce qu'il leur a dit : défaut de preuves, pour conſtater la Révélation de
l'Evangile, & pour conſtater le ſens qu'il
faut donner à cette Révélation. Ces incertitudes ſur leſquelles le *Vicaire Savoyard*
s'étend beaucoup, tendent à nous fixer à
la Religion naturelle, qui garantit de tous
ces embarras, ſi nous voulons bien l'en
croire.

(*b*) Le défaut d'éloquence des premiers Prédicateurs du Chriſtianiſme a toujours choqué ſes ennemis.
Saint Paul a prévenu l'objection qu'on en pouvoit tirer : & nos Apologiſtes ont conclu de ce défaut d'éloquence des Apôtres, que l'établiſſement de leur Religion étoit une œuvre manifeſtement divine. Voyez
les *Commentateurs ſur Saint Paul* 1. Cor. 1. v. 27, & ſur-
tout Saint Chryſoſtome, *Homélies trois & quatre ſur la
premiere aux Corinthiens, & alibi paſſim.*

G iij

Il ne se contente pas de combattre nos preuves en détail; il les attaque par cette considération générale, qu'il propose du ton le plus triomphant. Tout ce que nous pouvons savoir de Théologie, ce que nous pouvons connoître de la Divinité, se réduit à ce que nous pouvons en découvrir par l'usage de notre raison ; car ce que nous en pouvons apprendre par des moyens extraordinaires, ne sauroit être appuyé que sur le témoignage des hommes : » Et (ce sont ses paroles) le » témoignage des hommes n'est... au » fonds que celui de ma raison même, » & n'ajoute rien (c) aux moyens natu- » rels que Dieu m'a donnés de connoître » la vérité. » Par conséquent ma raison sera toujours juge de ce que les hommes me disent de la part de Dieu.

Pour dégrader la Révélation comme inutile, comme la source d'une infinité de superstitions, comme le principe ou le prétexte du Fanatisme, on nous dit que les hommes ne peuvent nous rien apprendre que, nous ne puissions savoir tout comme eux, puisque nous avons les mêmes facultés qu'ils ont, pour découvrir la vérité. Leur témoignage ne peut nous

---

(c) Tom. 3. pag. 129.

dire que ce que notre raison peut nous dire sans cet inutile circuit. Ce qu'ils nous disent, comme le tenant de Dieu, il faut que notre raison en soit le juge en dernier ressort, & qu'elle prononce, s'il peut venir ou ne pas venir de Dieu.

Mais Dieu peut avoir parlé ; & dans ce cas, il faut écouter sa Révélation. Cette réplique déplaît au *Vicaire Savoyard* ; il en est deconcerté. » Dieu a parlé, » dit-il, (*d*) voilà certes un grand mot ; » & à qui a-t-il parlé ? Il a parlé aux » hommes. Pourquoi donc n'en ai-je rien » entendu ? » Dieu a bien tort en effet de ne s'être pas immédiatement adressé au *Vicaire Savoyard*, & d'avoir parlé à d'autres pour lui faire connoître ses volontés. C'est traiter les beaux esprits comme les ignorants, & confondre les Philosophes avec le vulgaire. Or, une telle conduite n'est-elle pas bien repréhensible ? Expliquons-nous plus sérieusement. Le *Vicaire Savoyard* ne trouvant pas à propos que Dieu parlât aux hommes par l'entremise d'autres hommes, il devoit prouver l'une de ces deux choses, ou qu'il étoit indigne de Dieu de se révéler aux hommes, ou qu'il y avoit, pour se révéler à eux, une

_____

(*d*) *Ibid.* page 130.

G iv

autre voie plus digne de ſes perfections,
que celle de leur parler par l'organe d'autres hommes.

Quelques pages plus bas, le *Vicaire
Savoyard* donne un trop grand air de ridicule à un inſpiré qu'il met ſur la ſcene,
pour croire qu'il voulût que Dieu condui-
sît les hommes par des inſpirations immédiates. Prétendra-t-il donc qu'il eſt indigne
de Dieu de ſe faire connoître par aucune
autre voie que par leur taiſon naturelle?
Mais Dieu pouvant ſe découvrir & par
des moyens naturels, & par des moyens
ſurnaturels, qui pourroit lui ravir la liberté du choix de ces moyens?

» Néanmoins, comme il n'en coutoit
» pas davantage à Dieu, pourquoi, en
» parlant aux hommes, ne les mettoit-il
» pas à couvert de la ſéduction? » Admirons cette prudence ; on craint la ſéduction, ſuppoſé que les hommes nous parlent de la part de Dieu ; & on paroît ne
pas la craindre, ſuppoſé que Dieu nous
parle immédiatement par lui-même. On
ne nous dit pourtant pas, ſi dans ce nouveau plan, Dieu parlera à tous les hommes, ou ſeulement à quelques-uns d'entre eux. Au premier cas, on aura dès à
préſent, le privilege promis à la vie à venir: ſans voile & ſans énigme, Dieu ſe ma-

nifestant à tous les hommes, la Foi n'aura plus lieu; on ne pourra plus craindre les illusions des Fanatiques illuminés. Il ne manque à cette supposition que des preuves solides : mais ces preuves ne (*e*) peuvent être que des preuves surnaturelles. Tous les raisonnements du monde ne sauroient établir qu'on est en communication privilégiée avec Dieu. Dans le second cas, c'est-à-dire, si Dieu ne parloit qu'à quelques-uns d'entre les hommes, il faudroit que ces hommes eussent des moyens pour convaincre les autres, & pour se convaincre eux-mêmes, qu'il n'y avoit ni séduction, ni illusion dans cette communication avec la Divinité. Or, ces moyens ramenent la difficulté dont le *Vicaire Savoyard* prétend se garantir. Il ne veut pas que les hommes puissent le

---

(*e*) On a prouvé dans la Dissertation sur les miracles, qui est au second Tome de *la Religion naturelle & de la révélée*, que Dieu ne pouvoit manifester aux hommes certaines vérités, telles par exemple, que la Résurrection des Morts, par d'autres moyens, que par une voie surnaturelle. Ne vouloir donc pas que Dieu se fasse connoître aux hommes par la Révélation, c'est comme lui imposer silence à l'égard de toutes les vérités où la raison naturelle ne peut atteindre par elle-même : c'est ne vouloir pas écouter Dieu, supposé qu'il veuille nous découvrir des vérités qui ne sont pas du ressort de la simple raison.

tromper en fe vantant de lui parler de la part de Dieu ; fuppofé donc que Dieu lui parlât à lui-même , il faudroit qu'il produisît des témoignages non équivoques de cette divine faveur : fans quoi on feroit en droit de craindre l'illufion ou l'impofture, comme il les appréhende, quand on veut lui faire recevoir des Révélations divines.

Il faut obéir quand Dieu parle, de quelque maniere qu'il fe fafle entendre : ce fentiment fi naturel aux hommes, les a fait foumettre à tous ceux qu'ils ont cru venir de la part de Dieu. *M. Jean-Jacques Rouffeau* eft peut-être le premier à qui cette maniere de Révélation a déplu. Tous les Sages de l'Antiquité ont pofé pour principe que quand Dieu veut manifefter fes volontés aux hommes , il le fait par le miniftere d'autres hommes. Mais le *Vicaire Savoyard* vient défabufer le monde, de cette illufion ; & voici comment il la combat ; ne perdons pas une de fes paroles.

» J'aimerois mieux (*f*) avoir entendu
» Dieu lui-même ; il ne lui en auroit pas
» couté davantage , & j'aurois été à l'a-
» bri de la féduction. Il vous en garantit,
» en manifeftant la million de fes en-

_____

(*f*) *Emile*, Tom. 3. pag. 130.

» voyés. Comment cela ? Par des pro-
» diges. Et où ſont ces prodiges ? Dans
» des Livres. Et qui a fait ces Livres ?
» Des hommes. Et qui a vu ces prodi-
» ges ? Des hommes qui les atteſtent.
» Quoi ! Toujours des témoignages hu-
» mains ? Toujours des hommes qui me
» rapportent ce que d'autres hommes ont
» rapporté ? Que d'hommes entre Dieu
» & moi ! Voyons toutefois, examinons,
» comparons, vérifions. Ô ſi Dieu eût
» daigné me diſpenſer de tout ce travail,
» l'en aurois-je ſervi de moins bon cœur ? »

RÉPONSE. Que l'Auteur a de complaiſance pour ſes brillantes ſaillies ! Car
il n'eſt pas poſſible qu'il ait examiné combien il eſt peu raiſonnable de dire que
Dieu faſſe plutôt connoître ſes volontés
par une communication immédiate, qu'en
révélant ſes ordres à ſes envoyés. Cette
derniere façon de manifeſter les volontés
de Dieu aux hommes, eſt remplie de ſimplicité. L'autre multiplie les miracles à
l'infini. Au lieu des prodiges qui ont été
néceſſaires pour conſtater la miſſion de
Moyſe & de Jeſus-Chriſt, dans le nouveau
ſyſtême, ou le nouveau plan de *M. Rouſſeau*,
autant qu'il y auroit eu d'hommes juſqu'à
la fin des ſiecles, autant de fois auroit-il
fallu intimer à chacun d'eux les ordres du

Ciel. Chaque particulier eût même pu exiger une déclaration de la volonté de Dieu fur chacune des actions qu'il lui auroit prefcrites.

Non, dira peut-être *M. Rouffeau*, la loi naturelle eft le Code univerfel de tous ceux qui reconnoiffent l'empire de la Divinité. Mais fi la loi naturelle doit faire regle pour tous les hommes, Dieu ne peut avoir démenti fes perfections, endonnant à cette loi des fuppléments & des explications, par l'organe de Moyfe & de Jefus-Chrift. Le gouvernement du monde ne formeroit qu'un affemblage monftrueux, s'il étoit fans maître & fans loi. Les loix naturelles font dignes de la fageffe de Dieu : des loix particulieres d'abord pour un feul Peuple, telles que la loi de Moyfe, enfuite plus étendues, deftinées à tous les Difciples de Jefus-Chrift, ne devroient qu'exciter la reconnoiffance de ceux qui ont le bonheur de les connoître. N'eft-il donc pas étonnant qu'elles réveillent la mauvaife humeur des Philofophes, par ce frivole prétexte, qu'étant ajoûtées à la loi naturelle, elles ne peuvent être connues que par la voie de la Révélation?

Mais la Révélation, dit *M. Rouffeau*, ne fauroit nous parvenir qu'avec incertitude, puifqu'elle nous eft tranfmife par

des témoignages humains. Oui, elle nous
eft tranfmife par des témoignages humains,
mais fans y prendre aucune teinture d'incertitude. Il eft une infinité d'événements
dont l'éloignement des temps ni des lieux
ne fauroit affoiblir l'authenticité. L'exiftence & les victoires d'Alexandre ne (*g*)
nous font pas moins conftatées, que fi
nous avions vécu en Macédoine ou en
Perfe, au premier fiecle de l'Ere Chrétienne. Il feroit auffi déraifonnable aujour-
d'hui de douter de la Doctrine & de
l'Hiftoire de Jefus-Chrift, qu'au temps
des difciples des Apôtres. La certitude
en étoit au plus haut point ; elle étoit
par aite, & la nôtre l'eft auffi. La chaîne des témoignages humains, tant qu'on
affecte de la déprimer, eft quelquefois fi
forte, qu'on ne fauroit la rompre, ni
même l'affoiblir. Nous fommes dans ce
cas à l'égard des faits qui fervent d'appui
au Chriftianifme, & des témoignages qui
les atteftent. *M. Rouffeau*, qui fe plaint
qu'on ne lui parle que de témoignages
humains, comme s'ils étoient récufables,

(*g*) Voyez la page 205 & fuivantes du premier
Tome de l'Ouvrage de *M. Ditton*, traduit en françois, qui a pour titre : *La Religion Chrétienne démontrée par la Réfurrection de Jefus-Chrift*. Edit. d'Amfter-
dam, 1728.

n'a pas eu la bonne foi de convenir combien il étoit dans son tort ; mais il est aisé de l'en convaincre.

M. Rousseau a si admirablement parlé de Jesus-Christ & de son Histoire, que M. l'Archevêque de Paris, dans le Mandement qui porte condamnation d'*Emile*, n'a pas manqué de citer quelques traits de cet Éloge, & de les mettre en contraste avec les sentiments de cet Auteur. Tous les lecteurs d'*Emile* ont fait la même réfléxion. Mais ce Prélat en a fait une autre qui eût dû être une salutaire leçon pour *Jean-Jacques* : c'est qu'il a donc eu bien tort de tant déclamer contre les témoignages humains, lui qui ne pouvoit parler de Jesus-Christ qu'en conséquence de ces témoignages. L'observation est péremptoire, & il eût été sage d'en tomber d'accord. Mais M. *Rousseau* n'a consulté que sa fierté. Il le prend sur un ton qui ne conviendroit pas d'égal à égal, & qui est intolérable quand on a la raison contre soi. Ce trait mérite l'attention du lecteur ; voici les paroles du Prélat : *Cependant l'Auteur ne la croit* (l'authenticité de l'Evangile) *qu'en conséquence des témoignages humains.* Rousseau réplique : *Vous-vous trompez, Monseigneur.* (*h*) Non,

_____

(*h*) Lettre de *Jean-Jacques Rousseau*, page 89.

Monſeigneur l'Archevêque ne ſe trompe pas ; c'eſt l'*Auteur* d'*Emile* qui ſe trompe, qui parle ſans refléxion, ſur une matiere qu'il n'entend pas. Il eſt impoſſible de reconnoître l'authenticité de l'Evangile, ni des autres Livres anciens, qu'à cauſe des témoignages humains ; leur authenticité n'eſt pas ſuſceptible d'autres preuves.

L'*Auteur* d'*Emile* fera peut-être le pénible aveu qu'il s'eſt mépris, & qu'il vouloit dire la *divinité* de l'Evangile, au lieu de dire *l'authenticité*. La bevue feroit déja groſſiere. Sur une matiere ſi importante, rien ne diſpenſe de la plus grande exactitude ; mais quand nous lui ferons grace où il en mérite ſi peu ; quand nous ſuppoſerons qu'il a voulu parler de la *divinité* de l'Evangile, & non pas de ſon *authenticité*, l'apologie de *Rouſſeau* n'en ſera pas moins ſans ſolidité ; car il eſt certain qu'on ne doit reconnoître ni la *divinité*, ni l'*authenticité* de l'Evangile, que ſur des témoignages humains. Si M. *Rouſſeau* prétend le contraire, il s'abuſe, quand il auroit pour lui le ſuffrage de tous les Proteſtants. On l'a (*i*) démontré ailleurs. Il eſt viſible au reſte qu'il ne s'agit

----

(*i*) Page 31 & ſuivantes du Diſcours préliminaire de *la Religion naturelle & révélée*, &c. *Tome premier.*

point ici de la Doctrine Evangélique, mais de cette portion du Nouveau Testament qui forme les quatre Evangiles.

L'existence de l'Evangile n'a pas besoin de preuves ; on le voit, on le touche. L'*Auteur* d'*Emile*, du-moins s'il y réfléchit, n'a pas besoin non plus qu'on lui prouve l'authenticité de l'Evangile ; & si quelqu'un étoit capable de former là-dessus un véritable doute, il faudroit lui produire le témoignage des Chrétiens, qui déposeroient qu'ils tiennent l'Evangile de ses Auteurs, comme ils tiennent de leurs Auteurs, les Oraisons de Démosthene, de Cicéron, les Livres de Platon, d'Horace, de Virgile, &c. Les Monuments anciens sont ici nos garants, & forment un genre d'infaillibilité qui ne diffère point de ce que nous appellons authenticité. Mais puisque nous ne pouvons former de doute raisonnable sur l'authenticité des Ouvrages des Auteurs les plus célebres de l'Antiquité, à plus forte raison, nous ne pouvons en former sur l'authenticité des Evangiles : car le nombre des témoins qui déposent en faveur des Livres profanes, est bien moindre que celui des témoins qui déposent pour les Evangiles : & mille autres circonstances fortifient ce dernier témoignage. Suppoſé que l'*Auteur* d'*Emile* veuille y refléchir, nous ne ſaurions croire qu'il ait là-deſſus d'autres idées.

Il s'eſt ébloui ſur la divinité des Evangiles. L'Evangile, (j'ai déja averti que pour parler plus exactement, il eût fallu dire les Evangiles) » l'Evangile, dit-il (*k*), » eſt la piece qui décide, & cette piece » eſt entre mes mains. De quelque ma- » niere qu'elle y ſoit venue, & quelque » Auteur qui l'ait écrite, j'y reconnois » l'eſprit divin : cela eſt immédiat autant » qu'il peut l'être. Il n'y a point d'hom- » mes entre cette preuve & moi. » *L'eſ- prit divin dans l'Evangile* , ou *la divinité de l'Evangile* , ces expreſſions ſont équi- valentes ; ſi elles ne le ſont pas, on me fera comprendre en quoi elles différent; & ce que j'aurai dit de plus ou de moins en aſſurant que je reconnois *l'eſprit divin dans l'Evangile* , ou que je reconnois *la divinité de l'Evangile.* Ainſi , ſuivant M. *Rouſſeau* , ſans témoignages humains, ſans m'embarraſſer par quel canal l'Evangile m'eſt parvenu , ſans ſavoir qui l'a écrit, je reconnois la divinité de l'Evangile. Mais par quelle voie ſuis-je parvenu à cette connoiſſance ? Par l'Evangile même.

(*k*) *Ubi ſuprà*, pag. 89.

C'eft-à-dire, pour developper la penfée de *M. Rouffeau*, par le fentiment intérieur que j'ai de la divinité de l'Evangile en le lifant : car l'Evangile ne parle pas ; & je n'ai point appris la divinité de l'Evangile par des témoignages humains. Un Mahométan, devenu fur cet article, difciple de *M. Rouffeau*, quand il lira l'Alcoran, en reconnoîtra la divinité, protestera qu'il la fent ; & fur ce fentiment dont il ne fauroit douter, il feroit ferment que l'Alcoran eft un Livre divin. Il ne faut pas lui en demander des témoins ; il en a le témoignage en lui-même.

Si *M. Rouffeau* ne veut pas qu'on écoute ce Fanatique, il aura plus d'égard pour un de fes partifans. En voici un qui lui dit : » Je reconnois Jefus Chrift pour un » homme tout divin : je foufcris à tous » les éloges que lui a donnés le *Vicaire* » *Savoyard* ; je rencherirois par-deffus s'il » m'étoit poffible. Cependant, on ne veut » pas me regarder comme Chrétien, parce » que je ne diffimule point que l'Evangile » me paroît plein de chofes incroyables , » qui répugnent à la raifon, & qu'il eft » impoffible à un homme fenfé de conce- » voir ni d'admettre. Je protefte toutefois » avec fincérité, que je trouve dans l'E- » vangile des caracteres de vérité fi grands,

» ſi frappants, ſi parfaitement inimitables,
» que l'inventeur en ſeroit plus étonnant
» que le Héros. » Je ſens que dans cette
eſpece de profeſſion de Foi, il y a des
contradictions apparentes : mais la con-
ciliation eſt facile. L'Evangile eſt en oppoſition avec lui-même ; il faut donc mettre le bon, le beau, l'admirable, l'inimitable, ſur le compte de Jeſus-Chriſt : &
le mauvais, l'abſurde, le condamnable,
ſur le compte de ſes Hiſtoriens. Il faut
bien qu'ils y ayent mis du leur, qu'ils
ayent confondu enſemble le divin & l'humain ; des choſes ſi contraires ne peuvent
venir de la même ſource.

Cette voie d'accorder *M. Rouſſeau* avec
lui-même, eſt naturelle ; il ne ſauroit ſe
plaindre qu'on la lui prête, juſqu'à ce
qu'il nous diſe par quel autre moyen il
concilie des ſentiments ſi diſcordants.
Mais que *M. Rouſſeau* nous apprenne comment ſans témoignages humains, il découvre la divinité d'un Livre où le bon & le
mauvais ſont mêlés & confondus enſemble,
d'un Livre rempli de caracteres de vérité
inimitables, & de choſes qui répugnent à
la raiſon. Un tel Livre, qu'on me débite
pour avoir été compoſé il y a plus de
dix-ſept cent ans, & dont on veut que
je juge par lui-même, ſans témoignages hu-

mains, me prouveroit-il même l'exiftence de fon Héros ? Si tous les autres Livres de l'Antiquité étoient anéantis, à
l'exception de la Cyropédie de Xenophon,
que pourrois-je répondre à cette queftion ?
Cyrus fut-il jamais un perfonnage réel ?
Je n'en fais rien, devrois-je dire : toute
autre réponfe feroit hazardée. L'application fe fait d'elle-même ; on me préfente
l'Evangile, & l'on me dit en même temps :
ne vous faites point de ce Livre l'idée
qu'en ont les Chrétiens : faites-vous en
plutôt l'idée que doit en avoir un homme qui met à l'écart tous les témoignages
humains capables de conftater l'exiftence
& le caractere de Jefus-Chrift. Dans cette hypothefe, chimérique tant qu'on voudra, mais enfin dans cette hypothefe,
que jugerai-je de la réalité de l'exiftence
de Jefus-Chrift ? Rien du tout.

Mais fuppofons, pour plaire à *M. Rouffeau*, que fans témoignages humains,
l'Hiftoire évangélique eft certaine ; &
fur cette fuppofition, laiffons-lui redire
ce que nous en avons déja cité. » L'Evan-
» gile eft en mes mains ; & de quelque
» maniere que cette piece y foit venue,
» & quelque Auteur qui l'ait écrite, j'y
» reconnois l'efprit divin : cela eft im-
» médiat autant qu'il peut l'être ; & il n'y

» a point d'hommes entre cette preuve
» & moi. »

Oui : mais s'il n'y a point d'hommes
entre cette preuve & moi, elle sera in-
suffisante pour établir la divinité des
Evangiles. Avec cette preuve un Mahométan me prouvera la divinité de l'Alcoran ; & si je suis en droit de rejeter
sa preuve, il est également en droit de
rejeter celle de *M. Rousseau.* L'un reconnoît l'esprit divin dans l'Alcoran, l'autre
le reconnoît dans l'Evangile.

Il faut cependant tomber d'accord que
le Mahométan reconnoît la divinité de
l'Alcoran, par un entêtement fanatique ;
au lieu que *M. Rousseau* a raison de reconnoître l'esprit divin dans l'Evangile.
Oui, l'*Auteur d'Emile* a raison de reconnoître l'esprit divin dans l'Evangile, s'il se
fonde sur des arguments appuyés par des
témoignages humains. Mais s'il met ces
témoignages à l'écart, sa façon de raisonner est un pur Fanatisme.

Ce n'est pas qu'il n'y ait mille traits
dans l'Evangile qui le mettent sans comparaison, au-dessus de l'Alcoran. Mais avec
ces traits de grandeur & de noble simpli-
cité, nous ne devrions pas croire que ce
fût un Livre divin, si ses Auteurs ne
l'avoient donné aux Eglises Chrétiennes

comme un Livre inſpiré. Pour dire &
pour faire des choſes divines, il faut avoir
l'eſprit divin, mais non pas pour les écrire. Ainſi l'*Auteur* d'*Emile*, que rien ne
diſpenſoit en cette occaſion, de s'exprimer
d'une maniere exacte, devoit dire qu'il
reconnoiſſoit l'eſprit divin dans les choſes que faiſoit & que diſoit Jeſus-Chriſt.
Mais il ne devoit pas dire qu'il reconnoiſſoit l'eſprit divin dans le récit qu'en
font les Evangéliſtes. Suivant *M. Jean-
Jacques*, l'Evangile eſt un mêlange de
choſes divines, & de choſes incroyables &
abſurdes : ce qui ne ſauroit être que parce que Jeſus-Chriſt eſt Auteur des unes,
& ſes Hiſtoriens, Auteurs des autres. Mais
de quoi ſervira ce mêlange, s'il n'y a pas
moyen de faire le triage du bon & du
mauvais ? *M. Rouſſeau* ne l'a point entrepris ; & ſi par ſuppoſition, on en venoit à l'eſſai, il faudroit préalablement
établir qu'il y a eu autrefois un perſonnage célebre, qui a dit & fait les choſes
admirables & divines que l'Evangile raconte de Jeſus-Chriſt. Comment ſans ce
préalable, prononcer que telle action eſt
digne de Jeſus-Chriſt, que telle autre ne
lui peut être attribuée, que tel diſcours
& non tel autre, eſt aſſorti à ſon caractere. Or, il y auroit du ridicule à dire

qu'une telle diſcuſſion pût ſe faire ſans témoignages humains.

» Mais l'Evangile a des caractères de vé-
» rité ſi grands, ſi frappants, ſi parfaite-
» ment inimitables, que l'inventeur en
» ſeroit plus étonnant que le Héros. » Je ne conteſte pas que ces paroles de *M. Rouſſeau* qui ont été fort applaudies, ne contiennent une idée ingénieuſe & ren-due heureuſement. Mais à parler en ri-gueur, perſonne ne dira qu'il fût plus facile de parler & d'agir, comme les Evangéliſtes rapportent que Jeſus-Chriſt a parlé & agi, que d'écrire l'Evangile, ou ſur le récit des témoins de ſa Vie, ou ſur les Mémoires qu'on pouvoit en avoir par écrit. Il n'y a rien de ſurnaturel à être de cette façon Hiſtorien de Jeſus-Chriſt. Mais à chaque pas le ſurnaturel & le divin brillent dans les actions & les diſcours de Jeſus-Chriſt. Malgré leur in-génuité & leur noble ſimplicité, l'eſprit divin n'eſt point viſible & ſenſible dans les Evangéliſtes, comme il eſt viſible & ſenſible en Jeſus-Chriſt. Ainſi, pour m'ex-primer comme *M. Rouſſeau*, l'Hiſtorique de l'Evangile, de ſes Auteurs, du temps où il a été compoſé, &c. nous fait déci-der qu'il eſt divin ; ce que nous ne déci-derions pas ſans cet Hiſtorique, ou ſans

les témoignages humains qui nous apprennent quels en font les Auteurs , &
quelle idée en avoient ceux qui le reçu-
rent de leurs mains.

SECTION X.

SECTION DIXIEME.

Nos preuves ne perdent rien de leur force, malgré *les ſuppoſitions du* Vicaire Savoyard. Ce qu'il objecte touchant les Prophéties & les anciens Monuments, & encore touchant les infidélités des copiſtes & des traducteurs, ſe réduit à des minuties. Il eſt mieux de ne pas faire valoir les preuves incertaines. On n'a pu ſe faire illuſion ſur les miracles de Jeſus-Chriſt & des Apô- tres. On ne peut rien conclure de ce que nous ne ſavons pas ſi les anciens en- nemis de notre Religion en connoiſ- ſoient bien les preuves. Ils ſont nos té- moins, & nous ſommes certains qu'ils étoient perſuadés des faits qui établiſ- ſent que le Chriſtianiſme doit ſon origi- ne à des cauſes ſurnaturelles. Leurs ob- jections ne nous ſont point inconnues. Cependant la perte de leurs Ouvrages nous doit être plus ſenſible qu'aux In-

H

credules. Rien n'a tant contribué à la perte de ces Ouvrages , que le mépris qu'on en a fait : sujets de triomphe qu'ils nous fourniroient , s'ils subsistoient encore.

LE *Vicaire Savoyard* vient de nous dire qu'il n'en eût pas servi Dieu de moins bon cœur , s'il eût été dispensé de la pénible discussion où il se trouve engagé par les preuves de la Religion. Ne faisons point d'observations sur cette expression. Elle signifie , car nous entendons déformais son langage, elle signifie que pour peu que les preuves du Christianisme lui paroissent obscurcies par quelques nuages , il en sera mécontent : disposition peu différente d'une forte prévention contre ces preuves. Voici comme il attaque celles que nous tirons des Prophéties & des Livres anciens.

» De quelle immense érudition , dit-il ,
» j'ai besoin (*a*) pour remonter dans les
» plus hautes antiquités, pour examiner,
» peser, confronter les Prophéties, les
» révélations, les faits , tous les Monu-

(*a*) *Ib.* page 131.

» ments de Foi propofés dans tous les
» pays du monde , pour en affigner le
» temps, les lieux, les Auteurs, les oc-
» cafions ! Quelle juftefe de critique m'eft
» néceffaire , pour diftinguer les pieces
» authentiques, des pieces fuppofées ; pour
» comparer les objections aux réponfes,
» les traductions aux originaux ; pour ju-
» ger de l'impartialité des témoins, de
» leur bon fens , de leurs lumieres ; pour
» favoir fi l'on n'a rien fupprimé, rien
» ajouté, rien tranfpofé, changé, falfi-
» fié ; pour lever les contradictions qui
» reftent ; pour juger quel poids doit avoir
» le filence des adverfaires dans les faits al-
» légués contre eux ; fi ces allégations
» leur ont été connues ; s'ils en ont fait
» affez de cas pour daigner y répondre ;
» fi les Livres étoient affez communs pour
» que les nôtres leur parvinffent ; fi nous
» avons été d'affez bonne foi pour don-
» ner cours aux leurs parmi nous, &
» pour y laiffer leurs plus fortes objec-
» tions telles qu'ils les avoient faites ! »

RÉPONSE. Rien de plus frivole que
ce tas d'objections : mais leur affemblage
pourroit faire quelque impreffion fur des
gens ennemis d'une attention férieufe.
Et d'abord peut-on n'être pas furpris d'entendre un homme inftruit, qui croit, ou

fait femblant de croire qu'on a befoin
d'une érudition immenfe pour confronter les Prophéties avec les faits qui en
font l'accompliffement ? Faut-il être profondement érudit pour favoir que fort
long-temps avant Jefus-Chrift, les Juifs
répandus en beaucoup de Provinces
avoient leurs Prophéties traduites en
Grec, & que nous avons encore ces mêmes Prophéties & en Hébreu & en Grec:
Prophéties où nous lifons des prédictions claires fur la vocation des Gentils,
fur l'établiffement de l'Eglife, fur la réprobation des Juifs, fur le temps de l'ave-
nement du Meffie, fur les caracteres qui
le défignent, fur les circonftances de fa
Naiffance, de fa Vie, de fa Mort, &c.
Eft-il réfervé aux favants d'être inftruits
fur ces Prophéties & fur leur explication ?
Et quand les ignorants voudront s'intro-
duire dans ce Sanctuaire, quelle loi le
leur interdit ?

Mais ne faut-il pas favoir les Langues &
l'Hiftoire, pour juger fi on a bien traduit
les Prophéties, fi les évenements y ré-
pondent, fi elles ne peuvent pas s'entendre dans un fens qui faffe évanouir
l'accord qu'on imagine entre elles, & leur
accompliffement ? J'ofe répondre bien po-
fitivement : *Pour être certain que les évene-*

ments sont conformes aux prédictions, ces connoissances ne sont point nécessaires. Les Prophéties sont bien traduites, du-moins en général ; & rien n'est plus facile que de voir l'accord des évenements avec elles. Les savants ont été séparés par la distance des temps & des lieux, & sur-tout par l'intérêt de parti. Bien loin d'avoir conspiré pour tromper les ignorants, on diroit qu'ils ont formé le projet de se contredire, & sur ce qui peut être sujet de contestation, & sur ce qui ne devroit pas l'être. Les gens qui aspirent à la réputation d'hommes savants, ou qui se flatent de l'avoir acquise, sont charmés quand ils peuvent relever les erreurs, ou les méprises de ceux qui courent la même carriere. Ils ne feroient grace ni à un ami, ni à un frere. Ils veulent qu'on sache qu'ils ont eu plus de pénétration que ceux dont ils ont apperçu les bevues. Ainsi, lorsqu'un texte de la Bible a été unanimément traduit, sur-tout, s'il est de quelque conféquence, on doit penser que la version en est exacte. Si quelque version favorifoit une Communion Chrétienne, ou un Système Théologique contre une autre Communion, ou un autre Système, le commun des gens doctes en feroit inftruit. Ainsi, sans savoir les Langues, sans confulter ni Critiques, ni Polyglottes, on eft affuré que les favants du Chriftianifme n'ont point vu d'avantage confidérable à traduire d'une façon fingulicre tels & tels paffages de l'Ecriture, lorfque ces paffages font traduits d'une maniere uniforme dans les Bibles qui font en Langue vulgaire. On ne doit point craindre non plus que ces paffages foient diverfement rendus dans les verfions de la Bible, lorfqu'on ne l'obferve point dans les Livres où l'on doit tout naturellement s'attendre d'en trouver la remarque. L'intérêt & les paffions rendent les hommes attentifs. Leur filence eft quelquefois une démonftration qu'ils n'ont point vu, ou qu'ils ne favent pas ce qu'ils ne difent pas.

» Il eft impoffible à un mortel, conti-» nue le *Vicaire Savoyard*, d'examiner, » de pefer, de confronter.... tous les » Monuments de Foi propofés dans tous » les pays du monde, pour affigner le » temps, les lieux, les Auteurs, les occa-» fions. » J'en tombe d'accord, & je ne devine pas comment un homme d'efprit exige qu'on lui affigne le temps, les lieux, les Auteurs, les occafions de tous les Monuments de Foi propofés dans tous les pays du monde, pour préliminaire aux raifonnements qu'on veut faire fur les Prophé-

ties , ou aux conclufions qu'on prétend
en tirer en faveur du Chriftianifme. On
n'imagina jamais qu'une connoiffance fi
vafte fût requife pour comprendre que
Dieu feul peut prévoir des évenements
éloignés qui dépendent d'une infinité
de volontés libres. On ne douta jamais
non plus que l'accompliffement de pareilles prédictions ne fût une preuve évidente d'une œuvre divine. L'ignorance où
nous fommes fur le temps , les lieux ,
les Auteurs , les occafions des prétendus
Monuments de Foi propofés dans tous les
pays du monde , ne jete aucune obfcuri-
té fur la clarté de cette preuve.

Il ne faut point non plus être habile
Critique , ou il ne faut l'être qu'autant
que le font les gens du favoir le plus commun , pour mettre à l'écart les pieces fuf-
pectes , ou même fimplement foupçonnées
de fuppofition : quand on n'en fera aucun
ufage , il n'en réfultera pas le moindre vuide dans nos preuves. Quand , dis-je , on
n'entrera point en conteftation fur les Vers
Sybillins , fur les oracles du Paganifme,
fur le paffage de Jofephe concernant Jefus-
Chrift , &c. on s'épargnera un travail
peu utile , & nos grandes preuves contre
les Incredules fubfifteront dans toute leur
force.

H iv

Je dis de même : si dans nos controverses avec les Incredules, il se rencontre
des textes dont la traduction souffre quelque incertitude ; s'il y a des objections
auxquelles ils fassent des réponses plausi-
bles, qu'on leur abandonne la version de
ces passages, qu'on n'insiste pas sur ces
objections ; la bonne cause gagnera à n'em-
barrasser point la dispute par des incidents
litigieux. Des altercations où la vérité demeure couverte de nuages, est une espece de victoire pour les ennemis du Chri-
tianisme. On attribue au Cardinal de Ri-
chelieu un excellent conseil pour une Conférence qu'il vouloit, dit-on, faire tenir
entre des Ministres & des (*b*) Docteurs
Catholiques : c'étoit de ne s'y servir que de
versions huguenotes. Par-là il épargnoit
des disputes. Le Christianisme a tant d'a-
vantages, qu'il peut en négliger quelques-
uns ; si les Incredules ne le croyent pas
défendu par beaucoup d'arguments invincibles, c'est peut-être parce qu'on en a employés qui ne sont pas sans réplique.

Le *Vicaire Savoyard* veut jeter des soupçons sur l'impartialité de nos témoins,
sur leur bon sens, sur leurs lumieres. Mais

(*b*) Voyez les *Lettres choisies de Mr. Simon*, Tom. 1.
Lettre premiere.

comment suspecter les témoignages rendus aux miracles de Jesus-Christ & des Apôtres ? Nous essayons de comprendre comment *la partialité, le défaut de lumieres & de bon sens*, ont pu enfanter ces miracles, ou la persuasion de leur existence : nous-nous mettons à la place de l'Incredule, & nous ne savons que dire pour lui. Il nous paroît impossible de prendre pour sérieux le discours que voici : » *La* » *partialité, le défaut de bon sens & de lu-* » *mieres*, firent croire à un très-grand nombre de gens, que Jesus-Christ avoit par » deux fois nourri plusieurs milliers de » personnes avec quelques pains & quel- » ques poissons ; qu'il avoit ressuscité le » fils de la veuve de Naïm, & le frere » de Marie & de Marthe ; que Jesus-Christ » lui-même étoit ressuscité ; qu'ils avoient » vu guéri l'homme perclus qui deman- » doit l'aumône à la belle porte du Tem- » ple ; que les Apôtres avoient le don des » Langues, & qu'ils l'avoient communi- » qué à leurs disciples, entre lesquels les » dons miraculeux étoient communs &c.» On a mille fois demandé aux Incredules comment on pouvoit se faire illusion sur de pareils prodiges, & l'on est encore à attendre une réponse.

Le *Vicaire Savoyard* voudroit savoir ;

H v

mais fans nous dire de quels Livres il parle, fi l'on n'y a rien fupprimé, rien
ajoûté, rien tranfpofé, changé, falfifié.
Cependant il ne nous indique point les
conféquences qu'il voudroit tirer de ces
prétendues altérations : il ne nous apprend
point non plus s'il s'agit-là de nos Livres
facrés. Contentons-nous donc de dire,
qu'afin de corrompre les anciens Monuments, il ne nous a point été poffible de
nous concerter avec des gens qui vivoient
il y a quinze ou vingt fiecles. Nous ofons
même faire le défi aux Incredules de montrer par quelque détail réel, ou feulement
poffible, que la caufe du Chriftianifme a
pu tirer quelque avantage de la prétendue
altération des Monuments anciens. On
peut appliquer à ce fujet plufieurs des refléxions faites contre les prétendus fauffai-
res à qui l'on attribue la fuppofition des
Livres de l'antiquité. N'infiftons donc
pas fur ces altérations prétendues : fi on
fe hazarde à les marquer en particulier,
il fe préfentera auffi-tôt mille raifons pour
en montrer l'impoffibilité ou l'inutilité.

Mais fi (comme il y a bien plus de
vraifemblance) le *Vicaire Savoyard* a prétendu parler en cet endroit, des Livres facrés, nous devons lui faire obferver qu'il
n'y eût jamais de Livres fur lefquels on

eût moins sujet de craindre quelque altération importante. Le zele pour l'intégrité des Livres de l'Ecriture, & la multitude de leurs exemplaires, y ont été
d'invincibles obstacles. Si d'un côté, plus
on copie souvent un Ouvrage, plus il
doit s'y glisser de fautes; d'un autre côté,
la multitude des copies sert à les corriger
les unes par les autres; & toute altération de mauvaise foi est impraticable. Des
retranchements & des additions à des Ouvrages dont on auroit tous les exemplaires en main, sont possibles; mais ne le
sont point quand les exemplaires en sont
répandus par-tout. Les Juifs n'ont point
eu des raisons, du-moins qui nous soient
connues, pour altérer leurs Livres sacrés
avant la version des Septante. Or, les
différences qu'il y a entre cette Version &
le texte Hébreu, ne donnent sur les Chrétiens aucun avantage aux Incredules. Parmi les Chrétiens, les (*c*) altérations que
quelques Sectaires avoient tenté de faire
dans les Ecritures, furent découvertes &
proscrites; & elles ont été depuis oubliées.
Pour les altérations, qui sont l'effet de
la précipitation & de l'ignorance des co-

(*c*) Voyez *l'Histoire critique du Texte du Nouveau Testament*, par M. Simon, sur-tout, les Chapitres 12 & 15.

H vj

piſtes, elles ont produit quelques variantes, qu'on a multipliées à l'excès, & qui
cependant ne changent le ſens du texte en
rien d'eſſentiel. Tout ce qu'on peut donc
débiter ſur cet article, ſe réduit à des pures vétilles (*d*).

Suivant ſa méthode ordinaire, c'eſt-à-
dire, ſans en alléguer aucune preuve, le
Vicaire Savoyard inſinue, ou plutôt il ſuppoſe (& ceci ne ſemble pouvoir s'entendre
que de l'Ecriture) il inſinue, dis-je, ou
il ſuppoſe qu'il y a encore des contradictions, quoiqu'on y ait fait des changemens pour en lever quelques-unes. Ce
trait renferme une accuſation ſur les prétendues contradictions encore ſubſiſtantes
dans le texte ſacré, & ſur de prétendus
changemens faits dans ce texte, pour lever ces contradictions. Mais ces contradictions ſont-elles prouvées? Il y a des
Ouvrages faits exprès pour les lever, ſans
parler de ce que les Interpretes ont écrit
là-deſſus. Pour les changemens qu'on
imagine avoir été faits au texte, devoit-on

(*d*) Voyez le Livre intitulé : *La Friponnerie Laïque*,
remarque trente-deux, page 168, & ſuivantes. Cet
Ouvrage eſt la Verſion françoiſe des *Remarques de Ri-
chard Bentley contre la liberté de penſer de Collins*, avec
des notes fort étendues du Traducteur. A Amſterdam, 1738.

oublier cette remarque si connue des savants ? Ils sont persuadés que l'ignorance & la témérité des copistes ont fait glisser des fautes dans la Bible. Mais quand on a entrepris de les corriger, bien loin de prendre pour regle, d'effacer du texte ce qui y forme des difficultés apparentes, on s'est donné des peines infinies pour résoudre ces difficultés, sans toucher à la leçon du plus grand nombre des Manuscrits. On a judicieusement présumé que des copistes mal habiles avoient fait de véritables fautes, pour en corriger d'imaginaires. On s'est fait une Religion de conserver les passages qui choquoient des Lecteurs peu intelligents. On a poussé le scrupule jusqu'à retenir des dates suspectes, plutôt que de leur en substituer d'autres, qui, selon toutes les apparences, étoient plutôt la véritable & premiere leçon de l'original (*e*).

(*e*) Outre la Préface imprimée à la tête de l'Edition Vulgate de Clément VIII, voyez les Remarques ou les Dissertations des Interpretes sur la date de la naissance d'Abraham, sur les années de la Servitude en Egypte, sur la durée du Gouvernement des Juges, sur l'intervalle entre la Sortie d'Egypte & la Fondation du Temple, sur les passages du Nouveau Testament où il est dit que Jesus-Christ pleura, qu'il sua du Sang, qu'il tomba dans une agonie & une tristesse mortelle, &c.

Mais on ignore aujourd'hui si les anciens ennemis du Christianisme avoient connoissance des faits qui servent de fondement à nos preuves ; on ignore s'ils n'ont pas dédaigné d'y répondre par le mépris qu'ils en faisoient : on ignore si les Livres composés pour la défense du Christianisme, sont parvenus entre leurs mains ; on ignore si les anciens Chrétiens ont été d'assez bonne foi pour donner cours entre eux aux Ouvrages écrits contre la Religion Chrétienne ; on ignore enfin si l'on n'a point fait disparoître de ces derniers Ouvrages les plus fortes objections. Quelles sont donc les conséquences de cette ignorance vraie ou imaginée ? Supposons que les ennemis du Christianisme n'ayent pas su que quand on commença de prêcher l'Evangile, les Juifs de Palestine avoient entre les mains les Livres de l'Ecriture en Hébreu, & les Juifs Hellenistes en Grec. L'ignorance des Païens sur ce fait est-elle désavantageuse au Christianisme, donne-t-elle atteinte aux arguments que nous fournit l'accomplissement des Prophéties ?

Supposons que les Païens, par une suite du mépris qu'ils avoient pour les Chrétiens & pour leurs Livres, ne lisoient point ces Livres, ne les confrontoient point avec les réponſes qu'on y faiſoit, ou qu'on y pouvoit faire. J'avoue que je n'ai point aſſez de pénétration pour comprendre ce qu'on pourroit en conclurre ſur la préſente controverſe, du-moins qui mérite quelque attention.

Les Païens avoient beaucoup de mépris pour les Chrétiens, & les connoiſſoient fort ſuperficiellement, plutôt par les calomnies qu'on répandoit contre eux, que par des recherches impartiales. Pline le (*f*) jeune étoit ſavant & bel eſprit ; cependant, avant d'aller Proconſul en Bythinie, ce qu'il ſavoit des Chrétiens ſe réduiſoit à des bruits vagues, à des préjugés populaires. De plus, on ne ſauroit avoir des idées un peu exactes ſur le Chriſtianiſme, ſans connoître le Judaïſme. Quoi cependant de plus pitoyable que ce que (*g*) Tacite a écrit des Juifs ? On peut faire le même reproche à Strabon, & à l'abréviateur de Trogue Pompée ; nos Apologiſtes, Saint Juſtin, (*h*) & Tertullien,

(*f*) Voyez le troiſieme Tom. de *la Religion naturelle & la révélée établies*, &c. page 214 & ſuivantes.

(*g*) Voyez le troiſieme Tome de *la Religion naturelle & révélée*, page 353 & ſuivantes On y examine avec étendue, ce que ces Auteurs Païens ont écrit touchant les Juifs.

(*h*) Dès le commencement de ſa grande Apologie, Saint Juſtin ſe plaint fortement de cet injuſte procédé.

nous atteſtent que ſans autre diſcuſſion, on condamnoit les Chrétiens, ſur leur ſeule qualité de Chrétiens. L'aveu de leur Religion, ſuivant la maniere de penſer des Païens, étoit équivalent à la conviction de la plus grande ſcélérateſſe.

Cet excès d'entêtement produiſoit dans les Païens une extrême ignorance ſur les affaires du Chriſtianiſme. Mais, fuſſions-nous inſtruits dans le dernier détail, de tout ce que les Païens penſoient & diſoient des Chrétiens, que pourroit-on en inférer qui affoiblît les preuves de notre Religion ? Nous avons perdu une partie des pieces de ce grand Procès entre le Chriſtianiſme & le Paganiſme ; & cette perte nous doit être bien douloureuſe. Plus nous avons de Monuments anciens qui parlent de l'établiſſement du Chriſtianiſme, plus nous avons de preuves de ſa Divinité. Tout dans ce genre, concourt à conſtater qu'il doit ſa naiſſance à des moyens ſurnaturels.

Tertullien en a fait de même, mais avec beaucoup plus de véhémence auſſi, dès le commencement de ſon Apologétique. On trouve encore le détail des calomnies qu'on répandoit contre les Chrétiens au temps des perſécutions, dans Origene contre Celſe, pag. 293, Edition de Cambridge ; dans Euſebe, *Hiſt. Eccleſ. Liv. 4. c. 7* ; & ſur-tout dans *l'Octavius de Minutius Felix.*

Les Incredules, nous ne l'ignorons pas, ſe plaignent amérement que les Chrétiens ont fait diſparoître les Ouvrages de leurs ennemis. Les objeƈtions de ceux-ci ne ſauroient donc nous être entierement connues. Car, pour bien s'inſtruire d'une conteſtation, il faut entendre les deux parties oppoſées; mais cette maxime, vraie en général, ne ſauroit avoir ici ſon application. Le Nouveau Teſtament, principal objet de la contradiƈtion, & de la critique des Incredules, ſubſiſte. Nous ſavons preſque auſſi bien ce que lui objeƈtoient les Païens, que nous ſavons ce que lui oppoſent les Incredules modernes. Les Peres n'ont pu repouſſer les objeƈtions des premiers, ſans qu'elles nous ſoient connues; & nous voyons d'ailleurs qu'il n'en réſulte aucune incertitude, ni ſur les Auteurs des Livres du Nouveau Teſtament, ni ſur leur ſincérité, ni enfin ſur les faits qui y ſont écrits. Or, que faut-il de plus pour conclure la Divinité du Chriſtianiſme?

» Pourquoi donc avoir anéanti, en tout » ou en partie, tant de Monuments an- » ciens qui pouvoient nous apprendre » ce que les Païens diſoient ou penſoient » du Chriſtianiſme? Pourquoi avoir

» (*i*) fait périr les Ouvrages des Celfes,
» des Porphyres, des Hieroclès contre
» la Religion Chrétienne ? » Mais a-t-on
fait périr ce qui faifoit le fonds, ce qui

(*i*) Peu de Lecteurs favent comment quelques Incrédules regardent la perte des Ouvrages anciens, où
l'on eût pu apprendre ce que difoient les Païens contre le Chriftianifme. Il faut donc tranfcrire ici un
texte du fameux Montagne ; ce texte a été accueilli
avec complaifance par un Ecrivain qu'on eft fouvent
forcé de combattre, quand on écrit pour la Religion.
» Il eft certain, dit Montagne, *Effais*, *Liv.* 2. *ch. 19*,
» qu'en ces premiers temps que notre Religion com-
» mença à gagner autorité avec les Loix, le zele en
» arma plufieurs contre toute forte de Livres païens,
» de quoi les gens de lettres fouffrent une merveil-
» leufe perte. J'eftime que ce défordre ait plus porté de
» nuifance aux lettres, que tous les feux des Barba-
» res. Cornellius Tacitus en eft un bon témoin. Car,
» quoique l'Empereur Tacitus fon parent en eût peu-
» plé par Ordonnances expreffes, toutes les Librai-
» ries du monde, toutefois un feul Exemplaire en-
» tier n'a pu échapper la curieufe recherche de ceux
» qui défiroient l'abolir, pour cinq ou fix vaines clau-
» fes contraires à notre créance. » Ce Texte mérite
quelques remarques. On doit admirer d'abord que le
fceptique Montagne prenne un ton fi dogmatique fur
ce qu'il ne peut favoir, ni par la voie du raifonnement,
ni par celle de l'autorité. Il eft certain, dit-il, &c.
Nous avons encore tant de Livres païens, que fi le zele des Chrétiens pour les détruire eût été bien ardent, il auroit pourtant été bien peu efficace. Les
Livres de Tacite, tels qu'ils fubfiftent, font une
preuve que le complot de les faire périr, eft une chi-
mere. Dans la portion que nous en avons encore,
il a parlé comme pouvoit parler un Païen qui n'a
nul ménagement pour la délicateffe des Chrétiens.

faiſoit l'eſſentiel de ces Ouvrages ? Tout cela ſubſiſte encore. On le trouve dans les Livres des Chrétiens, qui l'ont conſervé. Origene rapporte d'abord le texte de Celſe, & fait venir après, la réfutation.

Tacite les a peints des plus noires couleurs : il a raconté l'origine du Judaïſme, d'une maniere toute oppoſée à nos Livres ſacrés. Ainſi, quelle étrange façon de raiſonner ! Dans la partie des Ouvrages de Tacite laquelle n'a pas péri, il y a des traits contre le Chriſtianiſme, il y a des récits tout contraires à l'Ecriture : donc on a détruit l'autre partie des Ouvrages de Tacite (où nous ne ſavons pas s'il parloit des Chrétiens, où nous ne ſavons pas même s'il avoit occaſion d'en parler) à cauſe de quelques vaines clauſes contraires à notre créance. Encore un coup, quelle Logique ! Au reſte, les gens les moins inſtruits n'ignorent pas qu'il n'eſt rien arrivé à Tacite, que ce qui eſt arrivé à Denys d'Halicarnaſſe, à Polybe, à Tite-Live, dont les Ouvrages ne ſubſiſtent plus qu'en partie, & à tant d'autres Hiſtoriens, dont nous n'avons plus que des fragments, ſans qu'on s'aviſe de penſer que le zele des Chrétiens ait cauſé cette perte. La maniere dont les Livres profanes, quand ils ont naturellement occaſion de parler des affaires des Chrétiens, en parlent, ne nous y fait point ſoupçonner d'altération. Ceux qui ont tranſcrit ces Livres, n'ont point appréhendé de nous tranſmettre les calomnies qu'on a débitées contre le Chriſtianiſme. Si cette crainte ou quelqu'autre motif, leur eût fait ſupprimer ces calomnies, nous pourrions ſoupçonner que les Livres païens ne nous étoient pas parvenus tels qu'ils furent compoſés par leurs Auteurs. Mais un tel ſoupçon n'a aucun fondement. Voyez *la Religion naturelle & la révélée*, &c, au Tom. 3. Diſſert. onzieme : & la Lettre qui eſt à la tête de l'Ouvrage intitulé : *Eſſai de M. S. ſur le mérite & la vertu.*

Saint Cyrille d'Alexandrie a plus exactement encore suivi la même méthode. Il
distingue son Texte, de celui de Julien,
qu'il combat pied à pied. Si nous n'avons
donc pas en entier les Ouvrages de Celse
& de Julien, nous en avons le précis: res-
tes infiniment précieux. Car on y trouve
de quoi faire une espece d'abregé de
l'Histoire du Christianisme, qui ne peut
être suspecte, & qui ne permet pas de
douter que son établissement ne soit dû à
des moyens surnaturels. Il est indubitable
en effet que le Christianisme, né au premier siecle de l'Ere chrétienne, a été répan-
du dans le monde par les Apôtres & par
leurs disciples, qui sont & les Martyrs du
Christianisme, & les Auteurs des Livres
du Nouveau Testament. Il n'est pas moins
certain que ces Prédicateurs de l'Evangile
en prétendoient montrer la vérité, par les
miracles consignés dans ces Livres; & que
ceux qui se convertissoient à la Foi, en
avoient pour motifs, ces mêmes miracles.
Or, ces faits sont reconnus formellement
ou équivalemment, par les ennemis mêmes du Christianisme, qui ne nous laissent
point ignorer que les premiers Chrétiens
n'eussent une profonde véneration pour
les Livres du Nouveau Testament. Cette
véneration nous atteste bien authentique-

ment qu'ils en croyoient les Auteurs véridiques & ſinceres, & qu'ils croyoient
auſſi par conſéquent, que les motifs de leur
converſion à la Foi chrétienne étoient tels
que ces Livres nous le diſent. Une telle
perſuaſion pourroit-elle être l'effet des prodiges imaginés & chimériques ? Suppo-
ſons qu'on eût demandé aux Paiens les
mieux inſtruits des affaires du Chriſtianiſme, ſi ſes partiſans n'avoient pas pour les
Livres du Nouveau Teſtament, & la vénération la plus profonde, & l'attachement le plus vif ? Qu'auroient pu répondre ces Païens à une telle queſtion ? Nous
le ſavons par les Extraits de Celſe & de
Julien, & par ce que Lactance nous apprend du contenu des Livres d'Hieroclès.
Ce qu'ils nous diſent vaut la réponſe la
plus affirmative. Par conſéquent, à moins
de rejeter la conſéquence évidente du témoignage des ennemis du Chriſtianiſme,
nous ſavons que les premiers Chrétiens
étoient dans la perſuaſion de s'être convertis, comme le dit le Nouveau Teſtament. Qu'on le liſe donc, & qu'on ten-
te d'expliquer comment ces Chrétiens ſont
parvenus à avoir la foi des prodiges conſignés dans le Nouveau Teſtament, juſqu'à croire qu'ils en étoient les témoins
oculaires, quoique tous ces prodiges ne
fuſſent rien de réel.

Revenons cependant : on accuſe les
Chrétiens d'avoir fait périr les Livres ennemis du nom chrétien : & cette accuſation paroît capitale à beaucoup de nos
Incredules. Il ne ſeroit pas même difficile
de trouver des Ecrivains du Chriſtianiſme,
fort indifférents à la deſtruction de ces
Ouvrages. J'avoue que je penſe d'une maniere bien différente : je pourrois autori-
ſer ce ſentiment par de puiſſantes raiſons ;
& je prie qu'avant de le condamner, on
refléchiſſe ſur ce que nous aſſure Saint
Chryſoſtome dans un Diſcours ſur Saint
Babilas. Ce Pere met en oppoſition le
ſuccès de la prédication des Apôtres, avec
l'inutilité des efforts des Philoſophes du
Paganiſme. Ils n'ont pu , dit-il , parlant
de ces derniers, gagner à leur parti ni
ſavant , ni ignorant , ni femme , ni enfant. Ils n'ont réuſſi qu'à ſe faire moc-
quer d'eux par des ris inſultants. Leurs
Livres ſont tombés dans un entier oubli.
La plûpart de ces Livres n'ont pas plutôt
vu le jour , qu'ils ont péri tout-à-fait ;
& ſi l'on en veut trouver quelqu'un,
ce ne ſera que chez les Chrétiens (*k*).

_____

(k) *Philoſophi & ingenioſi , item Rhetores* .... *geſtâ*
apud nos pugnâ , ita ridiculi evaſerunt , ut viſi fuerint
nihil prorsùs à nugantibus pueris diſcrepare. Ex tot enim

Cependant, nous dit-on, les Empereurs Chrétiens exercerent l'activité de leur zele pour détruire ces Livres. Dans une Lettre qui nous a été conſervée par l'Hiſtorien Socrate, il eſt dit que les Livres de Porphyre contre la Religion Chrétienne avoient été proſcrits : ce qu'on ne peut attribuer à d'autre Empereur qu'à Conſtantin lui-même (*l*). Cette condamnation fut renouvellée par les Princes ſes ſucceſſeurs (*m*).

---

gentibus, *ex tot populis*, *non ſapientem*, *non inſipientem*, *non virum*, *non mulierem*, *ſed ne puerulum à ſententia ſuadendo deducere potuerunt* ; *quin potiùs tantus riſus*, *ex iis quæ illi contra nos conſcripſere*, *exortus eſt*, *ut vel eorum Libri jam olim exoleverint*, *ex quibus etiam complures ſimul atque editi fuere*, *funditùs deperierunt*. *Sicubi autem ſalvus aliquis comperiatur*, *hunc penès Chriſtianos ſalvum invenias* : *tantùm abeſt*, *ut ab illorum in nos inſidiis detrimentum aliquod ſuſpicemur*. S. Chryſ. contra Gentiles, Babilæ Epiſcopi vitam continens Liber. Tom. 5. Col. 868. Edit. Nivellii. An. 1588.

(1) *Porphyrius veræ pietatis inimicus*, *compoſitis adversùs Chriſtianam Religionem nefariis voluminibus*, *dignam mercedem retulit ut & ipſe infamis apud poſteros multiſque appetitus opprobriis*, *& impii ejus Libri penitùs fuerint aboliti*. Epiſtola Conſtantini apud Socratem, Lib. 1. c. 9. On ne peut attribuer cette proſcription aux ennemis déclarés du Chriſtianiſme.

(m) *Quæcumque Porphyrius ſuâ pulſus inſaniâ*, *aut quivis alius contra religioſum Chriſtianorum cultum conſcripſit*, *apud quemcumque inventa fuerint*, *igni mancipentur*. Initio Codicis Juſtiniani : Lege tertiâ de Summa Trinitate. Le même Juſtinien, Novelle 42. chap. 1. dit :

Il est vrai que les Princes Chrétiens sé-
virent contre les Ouvrages qui attaquoient
leur Religion. Mais le zele de ces Empereurs influa bien moins dans la perte de
ces Ouvrages, que le mépris qu'on en eut.
On ne peut pas imaginer que les Païens
se soient fait un scrupule de les conserver
pendant que le Paganisme subsistoit encore. Ces Livres étoient déja tombés dans
le mépris, avant que les Princes Chrétiens eussent fait renverser les Temples de
l'Idolâtrie. Le Discours de Saint Chry-
sostome que nous venons de citer, fut
composé vers l'an 382, à ce que croyent
les Savans. Voyez-en la preuve dans
Dom Ceillier, Tome 9 pag. 163.

Il ne semble pas même qu'on puisse at-
tribuer qu'à ce mépris, la perte des Ou-
vrages qui avoient été composés contre
Porphyre par de célebres Auteurs, par
Methodius, par Eusebe, par Apollinaire.
Ces derniers Ouvrages, quoique vantés

---

*Non licet Nestorii Libros scribere vel possidere, quia præ-
decessoribus Imperatoribus in suis Constitutionibus visum est
statuere similia his quæ dicta & scripta sunt à Porphyrio
in Christianos.*

La Loi de *Summa Trinitate*, est de Théodose second.
Ce fut sous Théodose le Grand, & pendant l'Episcopat de Théophile d'Alexandrie, qu'on frappa les
plus grands coups contre les Temples du Paganisme.

par

par les Ecrivains Ecclésiastiques, n'ont
point intéressé leurs contemporains, parce qu'on n'avoit que du dédain pour les
Livres de Porphyre, dont ils étoient la
réfutation. Ceux de Julien contre le Christianisme ne se sont pas conservés non plus,
si l'on en excepte la portion que Saint Cyrille d'Alexandrie a inférée dans son Ouvrage: au lieu que les autres Ouvrages de
ce Prince Philosophe existent encore pour
la plûpart. Par le silence de Photius, on
peut conjecturer que de son temps on ne
voyoit plus les Livres de Julien contre le
Christianisme, ni ceux de Porphyre, ni
ceux de Méthodius, d'Eusebe, & d'Ap-
pollinaire contre le même Porphyre.

Cependant la perte de ces Ouvrages
nous doit être très-sensible & fort peu
aux Incredules. D'un côté, ils n'y trouveroient point d'objections importantes
contre le Christianisme qui nous soient
inconnues. Car les Peres de l'Eglise n'ont
point dissimulé celles qui étoient venues
à leur connoissance. Leur bonne foi à cet
égard ne peut être soupçonnée. Ils sen-
toient la supériorité des raisons qu'ils
avoient à faire valoir contre les Païens;
aussi écrivent-ils de ce ton de confiance,
de ce style, dont la vérité connue donne
droit de se servir. L'Ouvrage même de

I

Saint Chryfoftome fur Saint Babilas, que
je viens de citer, fuffiroit feul pour faire
évanouir l'idée qu'ils ne vouloient pas
toucher à quelques-unes des objections
des Païens, par la crainte de ne pouvoir
y répondre d'une maniere fatisfaifante.

D'un autre côté, quel parti pouvoient
prendre les Païens ? Ne rien répondre,
c'étoit un parti déshonorant : mais que
répondre ? Faifons connoître cet embarras extrême par un ou deux exemples particuliers. Celfe ne pouvoit fe réfoudre à
tomber d'accord des miracles de Jefus-
Chrift. Il falloit donc les nier. C'eft à
quoi il fe détermine en quelques endroits
(*n*) confervés par Origene. Mais en d'autres endroits, Celfe fent que ce pofte n'eft
pas tenable ; & il attribue à la Magie les
miracles de Jefus-Chrift, c'eft-à-dire,
qu'il convient de leur réalité. Combien
n'eût-il pas été plus fatisfaifant de voir les
paffages entiers de Celfe, que d'en favoir
le peu qu'Origene nous en apprend ? On
peut en juger par un texte de Julien que
nous lifons dans Saint Cyrille. Ce texte
nous découvre clairement l'artifice & la

(*n*) Voyez la onzieme Differtation de l'Ouvrage
intitulé : *La Religion naturelle & la révélée*, &c. Tom. 3e.
article 2. *pag.* 178. *& fuivantes.*

mauvaise Logique de l'Empereur Philosophe. N'osant s'inscrire en faux contre les
miracles de Jesus-Christ, il dissimule les
plus éclatants ; il passe sous silence ceux
des Apôtres : il a la hardiesse de traiter
de bagatelles ceux de Jesus - Christ dont
il ne peut contester l'évidence, comme si
des prodiges surnaturels perdoient leur
prix , parce qu'on en parle d'une maniere dédaigneuse.

Autre exemple encore plus remarquable. Dans le douzieme de ses quinze Livres
contre la Religion Chrétienne , Porphyre
prétendoit que les Prophéties de Daniel
avoient été écrites après leur accomplissement, prétendu au temps d'Antiochus
Epiphanès. La clarté de ces Prophéties ,
comparées avec les évenements qu'elles
annonçoient, avoit forcé Porphyre d'a-
vancer ce paradoxe. Il n'en fut gueres
jamais de plus insoutenable : qu'on s'y
rende attentif. Quatre cent ans après la
mort de Daniel , un imposteur aura eu
la hardiesse de lui supposer le Livre de ses
Prophéties , & l'habileté de tromper les
Juifs de la Palestine & de l'Egypte , qui
devoient avoir en main les Livres de
Daniel comme ceux des autres Prophetes ; n'est-ce point-là une chose impossible ? Le nombre de ces Juifs étoit infini.

Ils avoient une multitude de Synagogues,
& par conféquent de Docteurs. Ils étoient
répandus dans tout l'Orient. Avant le
temps d'Anthiochus Epiphanès, le refpect
des Juifs pour leurs Livres, & nommé-
ment pour ceux des Prophetes, étoit une
difpofition formée, ancienne, enracinée.
Nehémie les avoit recueillis avec foin : on
les lifoit dans les Synagogues. Auffi dans
la perfécution d'Anthiocus, où l'on ne
cherchoit qu'à humilier & à mortifier les
Juifs, on brûloit leurs Livres ; (o) on ne
doute pas qu'alors on n'eût dreffé un Canon
des Livres facrés. Où eft donc le bon fens
d'aller placer vers ce temps-là la fuppofition du Livre de Daniel ? Une telle imagination eft certainement un parti défef-
péré. On l'a démontré ailleurs avec plus
d'étendue (p) ; ce feroit donc nous fournir une ample moiffon de triomphes, de
faire revivre les Ouvrages de l'antiquité
écrits contre le Chriftianifme.

(o) L'Auteur du premier Livre des Maccabées,
chap. 1. v. 59, dit qu'on jeta au feu les Livres de la Loi;
& Jofephe ajoute, *Antiquités*, *Liv. 12. chap. 7*, qu'on
brûloit tout ce qu'on pouvoit trouver de Livres facrés.
Voyez Calmet fur le verfet 59 du chapitre premier du
premierLivre des Maccabées.

(p) Voyez *la Differtation fur les Livres des Juifs*, article feptieme, dans le quatrieme Volume de l'Ouvrage intitulé: *la Religion naturelle & la révélée établies*, &c.

❧❧❧❧❧❧❧❧❧❧❧❧❧❧❧❧

SECTION ONZIEME.

Rien n'eſt plus frivole, ſur-tout dans les principes du Vicaire Savoyard, *que ce qu'il débite ſur la loi des ſorts & des probabilités éventives. Sans la connoiſſance des langues originales, on peut faire uſage des Prophéties. L'incertitude de certains faits, que la critique ſuſpecte, & l'ignorance de ce qui diſtingue les évenements naturels & les ſurnaturels, ne peuvent rien faire conclure contre la preuve que fourniſſent au Chriſtianiſme une infinité de prodiges inconteſtables. On ne peut non plus rien conclure du conflit des miracles de Moïſe, & ceux que prétendirent lui oppoſer les* Magiciens de Pharaon.

JE vais tranſcrire un aſſez long texte du *Vicaire Savoyard* dont le Commentaire ſera plus pénible, que la réfutation. Je cherche la conviction du Lecteur, & je ne puis y parvenir, qu'en faiſant diſtincte-

ment comprendre des objections qu'on ne
fait qu'indiquer. Le *Vicaire Savoyard*, ou
celui qui le fait parler, voudroit prouver
que tous ceux qui ne font pas favants &
habiles, ne fauroient embraffer la Religion
révélée avec une raifonnable connoiffance
de caufe.

» Tous ces monuments, dit-il, recon-
» nus pour inconteftables, il (*a*) faut paf-
» fer enfuite aux preuves de la miffion de
» leurs Auteurs ; il faut bien favoir les loix
» des forts, les probabilités éventives,
» pour juger quelle prédiction ne peut s'ac-
» complir fans miracle ; le génie des lan-
» gues originales pour diftinguer ce qui
» eft prédiction dans ces langues, & ce
» qui n'eft que figure oratoire ; quels faits
» font dans l'ordre de la nature, & quels
» autres faits n'y font pas ; pour dire juf-
» qu'à quel point un homme adroit peut
» fafciner les yeux des fimples, peut éton-
» ner même les gens éclairés ; chercher de
» quelle efpece doit être un prodige, &
» quelle authenticité il doit avoir, non
» feulement pour être cru, mais pour qu'on
» foit puniffable d'en douter ; comparer
» les preuves des vrais & des faux pro-
» diges, & trouver les regles fures pour

(a) *Emile*, Tom. 3. pag. 132.

» les diſcerner; dire enfin pourquoi Dieu » choiſit pour atteſter ſa parole, des moyens » qui ont eux-mêmes ſi grand beſoin d'at- » teſtation, comme s'il ſe jouoit de la cré- » dulité des hommes, & qu'il évitât à » deſſein, les vrais moyens de les perſuader.

La premiere des ſix ou ſept difficultés qu'entaſſe ici le *Vicaire Savoyard*, roule ſur la loi des ſorts & les probabilités éventives, qu'il faudroit, dit-il, bien ſa- voir pour juger quelle prédiction ne peut s'accomplir ſans miracle. Mais le commun des Lecteurs ſe fait-il des idées diſtinctes en entendant prononcer ces mots, *loix des ſorts*, *probabilités éventives* ? Expliquons ce que ſignifie ce jargon ſcientifique. On prend des *Dés*, dont chacun a ſix faces marquées, depuis un juſqu'à ſix; & l'on demande combien de fois il faut les jeter, pour eſpérer qu'ils porteront le même chiffre ſur la face d'en-haut. Si le nombre de ces *Dés* eſt petit, s'il n'y en avoit que deux ou trois, on pourroit parier qu'ils porteroient le même chiffre en les jetant tant de fois. Mais ſi l'on augmen- toit le nombre de ces *Dés* juſqu'à cent, juſqu'à mille, il ſeroit impoſſible au plus habile chiffreur d'exprimer le nombre de jets néceſſaire pour pouvoir parier que tous ces *Dés* ſe trouveroient placés ſur la

même face. Quand le nombre des *Dés*
n'étant pas trop grand, on peut fixer le
nombre des jets nécessaire pour pouvoir
parier que tous les *Dés* donneront le
même chiffre sur leur face supérieure, ce
sera-là une loi du sort, & une probabilité éventive. Mais y a-t-il quelque loi du
sort, y a-t-il quelque probabilité éventive, pour pouvoir parier d'avoir le même chiffre de mille *Dés* jetés au hazard
sur une table ? Peut-être des intelligences
supérieures aux nôtres peuvent le décider. A quoi cependant peuvent conduire
de pareilles spéculations ? Les Philosophes
les plus sensés sont d'accord que tous les
jets de matiere gouvernés par le hazard,
ne sauroient produire l'organisation des
plantes, le méchanisme des corps vivants,
l'arrangement des parties de l'Univers.
Et nous ne devons pas craindre que l'*Auteur*
d'*Emile* nous refuse là-dessus son suffrage. Il
déteste la Doctrine Epicurienne sur la production du monde par le mouvement fortuit des atomes. C'est dans le Livre du
monde, ou dans le bel ordre qui y regne,
que le *Vicaire Savoyard* se glorifie d'avoir
appris l'existence & la providence de Dieu.
Cette Théologie proscrit le système qui
nie le gouvernement de Dieu ; elle a pour
fondement qu'aucune loi des sorts, aucu-

ne probabilité éventive n'a pu faire exiſter & ſubſiſter le monde ſans l'Être ſuprême. Or, les mêmes raiſons qui montrent que le monde ne peut devoir au hazard ſon exiſtence & ſa conſervation, ne prouvent pas moins que l'accord des évenements & des Prophéties eſt naturellement impoſſible. L'habileté la plus conſommée dans la ſcience des loix des ſorts doit être muette, quand il s'agit de prédire des Révolutions d'Empires qui dépendent d'une infinité de circonſtances libres, que toute la ſagacité humaine ne peut pénétrer.

Dieu gouverne le monde par ſa ſageſſe & par ſa bonté. *Mr. Rouſſeau* prête ces ſentiments au perſonnage qu'il fait parler. Comment ne lui eſt-il donc pas venu en idée qu'on lui dira : Vous ne reſtreignez point la Providence Divine aux choſes générales. Elle prend ſoin auſſi des particulieres ſuivant vos principes ; ſi les Prophéties de l'Ancien Teſtament ſont donc antérieures de pluſieurs ſiecles, aux faits qu'on prétend les avoir accomplies, comment pouvez-vous ne pas reconnoître la main de Dieu dans cet accord ? Si dans le grand Livre du monde, vous voyez le Dieu qui en conduit les reſſorts, comment ne voyez-vous rien dans l'accompliſſement des Prophéties ? Au lieu d'y lire qu'elles

I v

font l'œuvre de Dieu, s'amufer à des fpé-
culations fur les loix des forts, c'eft fer-
mer les yeux à la lumiere. Un Prophete
difoit, en s'adreffant aux Idoles de la Gen-
tilité : Annoncez-nous l'avenir (*b*) & nous
faurons que vous êtes des Dieux. En rai-
fonnant ainfi, le Prophete attaque les Idolâtres par leurs propres principes. Ils fup-
pofoient que la Divinité prenoit foin des
chofes humaines ; & comme ils prétendoient que leurs Idoles étoient des Divinités, Ifaïe les défioit de le prouver par
la prédiction de l'avenir. Nous pouvons
preffer le *Vicaire Savoyard* par un raifonnement femblable. Puifque Dieu gouverne le monde, de votre propre aveu, comment permet-il que des impofteurs fe faffent paffer pour les Prophetes ? Car nous
ne connoiffons point de figne moins équivoque d'une miffion divine, que la prédiction de l'avenir ; & nous ne faurions
contefter l'antériorité des Prophéties Ju-
daïques aux évenements qui y font an-
noncés. Cependant vos objections attaquent la Révélation Judaïque, comme fi
Dieu n'en étoit po nt l'Auteur.

Dans le même endroit d'Ifaïe, on donne le défi aux Idoles, de montrer qu'il y

_____

(*b*) *Ifaïe* 41. *v.* 23.

ait en elles quelque principe d'action, comme ſi on diſoit : Qu'elles agiſſent, ou qu'elles parlent, & nous reconnoîtrons qu'elles ſont des Divinités, ou que Dieu agit ſurnaturellement en elles. Il faut de même que le *Vicaire Savoyard* nous diſe s'il n'y a rien de réel & d'effectif dans les prodiges racontés dans l'Evangile : une ré-ponſe négative aura ce double inconvé-nient; elle démentira le bel éloge que le *Vicaire Savoyard* nous fait de Jeſus-Chriſt ; elle ſera d'ailleurs combattue par mille ar-guments invincibles. Mais ſi cette réponſe eſt affirmative, ſi elle dit qu'il y a du ſur-naturel dans les prodiges que le Nouveau Teſtament attribue à Jeſus-Chriſt, com-ment éviter cette conſéquence : Dieu a donc confirmé par des miracles la Révé-lation Chrétienne.

Le *Vicaire Savoyard* exige la connoiſſan-ce des langues originales, pour diſtinguer ce qui eſt prédiction dans ces langues, & ce qui n'eſt qu'une figure oratoire. Mais où eſt la bonne foi, où eſt même la (*c*) pu-

---

(*c*) Dans le ſixieme article de la Diſſertation quator-zieme de l'Ouvrage intitulé : *la Religion naturelle & la révélée*, &c. au Tom. quatrieme. pag. 77 & ſuivantes, on trouve dans une juſte étendue la Réfutation de ce que les Incredules prétendent conclure de l'obſcurité & du ſtyle des Prophéties.

deur ? Dans quelques Prophéties il y a
des métaphores propres aux Langues Orientales ; il y a des figures oratoires : donc
il faut savoir les Langues originales des
Prophéties, pour diftinguer ce qui eft prédiction, & ce qui eft figure oratoire.
Quelle étrange Logique ! Qui fut jamais
en doute s'il falloit prendre à la lettre les
expreffions figurées des Prophetes, quand
ils difent que les eaux inonderont les ter-
res arides, qu'une grande lumiere s'éleve-
ra fur ceux qui font dans les ténebres, que
le loup & l'agneau demeureront enfemble,
que l'enfant mettra la main dans le trou
de l'afpic, que les vallées s'éleveront,
que les montagnes & les collines feront ap-
planies, & bien d'autres expreffions étrangeres à nos Langues modernes. Il y a par-
tout dans l'Ecriture, des métaphores extrêmement hardies ; il y a dans les Pfeau-
mes & ailleurs, des Prophéties qui pourroient ne paroître que des vœux & des
prieres ; il y a des Prophéties obfcures
par l'ambiguité des termes, & par l'incertitude caufée par les variantes du texte. Mais tomba-t-il jamais dans l'efprit
d'une perfonne fenfée, qu'on ne peut faire aucun ufage d'un difcours qui forme
quelque difficulté, dont la folution appartient à des gens doctes ? Il refte quel-

que embarras fur une telle preuve : on n'a pas éclairci à fonds quelque article qui fe rapporte à cette matiere : tout y eft donc incertain ; quiconque n'eft pas un favant du premier ordre, ne peut donc tirer avantage de ce qu'il préfente de clair & d'évident. Voilà la maniere ordinaire de raifonner du *Vicaire Savoyard* ; c'eft, fi j'ofe le dire, fon fophifme favori : comme fi, fur tout ce que les hommes connoiffent, il ne reftoit pas des difficultés ; que fur les vérités les plus indubitables, on ne pût pas répandre des nuages d'incertitude ; qu'enfin, il ne dût pas fuffire à tout homme de bonne foi, qu'il y ait un grand nombre de Prophéties claires, qui aident à comprendre celles qui le font moins, & que de leur total il réfulte une entiere évidence pour qui n'eft pas obftinément déraifonnable.

Voici encore un autre épouvantail dont le *Vicaire Savoyard* veut nous faire peur : je parle de la difficulté de diftinguer un fait naturel d'avec un autre qui ne l'eft pas. Cette difficulté eft telle en effet, que fouvent plus on a de lumieres, & plus on la trouve grande. Quelquefois même il y a de l'impoffibilité à difcerner des effets naturels, d'avec ceux qui furpaffent la force de la nature & de l'induftrie humai-

ne. Entre les prodiges de Jesus-Christ &
des Apôtres, il y en eut sans doute dont
les gens éclairés n'eussent osé dire : Ils
ne peuvent pas être produits par le pouvoir de l'imagination, par le concours
singulier de quelques causes physiques,
par l'habileté d'un imposteur, ou enfin
par la puissance du Démon. Mais dira-t-on
sérieusement : le commun du monde n'é-
toit pas en état de juger si c'étoit par un
pouvoir, ou humain, ou divin, que Jesus-
Christ marchoit sur les eaux ; qu'avec quelques pains & quelques petits poissons il ras-
sasioit plusieurs milliers de personnes ; qu'il
se faisoit obéir aux vents & à la tempête ;
que d'un seul mot il guérissoit les malades, il rendoit l'ouie aux sourds, la vue
aux aveugles, la vie aux morts. Quoique
d'habiles fourbes ayent peut-être fasciné
les yeux des simples, qu'ils ayent même
étonné les gens éclairés, il ne sera jamais
possible de former des doutes sérieux sur
ces miracles du Nouveau Testament. Une
telle manière de raisonner : dans l'Histoire
d'Appollonius de Tyanes, il y a des
faits dont la cause est problématique ; on
n'ose assurer s'ils sont naturels, ou s'ils
ne le sont pas : donc l'Histoire de l'Evangile pourroit bien n'être qu'un tissu de
tours d'adresse. Voilà pourtant la constan-

te méthode d'argumenter du *Vicaire Sa-voyard*. Il eſt fatigant de le répéter ; mais les mêmes ſophiſmes engagent à ſe défen-dre par les mêmes réponſes.

La ſuite du Texte que nous examinons, ramene les mêmes futilités. Il dit ou ſup-poſe qu'on allegue pour le Chriſtianiſme, des miracles dont l'authenticité n'eſt pas ſuffiſamment conſtatée pour les croire, & encore moins pour être puniſſable de ne pas les croire : façon de raiſonner pour le redire encore, qui ſe réduit à ceci : On allegue pour le Chriſtianiſme, des miracles incertains ; donc on n'en allegue point une infinité, qui ſont ſi authentiques, qu'on ſeroit très-puniſſable au Tribunal de Dieu, de ne pas y croire, & de ne pas embraſ-ſer la Religion qu'ils autoriſent : une telle concluſion ſeroit ridicule.

Mais ne faudroit-il pas, répliquera-t on, connoître par quelques regles, quels mi-racles ſont ſi authentiques, qu'on ſeroit coupable & puniſſable de ne pas y croire ? Je réplique que quand même la multitude ne connoîtra point ces regles, il y a tant de miracles authentiques, qu'on ſeroit inexcuſable de ne pas y croire. Les gens doctes peuvent entrer dans des diſcuſſions ſavantes, interdites au vulgaire. Mais le vulgaire perd bien peu à ignorer ce qui

n'eft point néceffaire pour fentir la force
de tant de preuves qui établiffent la certitude du Chriftianifme, & qui font in-
dépendantes de ces difcuffions.

A la bonne heure qu'on ne trouve pas
victorieux certains arguments que quelques Auteurs ont employés de la meilleure
foi du monde. On a allégué, par exemple, que les ténebres qui obfcurcirent le
jour à la mort de Jefus-Chrift, fe répan-
dirent fur toute la terre, & que Denys
l'Aréopagite (*d*), qui en fut témoin à
Athenes, s'écria, à la vue du prodige,
que la machine du monde fe bouleverfoit,
ou que le Dieu de la nature fouffroit: on
a allégué que la Naiffance de Jefus-Chrift
impofa (*e*) filence aux oracles du Paganifme : on a allégué que ces (*f*) mêmes
oracles ont rendu témoignage à la fainteté
de Jefus-Chrift ; que les Vers Sybillins dé-

(*d*) Voyez dans les Œuvres du faux Saint Denys
l'Aréopagite, la feptieme Lettre attribuée à Saint Denys, laquelle eft adreffée à un nommé Polycarpe
Pontife, peu après le commencement de cette Lettre.

(*e*) Voyez les deux Ouvrages du Pere Baltus fur
les oracles du Paganifme, & la Lettre du P. Mourgues fur le même fujet, imprimée a la fin de fa Traduction de la Therapeutique de Théodoret.

(*f*) Voyez *la Religion naturelle & la révélée*, Tom.
3. pag. 184 & fuivantes.

poſent pour lui & pour (g) ſa Religion :
à la bonne heure encore un coup, qu'on
ne cede pas à de telles preuves comme
déciſives. Mais qu'on ne trouve pas triom-
phantes celles qui ſont fondées ſur les miracles faits à la face de toute la Judée, par
la parole de Jeſus-Chriſt, & par l'ombre
de Saint Pierre, qui ſont fondées ſur les
Réſurrections des Morts racontées dans le
Nouveau Teſtament, ſur le don des Langues, communiqué aux diſciples des Apôtres en général ſur les prodiges qui opérerent la converſion des premiers Chrétiens : voilà ce qui ne ſauroit qu'être l'effet
d'un extrême aveuglement ; & nous ne
pouvons concilier avec la prétendue bonne foi du *Vicaire Savoyard*, ſon ſilence ſur
ces preuves. Car au lieu de s'occuper des
objets qui ſur cette matiere décident de
tout, il détourne ſon attention à des choſes dont on ne peut rien conclure d'eſſentiel.

Le point capital de notre controverſe
eſt de ſavoir ſi la Révélation Chrétienne
eſt divine. Que *M. Rouſſeau* nous diſe
donc ſi les Apôtres pouvoient tenir ce

(g) Les Vers Sybillins ſont imprimés dans la Bibliotheque des Peres de Paris, au Tome quatorzieme,
Edition de 1644. Tout le monde convient de leur
ſuppoſition.

langage aux premiers Chrétiens : Vous avez
cru à notre prédication à cause des prodiges rapportés dans le Nouveau Testament.
Vous savez pourtant que ce ne sont-là
que des songes ; mais au lieu de nous répondre là-dessus nettement , *M. Rousseau*
discourt à perte de vue , sur les difficultés
qu'il y a à examiner, à peser, à confronter les Prophéties, les faits, les évenements, les monuments de foi proposés
dans tous les pays du monde ; il disserte
sur des points qui peuvent exercer des
gens érudits, mais que l'on doit mettre à
l'écart, quand on veut éviter des disputes
qui n'aboutissent à aucun éclaircissement
nécessaire. Nous avons vu plusieurs exemples de cet artifice , & nous allons encore
en voir de nouveaux.

Dans un cas d'incertitude & de conflit
de miracles opposés , il faudroit comparer
les preuves des vrais & des faux prodiges, & trouver des regles pour en faire
le discernement. Dans la supposition que
notre *Vicaire Savoyard* prétendît avoir opéré des prodiges pour établir ce qu'il croit
sur le culte religieux , & que réellement
il eût fait une telle impression sur les esprits, qu'ils fussent dans l'incertitude s'ils
ne devroient pas s'attacher à sa doctrine ,
par préférence à ce qu'enseigne le Nou-

veau Teſtament : il faudroit alors comparer les preuves des miracles de notre nouveau Docteur de la tolérance , avec celles qui établiſſent l'intolérance chrétienne ; il faudroit des regles pour diſcerner
de quel côté ſeroient les vrais & les faux
miracles. Mais hors de pareils cas , ces regles ne ſont d'aucun uſage pour le commun des hommes. Le conflit entre Moïſe
& les Magiciens de Pharaon, fut bientôt
terminé. Jeſus-Chriſt n'a point eu de con-
current , qui, pour établir une doctrine
contraire , ait prétendu faire des miracles.
Les prodiges attribués à Appollonius de
Tyanes , ou à tout autre impoſteur, n'ont
pu être mis en concurrence avec les merveilles de Jeſus-Chriſt & des Apôtres, pour
établir l'intolérance religieuſe , prêchée
dans le Nouveau Teſtament. Le *Vicaire Savoyard* combat cette intolérance , non par
des miracles , mais par de ſimples raiſon-
nements. Il ne goûte point le plan du culte chrétien , & ne peut ſe réſoudre à condamner les Religions proſcrites par Jeſus-
Chriſt. Mais Jeſus-Chriſt a pour lui l'émi-
nence de ſa ſainteté, reconnue par *M. Rouſſeau* : il a l'authenticité de ſes miracles.
Ne ſeroit-ce donc pas déraiſonner de demeu-
rer en ſuſpens entre l'autorité de Jeſus-
Chriſt , & l'autorité de l'*Auteur* d'*Emile* ?

✿✿✿✿✿✿✿✿✿✿✿✿✿✿✿✿✿✿✿✿✿✿

SECTION DOUZIEME.

*Nous ne pouvons connoître les éve-
nements de l'Antiquité, ni ceux des
pays éloignés, que par des témoignages
humains attestés par d'autres témoignages humains. L'Histoire profane nous
étant connue par ce moyen, pourquoi
se plaindre que celle de la Religion le
soit aussi ? Témoignages qui nous ont
transmis l'Histoire de la Religion ; sans
les miracles dont l'Histoire du commencement du Christianisme est remplie,
elle seroit absurde & impossible. Les
Auteurs anciens, sacrés & profanes,
nous parlent dans leurs Livres. Il a
fallu multiplier les miracles, pour établir la Loi de Moïse & celle de J. C.
Mahomet n'a point prétendu en faire. Il
en est de même des Sectaires Chrétiens.*

L E *Vicaire Savoyard* paroît faire beaucoup de fonds sur l'argument que je vais
exposer : il nous le présente plusieurs fois,

& ici avec des expressions fort peu religieuses. Dieu, nous dit-il, se joueroit de la crédulité des hommes, & il éviteroit à dessein, les vrais moyens de les persuader, s'il avoit choisi pour attester sa parole, des moyens qui ont eux-mêmes un si grand besoin d'attestation.

Ne nous arrêtons point sur ce langage impie. Notre nouvel Instituteur ne veut point que Dieu atteste sa parole par des moyens qui ont eux-mêmes un si grand besoin d'attestation. Cela signifie qu'on prétend prescrire à Dieu les moyens par lesquels il doit attester sa parole, & lui interdire ceux qui ont besoin d'attestation.

Mais pourquoi encore Dieu seroit-il obligé de suivre un tel plan? C'est, nous répondra-t-on, que ces moyens pourroient devenir des occasions d'illusion & de séduction. Il faut donc, suivant notre Instituteur, ou que Dieu renonce au dessein d'attester aux hommes sa parole : ou s'il fait tant que de la leur vouloir attester, ce doit être par des voies dont des Fanatiques ou des imposteurs ne puissent pas abuser. Or, des attestations qui attestent la parole de Dieu, sont sujettes à ce double inconvénient.

Jetons un coup d'œil sur les conséquences de ces principes. Tous les moyens

différents d'une lumiere , & d'une évidence irréfiftibles , l'impofture & le Fanatifme , peuvent en abufer ; des fourbes peuvent dire que Dieu leur a parlé , ou fe le
perfuader gratuitement à eux-mêmes. Ainfi, fuivant les idées du *Vicaire Savoyard* ,
Dieu doit parler aux hommes fur la terre ,
comme dans le Ciel il parle à fes Elus ,
par une lumiere qui ne peut les tromper ,
ni leur laiffer la tentation de vouloir tromper les autres : or , fi Dieu nous faifoit
ici bas une telle faveur , il renverferoit
l'ordre de fa providence ; il changeroit le
fyftême de fon gouvernement.

Demandons à l'*Auteur* d'*Emile* dans quelles épaiffes ténebres le monde ne feroit-il
pas plongé , fi le flambeau de l'Hiftoire
venoit à s'éteindre ? Mais qui conferve
ce flambeau , que des témoignages atteftés
par d'autres témoignages , qu'une chaîne
de témoignages dont les premiers anneaux
tiennent fans interruption, aux derniers, par
le moyen des intermédiaires ? Ce font-là
les voies de la providence , pour nous inftruire de ce qui s'eft paffé dans les temps
anciens. Et qu'eft-ce qui nous doit être
plus précieux que cette connoiffance ?
Ce que nous devons d'ailleurs à la connoiffance des pays étrangers , nous en
fommes redevables à des témoignages ,

qui ne mériteroient aucune attention s'ils
n'étoient atteftés par d'autres témoignages.
Nous ne pouvons pas plus être préfents
dans les pays lointains, que dans les fiecles qui nous ont précédés.

Ce n'eft encore que par cette voie que
peuvent s'inftruire des Êtres dont les lumieres font auffi bornées que les nôtres;
fi nous n'étions fecourus par celles des autres hommes, nous ferions dans les ténebres de l'enfance : & il n'y auroit point
de différence entre notre état, après tant
de fiecles que le monde fubfifte, & celui où fe trouvoient les hommes à fa naiffance. Le progrès des connoiffances humaines dépend de la communication de
ces connoiffances. D'où pourroit donc
venir la mauvaife humeur de *Jean-Jacques*
fur un cas tout pareil, parce que ce cas
regarde la Religion ? Murmure-t-il de ce
qu'un enchaînement de témoignages liés
les uns aux autres, nous apprend ce qui fe
paffoit à Rome du temps de Jules Céfar
& d'Augufte ? Un femblable enchaînement
de témoignages nous inftruit de ce qui fe
paffoit en Paleftine au temps de Jefus-
Chrift. Il y a même cette différence, que
les faits qui entrent dans l'Hiftoire du
Chriftianifme, font encore mieux conftatés, que ceux de l'Hiftoire profane. Pour-

quoi donc fur l'Hiftoire de Jefus-Chrift, fe
récrier ? » Quoi ! toujours des témoigna-
» ges humains ? Toujours des hommes qui
» me rapportent ce que d'autres hommes
» ont rapporté ? » Sur les caufes de la révolution qui changea la République Romaine en Monarchie, on n'a point de
doutes à former ; & on ne veut rien croire fur la caufe qui changea le monde Païen
en monde Chrétien. Pour la premiere de
ces deux révolutions, on fe contente de
témoignages humains ; & pour la feconde,
on ne veut pas écouter des hommes qui
rapportent ce que d'autres hommes ont
rapporté. N'eft-ce pas avoir deux poids &
deux mefures ?

J'ai dit que les faits de l'Hiftoire Chrétienne étoient mieux conftatés que ceux
de l'Hiftoire profane. La raifon en eft évidente : l'intérêt que les hommes prennent
à la Religion eft beaucoup plus vif que
celui qu'ils prennent à l'Hiftoire profane.
Les débats perpétuels qu'il y a eu fur la
Religion en rendent l'Hiftoire plus authentique. Les Livres compofés fur la Religion font en plus grand nombre ; & par
conféquent, l'Hiftoire qu'on en recueille
eft plus à l'abri de toute altération effen-
tielle. Il y a donc de l'illufion ou de la
mauvaife foi à fufpecter plutôt les faits qui
composent

composent le fonds de l'Histoire profane.

» Ce n'est pas, nous diront les Incre-
» dules, la suite de l'Histoire Chrétienne
» qui nous est suspecte ; c'est l'Histoire de
» son commencement qui fourmille de
» miracles, & qui nous paroît incroya-
» ble à si juste titre. » Il faut donc à ce
prix, fixer une époque qui serve comme
de barriere, en deça de laquelle l'Histoire du Christianisme sera certaine & authentique, & au-delà il ne faudra plus
s'y fier. Il faut de plus, & les Incredules ne nous le contesteront pas, il faut
de plus tomber d'accord, que si l'Histoire
du commencement du Christianisme n'é-
toit pas chargée des faits surnaturels dont
elle est remplie, elle seroit autant & plus
digne de foi, que l'Histoire profane du
même temps ; mais quels motifs inspirent
ces pensées à nos Incredules ?

L'authenticité des anciens Monuments
est un garant certain des faits qui y sont
écrits : les évenements de l'Histoire ancienne sont dignes de foi, parce qu'ils
sont consignés dans des Livres non sus-
pects de supposition. Les hommes parlant
dans les Livres, ne différent des hommes parlant de vive voix, qu'en ce que
dans les Livres ils parlent avec plus de
reflexion, que les discours écrits se res-

K

fentent beaucoup moins de la legereté &
de l'inconfidération des difcours ordinaires, que les difcours écrits ont la folidité & la confiftance des Monuments gra-
vés fur le marbre & le bronze, qu'ils ont
l'immortalité que les autres ne peuvent
avoir. Ce font à la vérité des témoignages humains qui ont befoin d'être atteftés par d'autres témoignages humains;
il n'en eft pourtant pas moins vrai que
quand je lis un Livre écrit il y a deux
mille ans, c'eft comme fi j'entendois de
mes oreilles l'Auteur qui le compofa; &
quand tous les hommes intermédiaires entre cet Auteur & moi, m'atteftent que
cet Ouvrage eft d'Hérodote, d'Hypocra-
te, de Platon, de Cicéron, qu'ils me
le difent unanimément dans leurs Livres;
ils ne me laiffent aucune liberté d'en douter, quoique leurs témoignages ne foient
que les échos d'autres témoignages : la
force & l'authenticité de ces témoignages
eft la même, foit que ces Livres contiennent l'Hiftoire de la Religion, foit qu'ils
contiennent l'Hiftoire profane.

Nous en tomberions d'accord, diront
les Incredules, fans les évenements miraculeux dont vos Livres font tous farcis.
Rien cependant, répliquons-nous, ne
devroit décider de la croyance que méri-

tent des évenements poffibles, confignés
dans un Ouvrage, que l'authenticité de
l'Ouvrage, & la véracité de l'Auteur. On
ajoute foi aux Livres des Chrétiens compofés depuis les temps apoftoliques. Pourquoi donc ne pas ajouter foi aux Livres
compofés par les Apôtres, efpece d'hommes fingulierement refpectables, & dont
la fincérité ne peut être fufpecte ? Les Incredules y ajouteroient foi fans les miracles dont ces Livres font pleins : étrange
illufion ! Car ces Livres ne feroient dignes
que de mépris, fi on n'y lifoit pas les miracles qu'ils contiennent. Ces Livres en
effet, racontent la converfion des Juifs
& des Gentils, qui formerent les premieres Eglifes Chrétiennes. Or, fi l'on
retranchoit de ces Livres les motifs de ces
converfions, elles feroient abfurdes, incroyables, impoffibles. Au temps des
Apôtres, il y a eu des Eglifes Chrétiennes à Jérufalem, à Antioche, à Corinthe, à Rome, à Theffalonique &c, fi
les miracles racontés dans le Nouveau
Teftament font véritables. Mais dans la
fuppofition oppofée, l'exiftence de ces
Eglifes ne fauroit être que chimérique ;
cette refléxion eft décifive : il ne faut que
la bien faifir.

Avant la mort des Apôtres, tous ou

presque tous les Livres du Nouveau Testament étoient entre les mains des Fideles,
qui les regardoient comme dignes de la
plus profonde vénération. D'ailleurs, les
Livres du Nouveau Testament étoient les
mêmes qu'ils sont aujourd'hui. On y li-
soit ce que nous y lisons sur les miracles,
sur la Mort, & la Résurrection de Jesus-
Christ, sur l'établissement des Eglises de
Jérusalem, d'Antioche, de Corinthe, de
Rome, sur les dons miraculeux commu-
niqués par l'imposition des mains des Apôtres, en un mot, sur les motifs de la conversion des premiers Fideles. Donc ces
prodiges, ces dons surnaturels, sont d'une
parfaite certitude. Car l'Histoire de ces
prodiges & de ces dons fait la principale
partie de ces Livres, qui ont toujours été
le plus précieux thresor des Chrétiens.
Les premiers Fideles connoissoient par
leurs propres yeux, ou par des témoins
oculaires ces prodiges ; ils avoient vu,
entendu, éprouvé les effets des dons surnaturels qui y sont attestés. Nous en avons
donc un témoignage subsistant dans les
Livres les plus authentiques qui furent jamais : témoignage vivant, immortel, qui
a autant de force, que si nous entendions
les premiers Chrétiens nous dire : prenez
& lisez : ce que nous avons vu & touché,

c'eſt ce que nous vous atteſtons , & ce que nous atteſterons dans tous les âges à ceux qui liront le Nouveau Teſtament. Ce qu'il contient, nous en faiſons l'objet de notre foi ; nous anathématiſons ceux qui n'en reconnoiſſent point l'authenticité & la divinité. Nous y adorons enfin la parole de Dieu-même.

Quand on lit les Commentaires de Cé-ſar, dans la perſuaſion qu'il en eſt l'Auteur, c'eſt tout comme ſi on lui entendoit dire à lui-même : je gagnai telles & telles batailles dans les Gaules, je fus vainqueur à Pharſale, &c. Il en eſt de même pour nous, lorſque nous avons le Nouveau Teſtament entre les mains. Les premiers Chrétiens nous y diſent : voilà l'Hiſtoire de Jeſus-Chriſt, que nous avons appriſe des Apôtres : voilà le récit de l'établiſſe-ment des premieres Egliſes Chrétiennes, dont nous étions membres : vous avez dans ce Livre les motifs qui nous ont con-vaincus qu'il falloit devenir Chrétiens, & qui nous ont rendus tels. Ces motifs ſub-ſiſtent dans le témoignage que nous ren-dons encore à la vérité du Chriſtianiſme. Ce témoignage n'eſt-il pas le témoignage de Dieu ; & quand Dieu daigne parler par un tel témoignage, n'eſt-ce pas être auſſi inſenſé qu'impie, de dire qu'il ſe joue de

notre crédulité, & qu'il évite à deffein
les vrais moyens de nous perfuader?

Cette refléxion déja fenfible, le devien-
dra encore plus, fi l'on fe prête à cette
fuppofition. Imaginons que le Nouveau
Teftament écrit depuis quinze ou vingt
ans, nous fût mis en main par ceux qui
l'auroient compofé, qu'ils nous le don-
naffent comme une Hiftoire authentique
de faits qui nous feroient connus & de tous
nos contemporains : imaginons que nous
reçuffions ce Livre avec le refpect le plus
profond, que nous le tranfmiffions à nos
defcendants comme un Ouvrage divin, où
l'on ne pouvoit foupçonner le plus leger
menfonge : mais imaginons en même-temps,
que cet Ouvrage fût tiffu de fables & de
chimeres : conçoit-on dans une pareille
fuppofition que fi nous étions affez peu
fenfés pour vouloir faire réuffir cette impofture, nos enfants feroient capables de
l'adopter, & de la faire paffer à la pof-
térité? La conclufion ne fauroit être plus
évidente. Le Nouveau Teftament eft un
Livre vrai, qui porte fur des faits réels,
ou les premiers Chrétiens n'avoient pas
une étincelle de fens commun.

La Miffion de Jefus-Chrift étant invinciblement prouvée, c'eft une conféquence néceffaire de cette vérité, que tous les

hommes doivent obéir à la voix du Fils
& du Ministre de Dieu ; & ceux qui ont
eu des moyens suffisants pour parvenir à
cette connoissance, rendront à Dieu un
compte sévere de cette grace, s'ils l'ont
reçue en vain. On peut être excusé de
n'avoir point entendu parler des lettres
de créance que Dieu a données à Jesus-
Christ. Mais cette excuse ne peut avoir
lieu pour aucun de ceux qui savent ce
que c'est que le Nouveau Testament. Dès-
lors ils ne peuvent former de doute raisonnable, que nous ne tenions ce Livre
des premiers Chrétiens, qui le sont devenus parce qu'ils n'ont pu se refuser à l'évidence des prodiges qui y sont rapportés,
& dont ils étóient les témoins, ou qu'ils
avoient appris de témoins oculaires.

Au lieu de se rendre attentif à des refléxions si décisives, le *Vicaire Savoyard*
amuse son Lecteur en lui débitant que
chaque Secte allegue en sa faveur une si
grande quantité de prodiges, que si l'on
y devoit ajouter foi, le nombre en surpas-
seroit celui des évenements naturels. » Par
» tous les pays du monde, nous dit-il, si
„ l'on tenoit (*a*) pour vrais tous les pro-
„ diges que le Peuple & les simples disent

(*a*) *Emile*, Tom. 3. pag. 134.

K iv

» avoir vus, chaque Secte seroit la bon-
» ne : il y auroit plus de prodiges que
» d'évenements naturels. » Une exaggéra-
tion si déraisonnable ne mérite que du mépris : je ne m'y arrête pas. Les miracles
font rares & doivent l'être ; beaucoup
d'exceptions aux loix ordinaires de la nature auroient l'inconvénient de rendre inutile la prudence , d'empêcher qu'on ne
pût se rien promettre des mesures le mieux
concertées. Mais si l'on est assuré que
sans des motifs dignes de lui, Dieu ne
change rien aux loix qu'il a établies ; on
a une juste confiance sur le succès des évenements que la prudence humaine fait
regarder comme immanquables : l'espéran-
ce, qui est le nerf (*b*) du travail & l'ai-
guillon de l'industrie , subsiste. Sans cela ,
tel qui n'auroit rien fait pour parvenir au
but de ses desseins , les verroit couron-
nés ; & un autre seroit frustré du juste sa-

(*b*) » S'il n'y avoit aucune loi générale dans la
» nature , il n'y auroit ni prudence , ni dessein dans
» l'homme, on ne pourroit attendre aucun effet des
» causes, on ne pourroit former aucun plan de con-
» duite , ni rien exécuter avec ordre.... L'Univers
» doit être gouverné non par des volontés particulie-
» res, mais par des loix générales , sur lesquelles
» nous puissions fonder notre attente , & former un
» plan de conduite. » *Recherches sur l'origine de nos
idées , &c. traduit de l'Anglois , Tom. 1. pag. 191 & 192.*

laire de ses peines. Tout seroit incertain ; l'expérience, ni l'ordre des saisons ne suffiroient point pour nous rassurer contre l'inconstance des loix naturelles.

Il est digne de la sagesse de Dieu de suspendre quelquefois les loix de la nature, pour faire connoître que c'est lui qui agit extraordinairement, & que son opération surnaturelle l'atteste. Le spectacle de l'Univers annonce que l'Intelligence Divine le régit par des loix uniformes ; & la suspension de ces loix manifeste un dessein particulier de Dieu. Par-là, il découvre aux hommes quelqu'une de ses volontés, dont ils ne sont pas, ou ne sont pas suffisamment instruits. Quand il s'agit donc des Loix Divines auparavant inconnues, ou trop obscurement connues, Dieu doit publier ses ordres par des prodiges éclatants. Aussi Dieu prodigua-t-il les prodiges, pour faire connoître d'une maniere indubitable, que c'étoit lui qui retiroit les Hébreux de l'Egypte, qui leur donnoit sa Loi dans le Désert, qu'ils venoient dans la terre promise, & s'en mettoient en possession par son ordre. De même, pour prouver au monde que Jesus-Christ étoit le Messie promis aux Juifs, que ses Apôtres étoient ses envoyés pour établir une Loi nouvelle, sans laquelle on ne pou-

voit parvenir au salut, les miracles furent
multipliés. Jesus-Christ & ses Apôtres en
firent un si grand nombre, que les Incredules devroient rougir de n'y pas reconnoître la voix de Dieu.

Les miracles n'étant plus maintenant
nécessaires pour la confirmation de l'Evangile, il s'en opere infiniment moins : &
parmi ceux que racontent les Historiens
Ecclésiastiques & les Auteurs des Vies
des Saints, il n'en est point dont l'authenticité puisse être comparée à celle des miracles écrits dans le Nouveau Testament.
On doit néanmoins reconnoître la certitude des miracles de l'Histoire de l'Eglise,
qui sont attestés par de bons témoins. Il
seroit impardonnable de nier ceux de Saint
Martin, ceux qu'opérerent les Reliques
de Saint Etienne, & que Saint Augustin
raconte dans la Cité de Dieu : & pour
ne point faire une longue énumération,
on peut défier la critique la plus hardie
d'attaquer qu'à sa confusion, le prodige
des Confesseurs de Typase en Afrique, qui
parlerent distinctement après avoir eu la
langue coupée jusqu'à la racine. C'est honorer les miracles rapportés dans le Nouveau Testament, de mettre bien au-dessous
pour l'authenticité, ceux qui sont écrits
dans d'autres Ouvrages. C'est obstination,

partialité, défaut de difcernement de ne pas reconnoître pour certain, ou pour probable, ce qui eft certain ou probable, comme c'eft fimplicité & foibleffe d'efprit, de croire fans motif raifonnable de croire.

Mais heureuſement nous ne fommes plus au temps des enforcellements & des fortileges : on ne fait plus brûler les Sorciers qui vont au fabbat, ou qui nagent fur l'eau comme du liege. Les Pafteurs n'amufent plus les Peuples de prodiges de leur invention ; & fi encore des ignorants fe repaiffent de miracles autoriſés par la fuperftition, les gens fenſés favent le mépris qu'ils en doivent faire. Si l'on s'aviſoit donc de prétendre pour la juftification du *Vicaire Savoyard*, qu'il ne parle en cet endroit, que de cette claffe de prodiges, que par tous les pays du monde le Peuple & les gens fimples difent avoir vus, fon raiſonnement, pour invalider nos preuves, fe réduiroit à dire que fi les prodiges débités & crus par une imbécille populace, étoient vrais, *chaque Secte feroit la bonne, & il y auroit plus de prodiges que d'évenements naturels.* Mais comme nous ne parlons, nous, que de miracles bien certains & bien conftatés, ce que *M. Rouffeau* nous débite fous le nom de fon *Vicaire Savoyard,* n'eft qu'un difcours en l'air,

K vj

& *præter verba nihil.* Attaquer ainſi nos
arguments, c'eſt diſcourir ſans pudeur;
c'eſt ſacrifier le bon ſens à je ne ſais quelle
envie d'avoir de l'eſprit. Où ſont en effet
conſignés les prodiges qu'allèguent les
Muſulmans pour établir la Miſſion de leur
Prophete? Il y a nombre d'endroits dans
l'Alcoran, où Mahomet dit expreſſément,
ou d'une (*c*) façon équivalente, qu'il ne

(*c*) On fatiguoit ſouvent Mahomet en lui demandant des miracles pour prouver ſa Miſſion. Quelles
étoient ſes réponſes? Je vais en tranſcrire quelques-
unes. On y verra des aveus non équivoques, qu'il
n'étoit point envoyé pour opérer des miracles. Mais
les paſſages qu'on va lire ne ſont pas les ſeuls où ce
prétendu Prophete fait de pareils aveus. Voyez la page 240 du Tom. 2 *de la Religion naturelle & de la révélée établies*, &c. La verſion de l'Alcoran que je cite,
porte au titre, qu'elle eſt d'André du Ryer, Sieur
de la Garde Malezair, imprimée à Amſterdam en
1746, en deux Vol. in 12. On y lit, pag. 158. chap.
des Gratifications. ,, Ils ont dit: Nous ne croyons pas
,, au Prophete, s'il ne nous fait paroitre quelque mi-
,, racle de la part de ſon Seigneur. Dis-leur : Dieu
,, vous a fait voir pluſieurs miracles ; mais la plus
,, grande partie d'entre vous ne les connoiſſent pas ;
,, les animaux qui marchent ſur la terre, & les oi-
,, ſeaux qui volent en l'air, ſont du nombre de ſes
,, créatures: nous n'avons rien oublié à croire de ce
,, qui eſt écrit dans le Livre gardé au Ciel : les hom-
,, mes ſeront tous un jour aſſemblés devant Dieu :
,, ceux qui n'auront pas cru en ſa Loi, ſeront ſourds
,, & muets, &c.
J'en atteſte tout homme de bon ſens ; Mahomet ſe
fût-il amuſé à débiter ces lieux communs s'il eût pu
répondre : ne m'a-t-on pas vu donner la vue à un aveu-

prétend point prouver la nouvelle Religion
par des miracles.

gle, l'ouie à un sourd ? ne m'a-t-on pas vu guérir
tel paralytique, ressusciter ce mort, &c. Les autres
textes de l'Alcoran que je vais transcrire donnent lieu
à la même reflexion.

Page 254 du même Tome premier , chapitre de Jonas.
» Ils disent : nous ne croyons pas au Prophete, si Dieu
» ne fait paroitre en lui quelques miracles : dis-leur :
» Dieu fait le futur, attendez ; j'attendrai avec vous :
» lorsque nous leur aurons fait goûter quelque conter-
» tement après leurs afflictions , ils ont finesse sur nos
» Commandemens. Dis-leur : Dieu est plus fin que
» vous ; ses messagers écriront vos finesses : c'est lui
» qui fait cheminer les hommes sur la terre & sur la
» mer , &c.

Au Tome second , page 98 , chapitre de l'Histoire.
» Ils ont dit : Seigneur, si tu nous eusses envoyé un
» Apôtre pour nous instruire, nous aurions obéi à tes
» Commandemens, & cru en ta Loi : & lorsque la
» vérité leur a été enseignée de notre part , ils ont dit :
» Mahomet fait-il des miracles comme Moyse ? Ne
» démentent-ils pas ce qu'a fait Moyse, lorsqu'ils di-
» sent que Mahomet & Moyse sont deux sorciers avé-
» rés ; & lorsqu'ils ont dit , qu'ils ne croyent ni Pro-
» phete , ni Écriture, dis-leur : Apportez quelque Li-
» vre de la part de Dieu , qui enseigne mieux le droit
» chemin que l'Ancien Testament , & plus salutaire-
» ment que l'Alcoran , je le suivrai, si vous dites la
» vérité.

Et à la page 111 , chapitre de l'Araignée. ». Ils ont dit :
» Nous ne croirons pas en ce Livre, si Dieu ne fait en
» lui quelque miracle : dis-leur : les miracles procé-
» dent de Dieu ; je ne suis envoyé que pour prêcher
» les tourments de l'Enfer. Ne leur suffit-il pas que
» nous t'avons envoyé l'Alcoran pour les instruire ? Il
» contient les effets de ma miséricorde, & les préceptes
» nécessaires pour leur salut. » En tous ces endroits ,

Les anciens Sectaires du Christianisme, dans leurs disputes contre l'Eglise, ne faisoient point valoir leurs miracles, comme l'un des principaux arguments de leur parti : c'est de quoi sont persuadés tous ceux qui ont quelque idée des controverses des Peres avec les Ariens, les Donatistes, les Pélagiens, &c. Et pour ne nous arrêter qu'aux Protestants, Luthériens & Calvinistes, on ne peut ignorer dans quels embarras on les a mis, en leur demandant par quels miracles les Réformateurs avoient prouvé leur Mission. Ce n'est point à leurs prodiges qu'ils ont eu recours, mais à la (d) prétendue vérité de leur doctrine.

& en bien d'autres, Mahomet n'avoit pas le sens commun de ne pas dire qu'il avoit fait des miracles pour prouver sa Mission & son Alcoran, s'il étoit vrai qu'il en eût fait.

(d) On ne devoit pas s'attendre qu'un Ecrivain de réputation se hazarderoit à dire, que la Mission des premiers Réformateurs étoit autorisée surnaturellement. Mais on tire contre eux de si grands avantages de ce qu'ils ne pouvoient alléguer rien de surnaturel, pour montrer qu'ils venoient de la part de Dieu, que le Ministre Basnage n'a pu se résoudre à ce désagréable aveu. Il ne pouvoit se taire sur ce point de controverse, & ses paroles découvrent son embarras. » J'accorderai, dit-il, (*Histoire de l'Eglise*, *page* 1479.) si » l'on veut, que cette vocation extraordinaire ne fut » point confirmée par des miracles. Mais c'en étoit un » plus grand (*c'est une citation de M. de Meaux*) que tous » les autres, d'avoir converti le monde sans miracles,

Où est donc la bonne foi , ou peut-
être où est le bon sens , de nous débi-

» d'avoir fait entrer tant d'ignorants dans des mysteres
» si hauts , d'avoir persuadé tant de choses à des hom-
» mes incredules. L'Idolâtrie par son extravagance , fait
» voir la difficulté qu'il y avoit à la vaincre : un si grand
» renversement du bon sens montre assez que le princi-
» pe étoit gâté ; le monde y avoit vieilli : il étoit en-
» chanté de ses Idoles , & sourd à la voix de la nature ,
» qui crioit contre elles. C'est M. de Meaux qui par-
» le ainsi dans son Histoire universelle , & qui se réfu-
» te lui-même d'autant plus fortement , qu'il soutient
„ ailleurs que nos Réformateurs annonçoient des Dog-
„ mes inconnus & inouis. „

Non , M. de Meaux ne s'est point réfuté lui-même.
Il a invinciblement prouvé que l'entreprise des Réformateurs étoit irréguliere , criminelle , schismatique ,
qu'aucun succès ne la pouvoit justifier. Ils prêchoient
sans Mission , ni ordinaire , puisque Dieu ni l'Eglise
ne les envoyoient , ni extraordinaire , puisqu'ils ne
faisoient point de miracles. Mais les Apôtres conver-
tissant le monde payen , par cela même étoient incon-
testablement les envoyés du Ciel. Ils l'étoient , si les
motifs de cette conversion étoient tels que l'Evangile
le raconte , & ils l'étoient encore , s'ils avoient converti le monde sans miracles. Une telle conversion
seroit le plus grand de tous les miracles. Voilà ce que
dit M. de Meaux après Saint Augustin. Au lieu qu'on
demandoit des miracles aux Réformateurs revoltés
contre l'Eglise , & ils n'en faisoient point.

Dans la suite , ils purent , selon M. Basnage , produire leurs succès comme un grand prodige. On leur
fait donc dire l'équivalent de ceci : Nous n'avons point
à présent de raisons à donner de notre Schisme ,
mais nous en aurons dans la suite , lorsque beaucoup
de monde aura embrassé notre parti. Imaginons que
Mahomet fait le même raisonnement : Je ne fais point

ter que chaque Secte se croit la bonne
Religion à cause de ses miracles?

de miracles pour établir ma nouvelle Religion. Attendez seulement quelques années , & mes conquêtes
justifieront ma Mission. On rougira peut-être d'une
telle Apologie. Mais on ne montrera pas que si elle
est bonne pour les Réformateurs , elle n'a pas la même force pour le Prophete des Musulmans. Les prétendus prodiges des Réformateurs avoient leurs causes
naturelles dans les désordres & dans l'ignorance des
Prêtres. En perdant son credit dans l'esprit des Peuples ,
le Clergé lui-même prépara les voies à la révolution
du seizieme siecle. Ils secouerent sans peine , le joug
des Prêtres, qu'ils méprisoient & qu'ils haïssoient, pour
suivre d'autres guides qui se présenterent à eux. Les
Réformateurs au reste prêchant à des Chrétiens imbus
des mysteres de la Foi , n'opérerent rien de fort mer-
veilleux en leur faisant adopter quelques explications
de ces mysteres, différentes de l'ancienne croyance.
Aussi Bayle , article *Luther*, remarque X , & LV ,
ne s'avise pas de soupçonner du surnaturel dans
ce changement de croyance. Un déclamateur peut
assurer qu'il fut l'ouvrage de la puissance miraculeuse
de Dieu. Mais comment en convaincre un Philosophe qui raisonne de sens froid? Au lieu que toutes
les causes naturelles devoient empêcher le succès de la
Prédication des Apôtres , si Dieu ne s'en fût visiblement mêlé. Cette reflexion a été tant de fois mise
dans son jour , que je ne dois point encore la remanier.

SECTION TREIZIEME.

Chicane frivole sur le nombre des témoins nécessaire pour constater un miracle. Examen de la difficulté triviale que nous prouvons la doctrine par les miracles, & les miracles par la doctrine. On calomnie la Révélation Chrétienne, en lui imputant d'attribuer à Dieu des défauts. Sans injustice Dieu fait un partage inégal de ses faveurs. Il n'y a que les Dogmes décidés par l'Eglise, que nous soyons obligés de défendre contre les Incredules. On renverse tout le système du Christianisme, en prétendant qu'il ne doit y avoir aucune obscurité dans ses Dogmes. Du Dialogue entre un Inspiré & un Philosophe. Le Vicaire Savoyard y suppose faussement que les Dogmes révélés sont contraires à la droite raison.

» QUI osera me dire, ce sont les pa-
» roles du *Vicaire Savoyard*, combien il

» faut de témoins oculaires pour rendre un
» prodige digne de Foi ? Si vos miracles
» faits pour prouver votre doctrine (*a*)
» ont eux-mêmes befoin d'être prouvés,
» de quoi fervent-ils ? Autant valoit-il
» n'en point faire. » En peu de lignes,
voilà plus d'un fophifme que l'Auteur répétera, qu'il propofera fous différents
tours. Notre réponfe eft fondée fur des
principes que nous avons developpés ailleurs dans une jufte étendue. (*b*)

Le nombre des témoins néceffaire pour
rendre un prodige digne de foi, dépend
des circonftances, & fur-tout de la nature du prodige, du caractere, des lumieres & des difpofitions des témoins. Certain prodige ne feroit pas rendu croyable
par un nombre de témoins, qui, dans
d'autres cas, feroit prouvé fuffifamment
par un égal, ou même par un moindre
nombre de témoins. C'eft au bon fens à
en décider. Comme les miracles n'ont
rien de difficile à Dieu, la preuve en doit
être la même que celle des autres évenements extraordinaires, qu'on lit dans
les Monuments hiftoriques. Un petit nom-

(*a*) *Emile*, Tome 3. pag. 135.
(*b*) Differtation fur les miracles, au Tome 2. de
la Religion naturelle & de la révélée, &c.

bre de témoins peut ſuffire pour conſtater un miracle, pourvu qu'ils en ſoient
bien inſtruits, qu'ils ſoient véridiques,
qu'ils ne puiſſent être ſoupçonnés de fraude ni d'illuſion. Aucune de ces conditions
ne manquoit aux témoins des miracles du
Nouveau Teſtament, & le nombre de ces
témoins eſt d'ailleurs infini, puiſque ce
ſont les Juifs & les Payens qui ont em-
braſſé la Foi de l'Evangile, à la Prédication des Apôtres.

C'eſt une chicane, de dire que les miracles ſont inutiles pour prouver notre
doctrine, s'ils ont eux-mêmes beſoin d'être
prouvés. Il eſt des vérités qui ne ſauroient
être prouvées que par des miracles : tels
ſont des Dogmes incompréhenſibles à la
raiſon humaine, ou des vérités qui dépendent des libres decrets de Dieu. Ceux
à qui Dieu les révele, ne ſauroient en
convaincre d'autres, que par la voie des
miracles. Mais ceux qui n'en ſont point témoins ne peuvent en être aſſurés que par
la preuve des témoignages humains. On
ne peut critiquer cette économie des preuves de la Religion, que parce qu'on ne
veut pas l'entendre.

Suivent dans le diſcours du *Vicaire Savoyard*, des raiſonnements étalés avec les
plus grands airs de triomphe, mais qui

fe réduifent à des objections cent fois réfutées. » On nous objecte que nous prou-
» vons la doctrine par les miracles , & les
» miracles par la doctrine : maniere de
» raifonner , qu'on appelle un cercle vi-
» cieux. »

RÉPONSE. Il y a des doctrines qu'aucune forte de miracles ne fauroit prouver.
L'hypothefe Manichéenne de deux principes
co-éternels , l'un auteur du bien , l'autre
auteur du mal , ne peut être prouvée par
des miracles : il en eft de même de tout
fyftême qui nie la providence & la bonté de Dieu. Un Etre tout-puiffant & mauvais peut tout auffi bien rendre témoignage au menfonge qu'à la vérité. Un Dieu
qui ne gouverne point le monde , qui ne
prend pas foin des affaires du monde , le
Dieu d'Epicure , n'a que faire , ni de donner des loix aux hommes , ni de leur apprendre des vérités qui les intéreffent.
Quand je travaille à mériter les récompenfes de Dieu , & que je me fie en fa
bonté , j'ai raifon d'efpérer d'y avoir part ;
& quoique je faffe je ne puis les attendre
d'un Etre fans bonté. Il ne protégera pas
plutôt la vertu que le vice , la vérité que
le menfonge. Il n'y aura point en lui de
véracité , s'il n'y a point de bonté. Les
coups les plus éclatants de la puiffance di-

vine, si elle est conduite par une volonté capricieuse & purement arbitraire, m'é-
tonnent, m'épouvantent & ne m'assurent
rien ni pour l'avenir, ni pour le présent.
Mais le Dieu des Orthodoxes me garantit
contre toutes les craintes. Je me repose en
paix sous les ailes de sa providence, sans savoir ses motifs dans les évenements qui
arrivent, & sans voir les ressorts qu'il fait
jouer pour leur exécution.

Dans l'hypothese orthodoxe, les miracles
sont le langage d'un Dieu tout bon & tout
puissant : & ce langage ne sauroit attester
rien qui soit indigne de Dieu & de ses perfections. Or, rien n'en est plus indigne que
le oui & le non ; rien n'en est plus indigne
que le mensonge. Ainsi de deux propositions contradictoires, l'une étant nécessairement fausse, si par des miracles Dieu a
révélé qu'un culte religieux est véritable, il n'est pas possible qu'il révele par
d'autres miracles, que ce culte n'est point
véritable. La Religion Judaïque étant donc
une fois autorisée par des miracles incontestables, tout homme qui se debitoit
pour Prophete, & prétendoit l'appuyer de
quelque miracle, pour attaquer la Loi fon-
damentale de la Théocratie Judaïque, ne
pouvoit être qu'un faux Prophete & mé-
ritoit la mort, comme criminel de leze-

maiefté divine. Cette Loi étoit de ne re-
connoitre d'autre Dieu , que le Dieu créateur. Tout prodige qui tendoit à renverfer
cette Loi , ne pouvoit venir de Dieu , ne
pouvoit être qu'un preftige , qu'un prodige de féduction.

» Cela prouve toujours , nous replique-
» ra-t-on, que le Démon peut faire des
» miracles ; & qu'à la vue du prodige on
» ne fauroit difcerner fi Dieu l'opere , ou
» fi c'eft une œuvre diabolique ». Comme
fi l'on manquoit de reffources pour diftinguer un miracle divin , d'un miracle diabolique. Quand on a été dans le doute de
quel côté étoit le miracle divin , l'incertitude a été courte , bientôt la vérité a été
triomphante. Les évenements paffés nous
inftruifent. La victoire a été du parti des
défenfeurs de la vérité : & la bonté de
Dieu nous eft garant qu'il en fera de même à l'avenir. On peut faire des fuppofitions d'un conflit de miracles. Mais fi l'on
fuppofoit que ce fût un conflit de miracles égaux , ou que la prépondérance ne
devint pas bientôt fenfible , c'eft comme
fi l'on fuppofoit que Dieu permettra au
pere du menfonge de parler auffi haut que
lui , comme fi l'on fuppofoit que les attef-
tations qu'il donne au culte légitime deviendront de nul effet par les efforts & par

l'induſtrie de ſon ennemi. La bonté & la
providence de Dieu ſont inconciliables
avec ces ſuppoſitions.

Voici donc comment ſe vérifie cette parole : les miracles prouvent la doctrine, &
la doctrine prouve les miracles. Les miracles qui ne ſont point contrebalancés par
d'autres miracles , prouvent invinciblement la doctrine en faveur de laquelle ils
dépoſent, dèſque cette doctrine n'eſt point
indigne de Dieu & de ſes attributs, &
dèſquelle n'eſt point contraire à une doctrine déja établie par des miracles certainement divins. On ne peut imaginer une
contradiction effective entre des choſes
que Dieu atteſte également. Mais il eſt arrivé, comme il arrivera encore, que des
impoſteurs prétendront établir par des miracles, un faux culte, ou une fauſſe doctrine. Ce ſera alors le cas de dire que la
doctrine prouve, ou plutôt qu'elle réprou-
ve les miracles. Les miracles ſont ſuſpects,
parce qu'il n'eſt pas aſſez évident qu'ils
ſont des œuvres ſurnaturelles , & leur
preuve peut être défectueuſe & incomple-
te. Une doctrine bien certainement divine
peut donc être une preuve qu'un prétendu miracle eſt faux, ſoit parce que ce
n'eſt point un prodige ſurnaturel, ſoit
parce qu'il n'y a point de preuves ſuffiſantes de ſa réalité.

On eſt condamnable de faire valoir avec connoiſſance de cauſe, de faux miracles, pour appuyer la vérité, qui n'a jamais beſoin du menſonge; & il n'y a que de petits eſprits qui employent cette eſpece de ſupercherie. La doctrine ſeule ne démontre pas la réalité d'un miracle, puiſqu'on a allégué bien de miracles imaginaires, pour confirmer des doctrines orthodoxes. Mais une doctrine certainement orthodoxe eſt un argument déciſif contre un prétendu miracle dont on ſe ſert pour la combattre. Un principe certain doit ſervir à l'éclairciſſement d'un principe problématique : & celui-ci n'autoriſe point à rejeter la vérité connue. » Après avoir » prouvé, dit le *Vicaire Savoyard*, la doc-» trine par (*c*) le miracle, il faut prou-» ver le miracle par la doctrine, de peur » de prendre l'œuvre du Démon pour » l'œuvre de Dieu. » Le *Vicaire Savoyard* ſuppoſe qu'il s'agit de la même doctrine & du même miracle numériquement. Mais lorſqu'on dit que les miracles prouvent la doctrine, & que la doctrine prouve les miracles, on prétend dire qu'une doctrine déja certaine par des miracles, ſert à faire le diſcernement d'autres miracles,

(*c*) *Emile*, Tom. 3. pag. 136.

ſur

fur lesquels on peut être en doute s'ils font véritablement divins.

Pour attaquer la doctrine du Christianisme, le *Vicaire Savoyard* pose cette maxime que nous ne lui contesterons point, quoiqu'elle eût peut-être besoin d'éclaircissement ; c'est qu'une doctrine venant de Dieu, doit nous proposer un culte, une morale, & des maximes convenables aux attributs par lesquels seuls nous concevons (*d*) son essence. Voilà le principe d'où le *Vicaire Savoyard* veut que nous partions : & voici l'application qu'il prétend que nous devons en faire.

» Si donc elle ne nous apprenoit, dit-il ;
» que des choses absurdes & sans raison ;
» si elle ne nous inspiroit que des senti-
» ments d'aversion pour nos semblables,
» & de frayeur pour nous-mêmes ; si elle
» ne nous peignoit qu'un Dieu colere,
» jaloux, vengeur, partial, haïssant les
» hommes, un Dieu de la guerre & des
» combats, toujours prêt à détruire & fou-
» droyer, toujours parlant de tourments,
» de peines, & se vantant de punir même
» les innocents, mon cœur ne seroit point
» attiré vers ce Dieu terrible, & je me
» garderois bien de quitter la Religion

(*d*) *Ibid.* pag. 137.

L

» naturelle pour embraſſer celle-là : car
» vous voyez bien qu'il faudroit néceſſai-
» rement opter. Votre Dieu n'eſt pas le
» nôtre, dirois-je à ſes Sectateurs. Celui
» qui commence par ſe choiſir un ſeul
» Peuple, & proſcrire le reſte du genre
» humain, n'eſt pas le Pere commun des
» hommes ; celui qui deſtine au ſupplice
» éternel le plus grand nombre de ſes créa-
» tures, n'eſt pas le Dieu clément & bon
» que ma raiſon m'a montré. »

C'eſt ici un mêlange d'imputations, dont
les unes ſont viſiblement fauſſes, & ſur
leſquelles je paſſerai très-legerement ; les
autres ont un prétexte apparent ; il eſt plus
néceſſaire d'en diſſiper l'illuſion. On doit
d'abord effacer tous les traits qui con-
viennent au Dieu des Manichéens. Injuſtice, cruauté, haine des innocents, ja-
louſie, priſe dans le ſens littéral, ſont des
défauts qui ne peuvent être attribués à
l'Être ſuprême. L'ignorance & la foibleſſe
des créatures les rendent capables d'im-
perfections & de déréglements. Mais il y
a contradiction à dire que l'Être exiſtant
par lui-même, qui ſait tout, & qui peut
tout, ſoit injuſte, cruel, partial, jaloux. Les expreſſions de l'Ecriture qui ont
donné occaſion à calomnier le Dieu du
Vieux Teſtament, & de prétendre qu'il

étoit différent du Dieu de la nouvelle al-
liance, doivent être expliquées dans un
sens qui en exclue toute imperfection. Les
moindres Ecoliers le savent, & l'on n'auroit pas imaginé que le langage antropolo-
gique de l'Ecriture feroit renouveller à
l'*Auteur* d'*Emile* des objections si usées.
Ce langage ne doit pas plus faire attribuer à
Dieu les passions humaines, qu'on ne lui
attribue un corps humain, parce que l'E-
criture parle de sa face, de ses oreilles,
de ses yeux, de ses mains, de ses bras,
&c. Il seroit inutile d'insister sur des choses si connues.

Nous avons d'autres observations à faire
sur le Texte qu'on vient de lire. 1°. Il ne
faut point opter entre la Religion naturelle
& la révélée. Ce ne sont point deux Religions incompatibles qui se donnent l'ex-
clusion l'une à l'autre. La Religion naturelle est comme la base & le fondement
de la Religion révélée ; celle-ci confirme
l'autre, la developpe, l'étend, & ce qu'elle
y ajoûte d'articles de croyance ou de pratique, ne donne aucune atteinte à ce qu'enseigne, ou à ce que prescrit la loi naturelle. L'Auteur de l'une est l'Auteur de l'autre : toujours le même Dieu, qui dans l'une
parle à l'homme par les lumieres de la raison
naturelle ; & dans l'autre, par les lumieres

de la révélation. Mais comment un Ecrivain d'ailleurs habile, peut-il ignorer tout cela, ou comment ose-t-il le diffimuler?

Ma seconde remarque est qu'il n'y a point en Dieu d'injuste partialité, pour avoir accordé aux Israëlites des faveurs qu'il n'avoit point faites à d'autres Nations. Maître de ses dons, il les distribue suivant son bon plaisir, & toujours bien au-delà de ce qu'il doit à ses créatures. Sa libéralité est grande, lors même qu'il donne moins aux uns qu'aux autres; & s'il n'a pas traité les Gentils avec autant de prédilection que les Juifs & les Chrétiens, il en a cependant usé en pere, à l'égard de tout le genre humain.

Les Gentils, & c'est ma troisieme remarque, semblent délaissés, en comparaison des Chrétiens; ils sont cependant traités d'une maniere qui ne choque point les loix de la justice. L'*Auteur* d'*Emile* raisonne comme si nous étions obligés de défendre des systêmes que l'Eglise n'a point canonisés. Un Apologiste du Christianisme doit prouver que, selon les principes de la Théologie Chrétienne, tout homme qui périt pour l'autre vie, périt par sa faute; que même les enfants condamnés à cause du péché originel, n'ont point à murmurer contre la Justice de Dieu, ni à la maudire. C'est à quoi nous-nous croyons

obligés , & nous ne penſons point qu'il y
ait de la préſomption quand nous-nous
engagerons à le montrer. Mais pour rendre ſes traits contre la Religion plus per-
çants , il a plu à l'*Auteur* d'*Emile* de ſuppoſer qu'elle eſt reſponſable de ce qu'on
peut imputer à quelques Théologiens , au
lieu d'examiner ſi le zele pour leurs ſyſtêmes ne leur a pas perſuadé de les mettre
de niveau avec les articles décidés.

Pour mieux connoître le danger des idées
& des vues de notre Ecrivain , faiſons cette refléxion. On a de l'indulgence pour
les égarements des Philoſophes , quand
ils nous (*e*) débitent leurs ſpéculations

____

(e) *Separatim nemo habeſſit Deos , neve novos : ſed ne
advenas , niſi publicè adſcitos privatim colunto.* Cicero de
Leg. Lib. 2. n. 19.
*Templorum conſtitutiones , & ſacrificia , cæterique Deo-
rum & Dæmonum , atque Heroum cultus , ſepulchra præte-
reà & funera defunctorum , & quæcunque ſunt ad eos placan-
dos miniſteria ſubeunda , talia profectò neque ipſi ſcimus ,
& in ordinanda civitate , nulli credemus alteri , ſi ſapiemus ,
nulloque alio utemur interprete , niſi Patrio Deo.* Plato de
Republ. Lib. 4. fol. 234 recto Verſionis Marcilii Fi-
cini , Editionis Aſcenſii. anni 1522.
*Non licebit Deos ſibi , Deorumque ſacra præter leges effin-
gere.* Plato de Legibus. Lib. 10. fol. 361 verſo. *Legiſla-
tor. . . . cavebit ne ad novum minus certæ Religionis cultum
civitatem ſuam vertat : neque quæ patriâ lege , vel conſuetu-
dine de ſacrificando firmata ſunt , movere audebit. Scire namque
debet mortali naturæ non eſſe poſſibile certi quidquam de his
cognoſcere.* Idem in Epimenide , fol. recto 376. Et alibi.

fur le culte des Dieux. C'eſt qu'ils n'a-
voient nul deſſein de s'ériger en Réformateurs de la Religion nationale : ils ne vouloient y rien changer, quelle quelle fût.
Leurs idées étoient donc ſans conſéquence, & ils ne prétendoient point qu'on
s'en ſervît pour compoſer un nouveau Code religieux ; Au lieu que notre *Vicaire Sa-*
voyard ne tend à rien moins qu'à réformer,
ou plutôt à bouleverſer tout le plan du
Chriſtianiſme, quoiqu'il ſemble en reſpecter le Fondateur : & le motif de cette ré-
forme ou de ce bouleverſement ſe réduit
au bon plaiſir de l'*Auteur d'Emile.* Je lis &
relis ſon texte : & je n'y découvre que
cela. Puiſqu'il reſte des obſcurités dans la
Religion naturelle, s'il y a une (*f*) Religion révélée, il faut qu'elle leve ces obſcurités. Ainſi le décide *M. Rouſſeau,* ou
le perſonnage qu'il met ſur la ſcene.

» La meilleure de toutes les Religions,
» nous dit-il, eſt (*g*) infailliblement la plus
» claire . . . . Le Dieu que j'adore n'eſt point
» un Dieu de ténebres : il ne m'a point don-
» né un entendement pour m'en interdire
» l'uſage : me dire de ſoumettre ma raiſon,
» c'eſt outrager ſon Auteur. Le Miniſtre

_____

(*f*) *Emile*, Tom. 3. pag. 138.
(*g*) *Ibid.* page 138. & 139.

» de la vérité ne tyranniſe point ma raiſon ;
» il l'éclaire. »

Voilà les Loix d'une Religion nouvelle.
L'inſtituteur d'*Emile* veut que la lumiere
marche devant lui. Il prétend ne rien croire qu'il ne le comprenne. On eſt imbu par
les principes de l'ancienne éducation, qu'il
faut ſe contenter de comprendre les preuves des Dogmes qui ſont l'objet de la Foi ;
& qu'il ne nous eſt pas donné dans cette
vie, de comprendre les Dogmes en eux-
mêmes. Cette diſtinction, juſques ici regar-
dée comme un point fondamental de l'é-
conomie du Chriſtianiſme, eſt dédaigneu-
ſement rejetée ſans qu'on nous diſe pourquoi. Qu'il nous ſoit permis de nous plaindre de ce ſilence. Car Dieu étant un Être
infini, & par conſéquent incompréhenſi-
ble, il doit y avoir dans ſa nature, des
propriétés qui ne ſont pas à la portée de
notre intelligence ; puiſque nous voyons
par-tout dans les choſes naturelles, des myſteres impénétrables, il y a bien de la préſomption à prétendre qu'il n'y en ait point
dans la Religion. L'*Auteur* d'*Emile* n'ignore rien de tout cela : il l'a mille fois lu &
entendu ; & il ne laiſſe pas de prononcer
qu'il n'y aura dans ſa Religion, ni myſteres, ni Dogmes ténébreux. Mais on ne
ſauroit oublier que les Sociniens eux-mê-

mes , à qui leur haine contre les myſteres
a fait faire de ſi vaſtes brêches dans le ſyſtême du Chriſtianiſme , croyent la Réſurrection qui préſente tant de contradictions
& d'impoſſibilités apparentes. Ils n'ont pu
ſe réſoudre à donner ſur ce Dogme , le
démenti à Jeſus-Chriſt , à Saint Paul , au
Nouveau Teſtament , au Symbole des Apôtres. Que décidera donc l'*Auteur* d'*Emile*
ſur ce Dogme ? Nous n'avons pas beſoin
d'une réponſe expreſſe. Dans ſon Roman
de Julie , que M: *Rouſſeau* nous peint comme une Sainte contemplative , & preſque
comme une myſtique à extaſes , il la fait
mourir ſans croire la Réſurrection. Il devoit cet exemple à ſes proſélytes , qui auroient pu craindre de paroître au Tribunal du ſouverain Juge ſans la foi d'un Dogme qui ne peut ſubſiſter avec ſa Théologie.
Mais les voilà raſſurés par l'exemple de ſa
héroïne.

Suit un endroit , dirai-je ſérieux , dirai-
je comique ? C'eſt un dialogue entre deux
Interlocuteurs , dont l'un a tout ce qu'il
faut d'eſprit & d'adreſſe , pour faire triompher la bonne cauſe , s'il étoit chargé de
la défendre ; l'autre n'eſt qu'un franc
idiot , qui ne ſait même pas dire ce que
perſonne n'ignore. Au lieu d'établir , qu'il
ne peut y avoir de contradiction entre ce

que Dieu nous apprend par la raison naturelle , & ce qu'il nous apprend par la révélation , il permet à son antagoniste de
raisonner sur la supposition contraire : ce
qui le met dans l'impossibilité de lui répliquer ensuite rien de sensé. Celui qui parle pour la révélation n'étant qu'un sot , on
devine assez de quel côté demeure la victoire ; il suffira donc d'ajoûter ces deux
mots sur ce Dialogue ridicule. 1°. On y
ramene contre les Prophéties, une objection
déja réfutée , & sur laquelle je ne revien-
drai point. 2° On ajoûte sur les autres
preuves de la Révélation , qu'étant fondées sur l'autorité & le témoignage des
hommes , elles ne peuvent l'emporter sur
l'autorité de Dieu , qui nous parle par notre raison. Mais pourquoi dissimuler que
nous tombons d'accord avec les Incrédules , que notre raison est un don de Dieu ,
& que lorsqu'il est certain qu'elle nous
parle, il est censé que Dieu nous parle. Ces
principes nous sont communs avec *l'Au-*
teur d'Emile ; & son égarement n'est pas
concevable , de supposer , qu'en nous servant du témoignage des hommes pour constater l'existence des miracles , & l'antériorité des Prophéties à leur accomplissement , nous mettons en contradiction l'autorité des hommes, & l'autorité de Dieu

nous parlant par notre raifon. » Il n'y a
» rien de plus incontestable, dit le raifon-
» neur du Dialogue, que les principes
» de la raifon. En deux pages plus bas,
» à quoi fe réduifent vos prétendues preu-
» ves furnaturelles, vos miracles, vos Pro-
» phéties? A croire tout cela fur la foi
» d'autrui & à foumettre à l'autorité des
» hommes, l'autorité de Dieu parlant
» à ma raifon. » Si l'Infpiré qu'on met
fur la fcene, débite des abfurdités, nous
n'en fommes pas refponfables. C'eft nous
calomnier, de nous faire dire que la raifon naturelle eft en contradiction avec la
Révélation.

SECTION QUATORZIEME.

Perſonne, ſelon le Vicaire Savoyard, *n'eſt capable de faire choix d'un culte religieux. Abus de la maxime qu'il faut écouter toutes les parties, tout examiner, &c. On peut ſans nouvel examen & ſur le ſimple coup d'œil, proſcrire la Religion Payenne & la Mahométane. Des queſtions autrefois agitées ne doivent plus l'être à préſent. Objection contre la certitude de l'Hiſtoire ancienne. L'Hiſtoire Orientale de Perſe eſt apocryphe. L'accompliſſement de la Prophétie du huitieme Chapitre de Daniel ne peut être attribué qu'à une providence toute divine. Avec les lumieres les plus communes on eſt ſuffiſamment aſſuré que les motifs de beaucoup de cultes religieux étoient frivoles, & que les Religions qui n'ont point de preuves de leur inſtitution divine, ſont fauſſes. Quand eſt-ce préciſément que deviennent coupables de s'attacher à une fauſſe Religion,*

L vj

ceux qui y ont été élevés ? queſtion preſque inſoluble.

LE mérite ou la force des objeƈtions
que nous avons juſques ici réfutées con-
ſiſte preſque entierement dans le tour bril-
lant que *M. Rouſſeau* a ſçu leur donner. En
mettant ſon texte ſous les yeux du Leƈteur,
nous avons prévenu le ſoupçon de les avoir
déguiſées. La foibleſſe de ces objeƈtions
pouvoit faire naître la penſée que nous les
avions énervées, pour en triompher plus ai-
ſément. Tels ont été nos motifs en tranſ-
crivant ſes raiſons en entier. Qu'il nous
ſoit permis de ſuivre une méthode plus
abbregée.

Perſonne, à ce que prétend le *Vicaire
Savoyard*, ne peut judicieuſement faire le
choix entre toutes les Religions, ſans les
avoir examinées les unes après les autres,
ſans avoir écouté les Théologiens des divers partis, ſans avoir lu leurs Livres en
original & non dans des verſions, qui
peuvent en changer le ſens, & en diminuer la force : & lorſqu'il s'agit des Religions des païs où l'on n'eſt point dans
l'uſage de faire des Livres de controverſe,
ſans s'être tranſporté dans ces païs pour
entendre de la propre bouche de leurs Doc-

teurs, l'exposé de la créance qu'ils profeſſent. Il demande bien plus. Comme il
eſt naturel qu'on ſoit mieux inſtruit en
Paleſtine, qu'en Europe, de ce qui s'eſt
autrefois paſſé dans cette province de l'Aſie,
il veut que tout le monde s'empreſſe d'aller
queſtionner les habitans ſur les traditions
de leurs pays, & tâcher de découvrir ſi
elles s'accordent avec les récits de nos
Hiſtoriens. Dans les Procès, on ſe croit
obligé de lire toutes les pieces, de comparer toutes les raiſons, de les balancer,
de confronter les témoins, de faire des
enquêtes, & s'il le faut, des deſcentes ſur
les lieux ; en un mot, de ne rien négliger
pour diſſiper les nuages dont on tâche
d'obſcurcir la vérité. Le choix d'une Religion eſt un Procès de toute autre conſéquence, que des intérêts temporels, & ne
peut être qu'une inſigne témérité, s'il n'eſt
fait avec toutes les précautions qu'il exige.
La préſomptueuſe confiance des Théologiens rend encore plus difficile la déciſion
des moindres controverſes. Il n'eſt point
de Docteur qui ne s'entête en faveur des
ſentiments où il a été nourri, qui n'en
parle du ton de la perſuaſion la plus intime ; la contagion de ce Fanatiſme entraîne
ceux qui le regardent comme leur maître,
par ſa ſcience & par ſes lumieres. Dans

chaque parti, il y a de pareils oracles; la multitude eft faite pour fe laiffer guider & pour applaudir. Les ignorants peuvent-ils s'ériger en juges? Cependant, on ne fauroit embraffer une fociété religieufe, fans condamner tous les gens habiles qui en fuivent une autre, ce qui eft équivalent à fe conftituer l'arbitre de fes maîtres, ou agir en Fanatique illuminé. Mais dans quelque matiere que ce foit, dit le *Vicaire Savoyard*, on ne doit point condamner fans entendre. Il faut comparer les objections aux preuves. Il faut favoir ce que chacun oppofe aux autres, & ce qu'il leur répond.

RÉPONSE. Rien en général n'eft plus vrai que ces maximes. En doit-on néanmoins abufer, pour mettre dans la claffe des chofes douteufes, toutes celles dont on a difputé, & qui font encore en certains lieux & pour certaines gens, matiere de conteftations? Parce qu'on a autrefois mis en queftion s'il y avoit des antipodes, fi la Lune étoit plus ou moins grande que le Soleil, ces queftions doivent-elles être incertaines pour nous?

Si le *Vicaire Savoyard* veut débiter des lieux communs pour montrer qu'on ne peut pas condamner fans les entendre, les adorateurs des Idoles, ceux qui croyent à l'Aſtrologie judiciaire & aux ſuperſtitions populaires, nous ne laiſſerons pas de penſer qu'il nous applaudira dans ſon cœur de ne point regarder comme des problêmes, ce que le Public regarde comme décidé ſans appel. Nous-nous flatons encore du ſuffrage de tous les gens ſenſés, quand ſans autre examen que celui du ſimple coup d'œil, nous préférerons la Révélation Chrétienne aux Religions de l'Orient même, en y ajoûtant le Mahométiſme. C'eſt que l'une eſt fondée ſur des preuves indubitables, & les autres n'ont d'appui que des Traditions vagues, des témoignages rendus par l'impoſture & le Fanatiſme. Le Chriſtianiſme ne peut être l'ouvrage de la fourberie, ni de l'enthouſiaſme ; & les Religions qui le combattent, en portent tous les caractères.

Le *Vicaire Savoyard* veut que nous entrions en conférence avec les Docteurs de ces Religions, que nous faſſions voyage dans les contrées où le Chriſtianiſme a pris naiſſance, & dont il eſt maintenant preſque banni. Il veut que nous allions dans les pays où l'on pratique un culte religieux différent du nôtre. Sans cela, nous ne ſerons pas bien aſſurés comment le Chriſtianiſme eſt né, comment il s'eſt détruit dans ces Régions lointaines; nous aurons lieu de foupçonner qu'on nous a déguifé la profeffion de foi des Peuples qui les habitent, & rapporté infidellement les motifs de leur croyance. Il veut que nous connoiffions leurs meilleurs livres, que nous entendions leurs langues.

Que fçais-je ce qu'il n'exige pas ? Mais nous parle-t-il férieufement ? Car peut-il venir dans l'efprit, que dans un pays devenu prefque barbare pour les Lettres & les Sciences, on fçait mieux ce qui s'y paffoit il y a dix-huit fiecles, que nous ne le fçavons aujourd'hui en Europe ? Il faut fe tranfporter fous un autre Ciel pour mieux connoître ce que l'on y ignore, & dont nous fommes inftruits dans nos contrées par une infinité de Monuments hiftoriques qu'on néglige dans ces pays, & qu'on n'y entendroit pas quand on les auroit en main. Telle eft la prétention du *Vicaire Savoyard* expofée fans enveloppe.

Il veut que pour juger du Mahométifme ou du Paganifme oriental, nous-nous tranfportions en Arabie & dans les Indes, que nous apprenions les langues de ces Régions, pour étudier dans les Auteurs originaux la Théologie qu'ils enfeignent, & qui eft peut-être différente de celle qu'on leur prête. Faute de ces précautions, nous ferions en danger de ne pas bièn prendre le ſens de ces Ecrivains dans des verſions ſuſpectes d'inexactitude. Or, delà que d'inconvéniens !

Mais ces inconvéniens nous échappent : ils ne nous frappent point ; & le *Vicaire Savoyard* eût dû nous les détailler. Un Savant de Hollande (*a*) a fait un expoſé de la Religion Mahométane, où il la juſtifie ſur beaucoup de reproches qu'on lui fait ; il donne le meilleur tour qu'il lui eſt poſſible, aux imputations dont on la charge. Mais quand on ſuppoſera que Mahomet & les Mahométans ne ſont point coupables de toutes les erreurs qu'on leur attribue, en ſera-t-il moins certain que ſes Secta-teurs ſont miſérablement ſéduits, que Mahomet eſt un faux Prophete, un grand Fanatique, ou un grand Séducteur, & peut-être l'un & l'autre tout enſemble ?

On pourroit peut-être, par le tour qu'on auroit eu l'habileté de donner au ſyſtême du culte idolâtre, en diminuer l'extrava-gance. Mais que conclure de tous ces adouciſſemens, quand ils ſeroient bien prouvés ? Les Chrétiens de nos jours de-vront-ils faire une pénible étude du Poly-théiſme ancien & moderne, pour ſavoir

---

(*a*) C'eſt Mr. Reland, que nous avons cité pluſieurs fois.

s'ils ne devroient pas l'embrasser par préférence au Christianisme ? Devront-ils approfondir la justesse des apologies qu'on
a faites, ou qu'on pourroit faire de la Religion payenne ? A partir du principe, que
sur quelque matiere que ce soit, & principalement en fait de culte religieux, il ne
faut juger personne sans l'entendre, les partisans de *Jean-Jacques* devroient prêter aux
Idolâtres, aux Mahométans, à tous les
ennemis du Christianisme, le secours de
leur plume, pour obtenir la révision d'un
Procès mal jugé. Ceux qui en embrassant
le Christianisme ont decidé, au moins par
équivalent, qu'il étoit criminel de rendre
un culte religieux aux Idoles, aux Astres,
aux Elements, aux Grands Hommes déi-
fiés par la reconnoissance de leurs contemporains, ou de la postérité, n'ont pu
devenir Chrétiens sans condamner toutes
ces diverses especes d'Idolâtrie : & ils n'ont
pas été plus capables de le faire avec connoissance de cause, selon la méthode du
Vicaire Savoyard, qu'ils étoient capables
de donner des preuves de leur habileté
dans les Sciences. Suivant les idées de
Mr. *Jean-Jacques*, la controverse sur l'Idolâtrie payenne doit donc repasser par un
nouvel examen ; & sans avoir égard à l'excès de précipitation, qui a fait proscrire

l'ancien culte, toutes choſes doivent être remiſes en l'état qu'elles étoient avant la converſion du monde payen. Les raiſon-nements de l'*Auteur d'Emile* menent évi-demment à ces conféquences. S'il n'en eſt pas frappé, ce ſera toujours beaucoup que les gens ſenſés les voyent & lui faſſent juſtice ſur ſon ſyſtême.

Cependant, la certitude des évenements anciens étant en oppoſition avec les prin-cipes de *M. Rouſſeau*, qui conduiſent au Pyrrhoniſme hiſtorique, il faut prévenir tout ce qui pourroit ébranler cette certi-tude ; & ceci ne ſera rien moins qu'une diſgreſſion inutile. Les preuves qui ſervent d'appui au Chriſtianiſme, portent ſur l'Hiſtoire ancienne. Nous tenons d'elle tout ce que nous prétendons » ſavoir de » la Religion, » & tout cela, nous dit-on, » ſe réduit à des faits altérés, peut-être in-» ventés par la paſſion, ou par les préju-»'gés de ceux qui nous les racontent. Nous » en avons un violent préjugé dans l'Hiſ-» toire de Perſe, ſi étroitement liée avec » celle des Juifs. Or, l'Hiſtoire de Perſe » que nous puiſons dans des Monuments » qui nous paroiſſent authentiques, eſt » preſque en tout contredite par une autre » Hiſtoire que nous fourniſſent les Ecrivains » orientaux, qui ſemblent bien plus croya-

» bles, puifqu'ils font, fuivant toutes les
» apparences, mieux inftruits des affaires
» de leur propre pays. C'eft gratuitement
» que nous donnons la préférence aux
» Hiftoriens Grecs & Juifs, quand ils fe
» mêlent de parler de l'Empire Perfan. Il
» n'y a cependant pas moyen de concilier
» leurs Rélations, tant elles font contrai-
» res : celles des Grecs & des Juifs font
» fauffes, ou ce font celles des Perfans.
» Il n'y a donc dans une telle incertitude,
» qu'à prendre le parti de n'ajoûter foi
» aux uns ni aux autres, & d'en ufer de
» même avec les Hiftoriens des autres,
» Empires, qui ne méritent pas plus de
» croyance, que ceux de Perfe ; & par une
» nouvelle conféquence, traiter de frivo-
» les les arguments favorables à la Reli-
» gion, qui ont pour appui la certitude
» de l'ancienne Hiftoire. »

RÉPONSE. Il y a deux Hiftoires de la
Perfe, très-différentes, & fouvent oppo-
fées. Nous tirons l'une des Auteurs Grecs
& Juifs, & l'autre des Ecrivains Orientaux. La première eft authentique, & cette authenticité s'étend à toutes les parties
qui intéreffent la Religion. La feconde
Hiftoire de Perfe, puifée dans les Ecrivains Orientaux, en tout ce qu'elle a de

contraire (*b*) à celle que fourniſſent les Auteurs Grecs & Juifs, eſt indigne de croyance. C'eſt que les Ecrivains Orientaux ſont modernes, & nous ne connoiſſons point leurs garants. Ainſi, quand ils ſe trouvent contraires aux Auteurs contemporains, nous ne devons (*c*) avoir nul égard à leur témoignage. Ils peuvent auſſi bien nous débiter des menſonges que des évenements réels. Mais les évenements conſignés dans les Ecrivains Grecs & Juifs, qui en ont été contemporains, ont la certitude dont les faits hiſtoriques ſont ſuſceptibles. Ces Auteurs nous ſont parvenus de main en main, par la même voie que les autres Ouvrages de l'antiquité, & cette voie ne nous eſt point ſuſpecte. Les loix d'une exacte critique nous apprennent qu'Hérodote, que Cteſias

---

(*b*) *Voyez l'Hiſtoire univerſelle traduite de l'Anglois*, Tome quatrieme, page premiere & ſuivantes.

(*c*) Par exemple, ſous le nom de *Darab*, de *Filikous*, d'*Aſcander*, c'eſt-à-dire, de *Darius*, de *Philippe*, d'*Alexandre*, les Ecrivains Orientaux nous débitent bien des choſes différentes de ce que nous en raconte notre Hiſtoire. Mais dès qu'elles ſont différentes, quel garant peut-on en avoir, & quel uſage peut-on en faire ? Si elles ſont contraires aux Hiſtoriens Grecs & Hébreux, on doit les rejeter. Si ſans y être contraires, elles n'ont d'autre garant que les Auteurs Orientaux, comment les diſtinguer des récits inventés à plaiſir ?

avoient écrit les Ouvrages que nous avons
encore , ou dont nous avons les abbre-
gés dans d'autres Histoires authentiques.
Nous ne pouvons former aucun doute
raisonnable, que Daniel, qu'Esdras , que
Nehémias, ne soient les Auteurs des Livres
qu'on leur attribue.

Nous ne prétendons cependant point
qu'on doive recevoir sans méfiance , des
évenements rapportés par quelque Auteur
Grec , quand ils n'ont d'autre garant que
son témoignage, & que ce sont d'ailleurs
des évenements que certaines circonstances rendent peu croyables. Telles sont les
avantures de la naissance, de l'éducation
& de la mort de Cyrus , & bien d'autres
faits qu'on lit dans les Histoires Grecques.
Mais aussi ces évenements répandus dans
les Livres des Grecs importent bien peu
à la Religion, s'ils n'ont pas de liaison
avec le corps général de l'Histoire. Pour
ce qui sert à constater l'accomplissement
des Prophéties, il nous est infiniment
précieux : & cela comprend une infinité de
faits d'une parfaite certitude. Donnons-en
un exemple , sur lequel les Incredules n'ont
pas fait l'attention qu'il mérite, & qui est
très-propre à faire admirer la préparation
des évenements qui entrent dans les desseins de la providence. Je veux parler de

la Prophétie du huitieme Chapitre de Daniel. Elle lui fut faite sous l'emblême d'un Bouc & d'un Bélier. Le Bouc venoit de l'Occident ; & suivant l'explication de l'Ange même, il désignoit le Roi des Grecs, qui étoit Alexandre. Le Bélier désignoit Darius Codoman Roi des Perses & des Medes, vaincu par Alexandre. La Monarchie des Medo-Persans n'existoit point encore lorsque le Prophete eut la vision de cet énigmatique combat. C'étoit la troisieme année de Balthasar, quatorze ans avant la prise de Babylone par Cyrus, vingt-huit ou trente ans avant la conquête de l'Egypte par Cambise, quarante-sept ans avant que Darius eût subjugué l'Inde, sans parler d'autres accroissements que ses successeurs donnerent à leur vaste Empire.

D'un autre côté, dans quel état étoit la Macédoine, & quel rolle ses Rois jouoient-ils dans le monde la troisieme année de Balthasar ? Le Prince qui régnoit alors en Macédoine étoit Æropas. Ce que l'Histoire nous en apprend est que le commencement de son long regne concourt avec la quarante-neuvieme Olympiade. Il n'étoit encore qu'au berceau lorsqu'il monta sur le thrône, & cette circonstance fut le salut de la Macédoine. Car les Macédoniens sembloient hors d'état de résister à

leurs ennemis. Mais ils reprirent le deſſus,
& remporterent la victoire, en s'animant
au combat par la préſence de leur Roi enfant, qu'ils porterent au milieu du champ
de bataille. Malgré ſon long regne, ce
Prince ne fut ſans doute jamais connu de
Daniel; & l'on ne commence à parler de
ſes ſucceſſeurs, que parce que leur foibleſſe
les mit dans la néceſſité d'embraſſer le parti des Perſes. Quoique cette union des
Macédoniens avec la Perſe ne fût pas l'effet de l'inclination des Macédoniens, les
Ecrivains Grecs ne la leur ont point par-
donnée, & ils en ont parlé comme d'u-
ne trahiſon faite à la patrie.

Mais le pere d'Alexandre étoit trop habile, pour ne pas changer de ſyſtême de
politique, dès qu'il prévit qu'il pourroit
attaquer le Grand Roi, ſe mettre même
à la tête des Grecs, pour lui faire la guerre, & le renverſer de ſon thrône. Ce
projet ſembloit téméraire : mais il entroit
dans le plan de la Providence, & doit
nous faire revenir de la ſurpriſe où nous
ſommes en liſant les Philippiques de Démoſthene. Nous ne concevons pas comment les raiſons foudroyantes de ce véhé-
ment Orateur, ne mirent point les armes
à la main de tous les Grecs, pour s'oppoſer à l'ennemi commun. On aimoit avec
enthouſiaſme,

enthouſiaſme, la liberté & la patrie. On
avoit fait pour elles mille prodiges : &
l'on s'endormoit en voyant forger les chaî-
nes de la Grece. Cette eſpece de léthargie
tient de l'enchantement. Jamais on n'a-
voit mieux parlé que Démoſthene, jamais
on n'avoit parlé plus vrai : les Athéniens
ne pouvoient ne pas en être convain-
cus. Cependant l'éloquence de Démoſthene ne produiſit rien, ou ne produiſit que
de ſtériles délibérations. C'eſt tout ſim-
plement que l'homme parloit contre Dieu,
ou ce qui eſt équivalent, contre les prédictions divines. La prudence humaine re-
muoit les plus grandes paſſions, pour empêcher que les Prophéties ne fuſſent véri-
fiées ; & ces paſſions contrebalancées par
d'autres paſſions, ne produiſoient que des
efforts impuiſſants. Les Grecs devoient
être ſubjugués; ils devoient ſuivre le char
du vainqueur de l'Aſie, & lui ſervir d'inſ-
truments pour en faire la conquête. Si
Démoſthene en eût été cru, les Grecs
auroient conſervé leur liberté ; Philippe &
ſon fils, occupés de petites guerres avec
leurs voiſins, ne ſeroient point devenus
les chefs de la ligue contre le Monarque
de Perſe ; les Peuples de ſon immenſe Empire n'auroient pas changé de maître : la
Prophétie en un mot, n'auroit point eu ſon
accompliſſement.   M

L'*Auteur* d'*Emile*, qui reconnoit avec nous, l'Empire de Dieu dans le gouvernement de cet Univers, doit appercevoir ici le doigt de Dieu ; (& de combien d'autres oracles prophétiques ne peut-on pas en dire autant ?) Car on a invinciblement prouvé, & l'antériorité de la (*d*) prédiction, & l'authenticité des faits qui en font l'accompliffement. Y a-t-il donc de férieux à dire qu'il faut fe tranfporter en Perfe, ou en Grece, pour y faire des recherches fur cette Prophétie, & fur les faits qui y ont rapport ? Quel befoin a-t-on de la connoiffance des langues orientales, pour faifir la force des arguments qui en réfultent ?

Les préjugés de l'éducation forment les plus grands obftacles à reconnoître la vérité, quand on a eu le malheur d'être élevé dans une fauffe Religion. Mais ce font auffi les obftacles les plus frivoles ; ils ne confiftent gueres en effet, qu'à ne fe pouvoir perfuader que fes peres foient coupables d'avoir vécu dans une Religion qu'ils croioient bonne. Sans favoir par quels motifs ils y étoient attachés, on ne

----

(*d*) Voyez dans le quatrieme Volume *de la Religion naturelle & de la révélée*, &c. la Differtation 14. Article 7.

doute pas que ces motifs ne fuſſent légitimes.
Je dis que rien n'eſt plus frivole : car qu'y
auroit-il de condamnable, en fait de cultes
religieux, ſi pour les juſtifier, il ſuffiſoit
de pouvoir dire qu'on a eu de juſtes motifs pour les inſtituer ? Cependant cette maniere de raiſonner eſt tout-à-fait au goût de
l'*Auteur* d'*Emile*. » Dans quelque matiere
» que ce ſoit, dit-il, il ne faut point con-
» damner ſans entendre : il faut comparer
les objections aux preuves, & ainſi il
ſera téméraire d'avoir en abomination les
Sacrifices que les peres faiſoient de leurs
enfants à Béelphegor ou à Saturne : il ne
faudra point proſcrire les impudicités où
l'on ſe plongeoit en l'honneur de Venus.
Si de pareilles maximes nous paroiſſent
ſoulever la raiſon & la nature, le *Vicaire
Savoyard* eſt prêt à nous répliquer : » Plus
» un (*e*) ſentiment nous paroît démon-
» tré, plus nous devons chercher ſur quoi
» tant d'hommes ſe fondent pour ne pas
» le trouver tel. » Comme il s'agit ici de
Religion, plus des doctrines ſeront dérai-
ſonnables, plus des cérémonies ſeront infames, plus il faudra chercher ſur quoi
tant d'hommes en jugent autrement. Plus
tels & tels cultes religieux ſeront indignes

_____

(*e*) *Emile*, Tom. 3. page 147.

M ij

d'un férieux examen, plus il faudra ref-
pecter les fecrets motifs de leur inftitution. Mais comme il eft impoffible de
parvenir là-deffus, qu'à des conjectures incertaines, il ne faudra rien prononcer,
même fur ce qui paroît de plus oppofé
au bon fens. Il faudra en un mot, vivre &
mourir indéterminé fur la Religion, fi
nous fuivons les leçons de l'*Auteur* d'*Emile.*

Une façon de raifonner plus judicieufe
a toujours été pratiquée, malgré les criail-
leries des Pyrrhoniens. Les fages n'ont
jamais cru devoir paffer leur vie à examiner & réexaminer des queftions fuffifamment difcutées. Les gens éclairés entre les
Juifs, traitoient comme irrévocablement
profcrit, le culte idolâtrique, quoique
pratiqué par la multitude des Gentils. Parmi les Philofophes on eût dû s'accorder à
ne plus mettre en problême le fyftême qui
attribuoit au hazard la conftruction &
la confervation de l'Univers. Je ne veux
pas dire que les Savants ne puffent avoir
de juftes motifs pour approfondir ce fyftême, afin, par exemple, d'examiner pourquoi de grands efprits l'avoient adopté.
Mais le fpectacle de l'Univers découvrant
d'une maniere fenfible, qu'une intelligence
a préfidé à fa conftruction, il n'a jamais
fallu de laborieufes recherches pour pro-

noncer qu'il n'eft point l'ouvrage d'un mouvement fortuit. La précipitation dans les
jugements eft à craindre. Mais des doutes
qui ne finiffent point, ont des fuites encore plus pernicieufes. Suivant les maximes qu'on prête au *Vicaire Savoyard*, il
faudroit connoître les Religions pratiquées
dans tout l'Univers, avec les raifons qu'on
peut avoir eu de les inftituer : il faudroit
pouffer fes recherches jufqu'aux Religions
des pays inconnus, pour être affuré s'il
n'y auroit point-là de nouveaux cultes religieux. Le bon fens condamne ces excès :
& voici ce qu'il prefcrit à l'égard de deux
fortes de gens. Ceux qui ont eu le bonheur
d'etre élevés dans la Religion véritable,
font difpenfés de faire des recherches pour
la découvrir. Ce n'eft pas qu'ils la doivent
embraffer fur la fimple autorité de leurs
peres, ou par les préjugés de leur éducation. Mais s'ils en ont reçu une, je ne dis
pas qui foit excellente, je dis, s'ils en
ont reçu une qui foit médiocrement bonne, ils ont compris, ou ils comprennent
en parvenant à l'âge où le raifonnement
fe trouve formé, que le culte religieux
dont on les inftruit, vient du Ciel : tout
au-moins il leur eft plus aifé de s'en convaincre, qu'il ne leur eft aifé d'apprendre les élements des Sciences ou des Arts méchaniques.

Si cependant, par un tour d'esprit singulier, peut-être par des conversations avec des Incredules, ces éleves de la véritable Religion forment des doutes sur sa vérité, le remede en est tout prêt, ou dans bien d'excellents Livres fort communs, ou dans des entretiens avec des personnes mieux instruites qu'ils ne le font. Le *Vicaire Savoyard* voudroit qu'ils fissent des voyages dans les pays lointains, pour en comparer la Religion avec la leur ; qu'ils apprissent la langue de ces pays, afin de n'être pas trompés par des Versions infideles des Livres composés dans ces langues étrangeres, concernant la Religion : crainte ridicule, qui n'occupa jamais personne avant le *Vicaire Savoyard*, si toutefois on devoit penser que ce qu'il en dit fût sérieux !

Les Savants, & ceux qui ne le font pas, connoissent l'Alcoran & les Livres classiques des Chinois. L'Alcoran a été traduit en françois, & la Version a été imprimée plusieurs fois ; aussi est-elle entre les mains d'une infinité de curieux, fans parler des Versions latines. Les Livres classiques des Chinois ont été traduits en latin, & font beaucoup connus. L'Alcoran (*f*) a été, dit-on, assez

_____

(*f*) Voyez le Dictionnaire de M. Ladvocat, Article *Mahomet*, & la page 17 de l'Avertissement de l'Edition de 1760.

mal traduit. Il n'eſt nullement certain que la Verſion des Livres Chinois ſoit exempte de fautes. Or , je demande ſi les défauts de ces traductions ont fait naître à quelqu'un, des doutes ſur la vérité du Chriſtianiſme ; ſi ces défauts ont fait ſoupçonner que la Religion Mahométane ou Chinoiſe valoit peut-être mieux que la nôtre ?

L'Auteur d'Emile voudroit qu'on s'aſſurât de tout par ſoi-même ; qu'on n'eût aucun égard au témoignage des Voyageurs & des Savants. Il parle comme s'il raiſonnoit avec un lecteur qui ne croit rien , & même qui ne connoît rien de ce que nous diſons des caracteres de divinité de notre culte. En même temps il employe les réflexions que nous pourrions faire valoir contre un homme attaché à une Religion par pur fanatiſme , auquel on pourroit raiſonnablement dire : Dans quelque matiere que ce ſoit, on ne doit point condamner ſans entendre : il faut comparer les objections aux preuves, &c. Le *Vicaire Savoyard* fait l'application de ces prétendues maximes , qui ne ſont fauſſes, que pour être générales à l'examen des preuves du Chriſtianiſme , comme ſi le Chriſtianiſme marchoit de pair avec toutes les autres Religions , & que ſa cauſe dût être jugée de nouveau. Puis il s'efforce d'obſcurcir nos preuves par de petits ſophiſmes qu'il évite d'approfondir, afin qu'on en sente moins le foible : il écarte avec soin, les arguments péremptoires qui décident en faveur du Christianisme : enfin, comme si quelques frivoles apparences devoient décider cette grande controverse, il prononce d'un ton d'oracle (*g*).

» Nous avons trois principales Religions » en Europe. L'une admet une seule révé- » lation : l'autre en admet deux, l'autre en » admet trois. Chacune déteste, maudit » les deux autres, les accuse d'aveugle- » ment, d'endurcissement, d'opiniâtreté, » de mensonge. Quel homme impartial » osera juger entre elles, s'il n'a premie- » rement bien pesé leurs preuves, bien » écouté leurs raisons ? Celle qui n'admet » qu'une révélation est la plus ancienne, » & paroît la plus sure : celle qui en admet » trois est la plus moderne, & paroît la » plus conséquente : celle qui en admet » deux & rejete la troisieme, peut bien » être la meilleure, mais elle a certaine- » ment tous les préjugés contre elle ; l'in- » conséquence saute aux yeux. »

Les oracles ne raisonnoient point, n'al- léguoient point de preuves : l'*Auteur* d'*Emile* ne sauroit mieux les imiter. Mais ceux qui

(*g*) *Emile*, Tom. 3. pag. 149.

n'ont pas de foi à ses oracles, lui diront qu'il assure en l'air qu'une Religion est la plus sure, parce qu'elle n'admet qu'une révélation. La Religion qui admet toutes les révélations bien constatées, comme divines, cette Religion est sure, & la seule qui puisse être sure. La Religion qui admet trois révélations, n'est point la plus conséquente, parce qu'elle admet trois révélations : elle est plutôt entierement inconséquente, pleine d'audace & de témérité, si elle admet quelque révélation incertaine & mal prouvée. Or, le Mahométisme ne se justifiera point de l'accusation de n'avoir que le Fanatisme pour appui. Enfin, le Christianisme ne peut être la meilleure des trois Religions, si Dieu n'en est l'Auteur. Et dans cette hypothese, quels préjugés pourra-t-il y avoir contre un culte à qui Dieu a rendu d'éclatants & de nombreux témoignages ? Il n'y a point d'inconséquence que le Christianisme rejete le Mahométisme, puisqu'il n'y a nulle preuve que Dieu autorise le Mahométisme. Il y a des preuves authentiques en faveur de la Religion Judaïque, nous la recevons donc aussi, mais comme une économie passagere, comme une préparation à la révélation chrétienne, qui devoit la remplacer, pour n'être point remplacée par une révélation postérieure.   M v

Pour ceux qui ne font pas nés dans la
véritable Religion, ils font refponfables
des fuites de ce malheur, quand l'ignorance de la véritable Religion devient en
eux une faute volontaire. Mais à quel âge,
à quel degré de difcernement commen-
cent-ils d'être coupables à caufe de cette
ignorance ? C'eft de quoi nous avons parlé
plus d'une fois : répétons donc en deux
mots, que les hommes ne fauroient prononcer là-deffus qu'au hazard. Ce temps
d'ignorance involontaire eft plus ou moins
long, fuivant la facilité & les occafions
qu'on a eues de s'inftruire. L'ouverture &
la fagacité de l'efprit varient à l'infini. Des
circonftances, fouvent imperceptibles, influent dans les reflexions qui font craindre
d'être engagé dans une fauffe Religion, &
qui font défirer de connoître la véritable.
Ces premiers germes de falut meurent fouvent fans rien produire ; quelquefois ils
prennent des racines, fans parvenir à maturité. On ne peut favoir jufqu'à quel point
chacun des Infideles a eu des reffources de
ce genre, pour parvenir à la Foi. Auffi
n'y a-t-il que le Souverain Juge qui doive prononcer la derniere Sentence. Ce
principe doit impofer filence à tous nos
murmures fur le fort des Infideles, puifque enfin cette Sentence fera felon leurs
mérites.

Il eſt vrai qu'ils ne peuvent être ſauvés ſans la Foi au Médiateur. Mais, ſelon beaucoup de Théologiens, s'ils étoient fideles obſervateurs de la loi naturelle, Dieu leur ouvriroit plutôt des voies miraculeuſes pour parvenir à la Foi, que de les laiſſer périr dans leur infidélité. Cette ſolution n'a rien de contraire, ni à la ſaine raiſon, ni à l'Ecriture : il faut donc s'y attacher, ſuppoſé qu'on ne puiſſe autrement juſtifier la juſtice de Dieu. S'il faut néceſſairement dire l'une de ces deux choſes : Ou Dieu eſt injuſte à l'égard des Infideles, qui n'ont aucune connoiſſance du Médiateur ; ou il ne leur refuſe pas des ſecours, dont le bon uſage les conduiroit à cette connoiſſance : on ne doit pas balancer d'adopter le dernier membre de cette alternative. On voudroit ſavoir en détail, quels ſont ces moyens. Mais Dieu doit-il ſatisfaire notre curioſité ſur ce point ? Il doit nous ſuffire que ces moyens ſont poſſibles, conformes à ſa bonté, & à la doctrine de l'Ecriture. Nous eſpérons cependant dire en un autre endroit, quelque choſe de plus ſur cette matiere.

❧❧❧❧❧❧❧❧·❧·❧❧❧❧❧❧

SECTION QUINZIEME.

LE cours naturel des choses humaines a fait que les langues dans lesquelles fut écrite la révélation, ne sont plus des langues vulgaires. L'infidélité des versions n'est nullement à craindre. La révélation est une grace infiniment précieuse, quoique les Incrédules ne cessent de chicaner pour montrer qu'elle est inutile. Certitude des miracles qui ont confirmé la doctrine de l'Evangile. On ne peut former des doutes sur ce que pensoient les Apôtres touchant l'inspiration des Livres sacrés. Ces Livres nous apprennent ce que nous n'aurions pu savoir sans eux, ou ce que nous n'aurions pu savoir avec autant de clarté & de certitude. Voie abregée pour s'assurer de l'infaillibilité de l'Eglise, qui sait mieux que personne, quelles sont ses prérogatives. Témoignage de l'Eglise, recevable, quoique rendu dans sa propre

*cauſe. Réunion de l'Écriture, des faſ-
tes Eccléſiaſtiques & de la raiſon, pour
établir l'autorité de l'Egliſe. Cette autorité ne peut appartenir qu'à la Communion Catholique. Dieu n'a pu faire
divorce avec l'Egliſe. Les Sectaires
doivent diſcuter tous les points de leur
doctrine.*

L'*Auteur* d'*Emile* ne veut rien perdre de
ce que ſon imagination lui fournit. Car
après la plus legere refléxion, auroit-il mis
au nombre des objections contre 'a Religion, le texte qu'on va lire ? » Dans les
» trois révélations, dit-il, les Livres (*a*)
» ſacrés ſont écrits en des langues incon-
» nues aux Peuples qui les ſuivent. Les
» Juifs n'entendent plus l'Hébreu : les Chré-
» tiens n'entendent plus l'Hébreu ni le
» Grec : les Turcs, ni les Perſans, n'enten-
» dent point l'Arabe, & les Arabes mo-
» dernes eux-mêmes ne parlent plus la lan-
» gue de Mahomet. Ne voilà-t-il pas une
» maniere bien ſimple d'inſtruire les hom-
» mes, de leur parler toujours une lan-
» gue qu'ils n'entendent pas ? On traduit

_____

(*a*) *Emile*, Tom. 3. p. 150.

» ces Livres , dira-t-on : belle réponfe.
» Qui m'affurera que ces Livres font fidé-
» lement traduits , qu'il eft même poffi-
» ble qu'ils le foient : & quand Dieu fait
» tant que de parler aux hommes , pour-
» quoi faut-il qu'il ait befoin d'Interprete ? »

Toutes les Religions qui s'attribuent une
révélation écrite , font ici l'objet de la cenfure du *Vicaire Savoyard*. Ce qui feul prouve combien cette cenfure eft frivole ; car
il eft inévitable qu'une révélation écrite
foit écrite dans une langue quelconque ;
& cette langue étant une langue humaine ,
ne fauroit ne pas être fujette au changement. Les faits rapportés par le *Vicaire
Savoyard* en renferment la preuve. L'Hébreu n'eft plus la langue des Juifs. Le Grec
du Nouveau Teftament n'eft plus la langue des Chrétiens ; les Mahométans n'entendent plus l'Arabe : les Arabes modernes
eux-mêmes , dit le *Vicaire Savoyard* , ne parlent plus la langue de Mahomet. Ce n'eft
donc pas par un deffein formé , qu'on a ravi
au Peuple la connoiffance des langues dans
lefquelles la révélation fut écrite. Comme
tout change ici-bas , ces langues ne font plus
vulgaires , comme elles l'étoient autrefois.

Mais Dieu devoit-il configner fa parole
dans des langues qui font l'inconftance
même ? Non fans doute , fi cette inconf-

tance étoit un obſtacle à la conſervation de la révélation. Mais qui imagina jamais qu'il fût impoſſible, ou même difficile de traduire la révélation dans une autre langue ? Une providence particuliere eût pu empêcher qu'il ne ſe gliſsât le moindre défaut dans les verſions de la révélation. Mais la révélation ne ſouffre aucune atteinte dangereuſe parce que ces verſions ne ſont point inſpirées, ni dans un degré d'exactitude qui approche de l'inſpiration. A entendre le *Vicaire Savoyard*, on diroit que tout eſt perdu, ſi quelque mot des Livres ſacrés a été mal traduit. » Qui » m'aſſurera, (*b*) dit-il, que ces Livres » ſont fidélement traduits, qu'il eſt même poſſible qu'ils le ſoient ? » Mais dès qu'on ne m'en avertit pas, il eſt moralement impoſſible qu'il y ait quelque infidélité importante dans les verſions que le vulgaire a entre ſes mains. C'eſt qu'il y a trop de perſonnes intéreſſées à ſe plaindre de l'infidélité des verſions, ſi en matiere de conſéquence, le ſens y étoit perverti. Les (*c*) diſputes ſur l'intégrité du texte, ou ſur la ſignification de quel-

---

(*b*) *Ibid.* pag. 150.
(*c*) Il y en a un exemple célebre ſur un texte de Saint Paul, qu'on accuſa Macédonius Patriarche de Conſtantinople, d'avoir falſifié, & qui, ſuivant le rap-

ques-uns de ſes termes, ſont de ſuffiſantes
cautions, que quand dans les partis op-
poſés on eſt d'accord à cet égard, on ne
doit point craindre d'être trompé ; & lorſqu'il y a de légitimes motifs pour demeu-
rer en ſuſpens ſur l'un ou ſur l'autre, cette ſuſpenſion même, empêche de s'attacher
à aucune erreur.

Mais oſons aſſurer que ce n'eſt point-là
ce qui peine le *Vicaire Savoyard*, ou *M.
Rouſſeau* qui le met ſur la ſcene. Il s'em-
barraſſe bien peu que Dieu ait parlé dans
une langue morte, qui a beſoin, pour être

port de quelques Ecrivains, fut pour cela, chaſſé de
ſon Siege. Au troiſieme Chapitre, verſet ſeizieme de
la premiere Epitre de Saint Paul à Timothée, le texte
Grec differe de la Vulgate. Le Grec porte : *C'eſt un
grand myſtere de piété, un Dieu manifeſté en chair,
juſtifié en eſprit*, &c. La Vulgate ſupprime le mot DIEU,
& dit ſeulement : *C'eſt un grand myſtere de piété, qui
a été manifeſté en chair, juſtifié en eſprit*, &c. Le
prétendu crime de Macédonius pourroit bien n'être
qu'une correction qu'on pouvoit défendre par des Auteurs plus anciens que Macédonius. Mais ſans entrer
dans cette diſcuſſion critique, il en réſulte combien
on a été ſur *le qui vive*, ſi je puis m'exprimer ainſi,
quand il s'eſt agi du Texte ſacré. Voyez les Interpretes ſur cet endroit de Saint Paul : & ſur-tout, les remarques qu'on trouve dans la verſion Latine du Commentaire d'Hammond par Jean le Clerc. Conſultez auſſi la
Critique du Diſcours ſur la liberté de penſer de Collins par Bentley, avec les obſervations du Traducteur
François, qu'il a intitulée : *La Friponnerie Laïque*, pag.
234. & ſuiv.

entendue, de Traducteurs ou d'Interpretes.
Ce qui lui en déplaît, eſt de ne pouvoir
faire dire à Dieu ce qu'il veut, comme
quand il s'agit de la loi naturelle. Les préceptes de celle-ci ne gênent point, comme
une loi révélée & écrite, qui ne ſe plie
au goût de perſonne. De-là, tant d'arguments contre ſa néceſſité, tant d'efforts pour
en ſecouer le joug ; tant de chicanes pour
montrer que ſi Dieu eût parlé, il devoit
faire entendre ſa volonté immédiatement
par lui-même, & ſans l'entremiſe d'autres
hommes. Mais Dieu doit-il me faire connoître ſes ordres de telle & de telle façon;
& s'il veut me les faire connoître autrement, ne m'y ſoumettrai-je point ? Des
penſées ſi folles ne ſeront point les nôtres.
Nous dirons plutôt : *Heureux, Seigneur,
celui que vous inſtruiſez vous-même de votre
Loi*, de quelque maniere qu'il vous plai-
ſe de l'en inſtruire. Le *Vicaire Savoyard*
trouve bien plus heureux celui qui s'en
inſtruit par lui-même: *Toujours des hommes*,
nous dit-il, *toujours des Livres* : Dieu a-t-il
beſoin de tous ces circuits ? Non : dans
le ſyſtême du *Vicaire Savoyard*, qui s'en
tient au ſeul Livre du monde & de ſa
conſcience, qui n'a point de doutes à réſoudre, d'éclairciſſements à demander ;
malgré toutes ſes obſcurités la loi naturelle
eſt ſuffiſante.

Mais en est-il ainsi, dès que Dieu veut accorder aux hommes une révélation surnaturelle ? Moyse consigna la sienne dans des Livres. Ce que les Apôtres ont écrit sur la Religion de leur Maître, ils nous assurent l'avoir fait par son inspiration. Ces hommes à miracles, ont attesté à toutes les Eglises Chrétiennes, que leurs plumes avoient servi d'instrument au Saint Esprit : & cette assertion a été mise (*d*) dans un parfait degré d'évidence. Ainsi la dispute étant réduite à cette question de fait : l'enseignement des Apôtres ne renfermoit-il pas comme un de ses points essentiels, que les Livres du Nouveau Testament avoient été écrits sous la direction de l'esprit de Dieu, par quel étrange éblouissement, le *Vicaire Savoyard* ne nous en dit-il pas un mot ? Supposé que les Livres du Nouveau Testament soient la parole de Dieu, comme nous le certifient toutes les Eglises, c'est raisonner à pure perte, de dire : quand Dieu fait tant que de parler aux hommes, pourquoi faut-il qu'il ait besoin d'Interprete ? Par cette raison péremptoire, qu'il lui a plu, non pas d'en avoir besoin, mais de s'en servir. Après

_____

(*d*) Dans l'Ouvrage intitulé : *la Religion naturelle & la révélée, établies*, &c.

que Dieu a décidé la queſtion de fait,
il eſt inutile d'agiter la queſtion de droit.
Une preuve démonſtrative qu'il y avoit du-
moins une néceſſité de convenance, que
Dieu ſe ſervît d'Interprete pour parler aux
hommes, c'eſt qu'il s'en eſt réellement ſervi. Tout eſt tranché par la preuve du fait.

Auſſi les partiſans de *Rouſſeau* ne man-
queront-ils pas de nous dire, conformément
à ſa méthode & à ſes principes : » Rien n'eſt
» plus difficile que de diſcerner les vrais
» d'avec les faux prodiges ; pour en bien
» juger, il faudroit en avoir été le té-
» moin, en avoir bien examiné, bien vu
» toutes les circonſtances ; ce qui n'eſt plus
» poſſible à l'égard des miracles attribués
» aux Apôtres. Ils ajouteront que nous ne
» ſaurions preſque plus nous aſſurer de ce
» qu'ont véritablement enſeigné les Apô-
» tres. Nous ne ſavons pas leur langue :
» nous ignorons une infinité d'uſages aux-
» quels ils ont dû faire alluſion, & ſans
» la connoiſſance deſquels il n'eſt pas poſ-
» ſible de bien prendre le ſens de ce qu'ils
» ont écrit. De plus, toute l'antiquité fut
» inondée de pieces apocryphes, qui paſ-
» ſoient ſous leurs noms, & qui n'exiſtent
» plus. Ainſi, nous ne ſaurions juger, par
» la comparaiſon des unes & des autres,
» ſi celles qui ſubſiſtent encore, ne ſeroient

» point celles que des imposteurs leur ont
» attribuées. »

RÉPONSE. Ces difficultés sont fâcheu-
ses, par les redites qu'elles rendent inévitables; mais nos réponses seront courtes.
Il est maintenant impossible de discuter si
entre les miracles opérés à la naissance du
Christianisme, il n'y en avoit pas quelqu'un d'équivoque. Avoit-on, par exemple,
vérifié si tous les malades guéris par l'ombre de Saint Pierre, étoient naturellement
incurables ? Mais ce doute pouvoit-il être
raisonnable à l'égard de ceux qui empor-
toient eux-mêmes les grabats qui avoient
servi pour les porter sur le passage de Saint
Pierre ; à l'égard des sourds & des aveugles
qui avoient recouvré l'ouie & la vue par
une parole de Jesus-Christ ; à l'égard de
ceux à qui l'imposition des mains des Apôtres communiquoit les dons miraculeux du
Saint Esprit ; à l'égard des morts ressusci-
tés ; à l'égard des guérisons opérées par les
linges qui avoient touché Saint Paul, &c.
Dira-t-on que le surnaturel soit difficile à
vérifier dans la multiplication des pains,
dans les prodiges qui arriverent à la Mort
de Jesus-Christ, à la Descente du Saint
Esprit ? Il n'est pas plus concevable qu'on
ait inventé ces prodiges pour faire des pro-
félytes au Christianisme. Ces prodiges

supposés faux, ne pouvoient faire fortune, sans le concert d'une infinité de fourbes ; & des gens sensés à qui on auroit proposé de concourir à de telles impostures en faveur du Christianisme, s'en feroient déclarés les ennemis les plus irréconciliables, bien loin de l'embrasser.

De même, il y a peut-être des points de doctrine à l'égard desquels le sentiment des Apôtres n'est pas connu avec une parfaite certitude. Mais c'est ce qu'on ne peut dire du Dogme de l'inspiration des Livres sacrés. Il est tellement lié & comme incorporé avec le Christianisme, que l'en détacher, c'est en faire une Religion toute différente de la Chrétienne. Aussi n'est-il aucune Communion Chrétienne, pas même celle des Sociniens, qui ne fasse profession de croire, comme un point essentiel, que l'Ecriture est inspirée. Une ample collection de textes formels de l'Ecriture & des Ecrivains de la plus haute antiquité, dépose que ce fut toujours la Foi de l'Eglise (*e*) Chrétienne. Il ne faut pour cela, ni entendre la langue que parloient les Apôtres, ni avoir étudié les usages pratiqués de

---

(*e*) Voyez la neuvieme Dissertation de l'Ouvrage intitulé : *La Religion naturelle & la révélée*, &c. qui est la premiere du Tome 3e.

leur temps, ni faire de savantes discussions
sur les fausses pieces qui coururent autrefois
sous leur nom. Sans toute cette érudition,
on peut être très-assuré que l'inspiration de
l'Ecriture est un Dogme Apostolique, qu'on
enseignoit à tous ceux qui se convertissoient
au Christianisme.

Cependant, un système de croyance,
qui porte sur des Livres inspirés, excite
toute la mauvaise humeur du *Vicaire Savoyard*; & voici comme il nous (*f*) la découvre. » Tous les Livres, dit-il, n'ont-ils
» pas été écrits par des hommes? Com-
» ment donc l'homme en auroit-il besoin
» pour connoître ses devoirs, & quels
» moyens avoit-il de les connoître avant
» que ces Livres fussent faits ? Ou il ap-
» prendra ces devoirs de lui-même, ou il
» est dispensé de les savoir. » Quelle maniere de raisonner ! La Logique du *Vicaire
Savoyard* est pitoyable, si nos Livres sacrés
sont inspirés, & il oublie toujours, ou il
affecte d'oublier qu'il lui faudroit prouver
qu'ils ne le sont pas. Dans la supposition
que nos Livres sont inspirés, l'homme
peut y apprendre des devoirs qu'il est in-
capable de découvrir par lui-même; & même des Livres purement humains peuvent

_____

(*f*) *Emile*, Tom. 3. page 151.

nous conduire à la connoissance de certains
devoirs, à laquelle nous n'aurions pu parvenir par nous-mêmes. D'ailleurs, ce qui
peut être à la portée de quelques-uns,
n'est pas à la portée de tous. Enfin, les
obligations sont proportionnées à la connoissance. On est dispensé de savoir ce
qu'il est impossible d'apprendre. Mais on
n'est pas dispensé de savoir, ce qu'on n'apprendra pourtant jamais, par défaut de bonne volonté. Le *Vicaire Savoyard* n'insulte-
t-il pas à ses lecteurs, en supposant qu'ils
ne sauront pas refléchir sur des maximes
qui ne sont pas inconnues à des enfants,
& qu'ils seront les dupes des équivoques
les plus faciles à demêler? La difficulté qui
suit, quoique triviale, est plus sérieuse.

» Nos Catholiques, dit-il, font grand
» bruit de l'autorité de l'Eglise (*g*) ; mais
» que gagnent-ils à cela, s'il leur faut un
» aussi grand appareil de preuves pour
» établir cette autorité, qu'aux autres Sec-
» tes, pour établir directement leur doctri-
» ne ? l'Eglise décide que l'Eglise a droit
» de décider : ne voilà-t-il pas une autorité
» bien prouvée? Sortez de-là, vous rentrez
» dans toutes nos discussions ».

Il y a cette différence entre la Commu-

___
(g) *Ibid.* Tom. 3. pag. 151.

nion Catholique, & les autres Communions Chrétiennes, que celles-ci ont commencé par une division, qui d'une Communion en a fait deux ; & il ne faut ni discussion, ni preuves, pour établir qu'une des deux a commencé, que l'autre est plus ancienne, qu'une des deux a été avant la naissance de l'autre, en possession des prérogatives de l'Eglise de Jesus-Christ. Il ne peut donc y avoir d'objet de dispute, que sur ces deux points : 1°. L'Eglise Chrétienne peut-elle perdre ses prérogatives ? 2°. Y a-t-il quelque évenement dans l'Histoire de l'Eglise Chrétienne, qui puisse faire soupçonner, qu'elle s'en est effectivement laissée dépouiller ? Ces questions ne sont point pénibles à discuter : & ce nous doit être une singuliere consolation à nous Catholiques.

Nous n'ignorons pas dans quel labyrinthe de disputes les ennemis de l'autorité de l'Eglise tâchent de nous engager ; mais n'oublions pas la sage maxime qui prescrit de se mesurer avec ses propres forces : attachons-nous à des vérités faciles à saisir & à prouver ; elles nous dispenseront d'entrer dans des controverses qui ne sont à la portée que des Savants. Les deux réflexions que nous venons d'indiquer, nous en fournissent un exemple, & nous pouvons les
fortifier

fortifier par d'autres obſervations, qui ne reviennent en aucune ſorte, au cercle vicieux que nous reproche le *Vicaire Savoyard.* Il n'eſt pas poſſible en effet, de ne pas préſumer qu'une Société fondée par les Apôtres, qui dans tous les temps a exercé un pouvoir qu'elle publie tenir de Jeſus-Chriſt, & auquel elle a toujours cru que ſes enfants devoient l'obéiſſance intérieure; il n'eſt pas poſſible de ne pas préſumer que ce pouvoir vient de ſon Fondateur: & comment peut-on en douter quand on voit que l'exercice de ce pouvoir s'accorde avec les titres qu'on en trouve dans le Nouveau Teſtament?

L'Égliſe, qui nous rend ce témoignage, parle dans ſa propre cauſe. Ce témoignage ne peut cependant être rejeté; ſes Archives ſont des témoins qui dépoſent qu'elle a toujours cru ſes enfants obligés à lui obéir par un devoir de conſcience. Perſonne n'eſt auſſi bien inſtruit de ce fait que l'Egliſe; & on ne peut la ſoupçonner de menſonge dans cette dépoſition. Dans un tel cas, tous autres témoins ſeroient moins croyables qu'elle. Ajoutons que dans les diſputes de l'Egliſe avec ſes enfants revoltés, elle ne peut être dépouillée d'un droit inſéparable de toutes les grandes Sociétés. Ce droit n'eſt après tout, que la connoiſſance de ſa

N

propre hiftoire, de fes prétentions, de l'ufage de fon pouvoir. On ne peut ima- giner non plus qu'elle ne fache pas quelles en font les conféquences, quels font les titres qu'on lui a toujours donnés, & qu'elle s'eft toujours donnés à elle-même.

On lui impute de parler dans fa propre caufe, en fe qualifiant de Mere de tous les Chrétiens, d'Epoufe de Jefus-Chrift, de Dépofitaire des vérités révélées, en s'attribuant la grande prérogative d'être conduite par le Saint Efprit, d'être la co- lomne & l'appui de la vérité. On refufe d'en croire là-deffus le témoignage de l'Eglife. Mais à qui s'adreffera-t-on pour découvrir s'il eft faux? Une Société auffi répandue que l'Eglife, & qui ne peut par- ler que par la bouche de fes Docteurs, formera-t-elle le complot de s'attribuer des prérogatives qui ne lui appartiennent point? La dépofition de l'Eglife eft tout au-moins humainement infaillible fur les privileges qu'elle dit tenir de Jefus-Chrift: car avant d'être convaincu que l'Eglife eft revêtue du don furnaturel de l'infaillibilité, on ne peut lui refufer une infaillibilité hu- maine, quand elle dépofe fur certains faits qui ne peuvent lui être inconnus; par exemple, Jéfus-Chrift a vécu en Judée, eft mort à Jérufalem, eft reffufcité des

morts, a donné aux Apôtres le pouvoir
de faire des miracles, les Apôtres ont fondé les Eglises Chrétiennes, leur ont donné les Livres Canoniques comme inspirés
du Saint Esprit, & bien d'autres faits également incontestables. Or, je demande si
on peut former des doutes plus raisonna-
bles sur ces autres questions ? L'Eglise fait-elle
un mensonge en prétendant être fidele gar-
dienne des vérités révélées, d'être Mere
de tous les enfants de Jesus-Christ, d'être
cette Communion Chrétienne dont parlent
tous les Symboles, &c ?

Le *Vicaire Savoyard* voudroit qu'on fît
dire à l'Eglise cette ineptie : Je suis infaillible parce que je l'ai décidé : mais rien n'est
au fonds plus respectable que l'Eglise quand
elle dit : Le Christianisme est le grand Ouvrage de Dieu ; c'est son Ouvrage, qui
doit durer à jamais ; on l'attaquera sans l'é-
branler. Il ne se perdra aucune ouaille de
la bergerie de Jesus-Christ ; je suis cette
bergerie, je suis cette Eglise, qu'il a acquise par son Sang. Elle est une, & c'est
moi qui la suis. Les prérogatives que lui
attribuent les Livres sacrés m'appartiennent, & ne sauroient m'être ravies. On
porte témoignage contre soi-même, par
cela seul qu'on me les conteste. Il faut se
séparer de moi pour me les disputer ; & si

N ij

l'on s'en fépare, on eft convaincu de ne'n pouvoir fe les approprier. Je tiens de mon'e Fondateur l'autorité que j'exerce, & qu'on'e ne peut méprifer fans méprifer celui qui en'e eft la fource. Parler ainfi, raifonner ainfi, i ce n'eft point faire un cercle vicieux, mais' expofer le plan de la Providence, & le'e fyftême même de Dieu fur fon Eglife.

Les preuves qu'on allegue pour établir'e fon autorité, fon infaillibilité, fon indé-'e fectibilité, fa perpétuité, ne font que le'e developpement de ce fyftême. Or, ces'e preuves font puifées dans l'Ecriture, dans'e l'Hiftoire même de l'Eglife & dans la rai-'e fon. L'Ecriture nous apprend les prérogati-'e ves furnaturelles dont Dieu favorife l'Egli-'e fe ; & quand l'Eglife cite les textes des Li-'e vres facrés qui en parlent, elle agit com-'e me feroit un Tribunal féculier qui juftifie-'e roit fes prérogatives, en produifant la Char-'e tre primordiale de fon érection. Quand l'Eglife cite les textes des Livres Saints qui font garants de fon autorité, c'eft comme fi elle difoit : Voilà le fondement de mes droits, voilà les titres de mes prérogati-'e ves, dont on ne peut, ni dont je ne puis'e me dépouiller. Mais, s'il le faut, en citant ces textes, je veux bien faire précifion de mes droits & de mes privileges. Je les mets à l'écart pour faire valoir ces textes com-

mie n'étant ſuſceptibles d'aucune autre interprétation raiſonnable que de celle des
Catholiques ; rien ne peut être plus judicieux & plus ſenſé. Les faſtes de l'Egliſe
ſont une atteſtation perpétuelle qu'elle s'eſt
toujours crue revêtue de l'antorité de Jeſus-
Chriſt pour gouverner la conſcience de
ſes enfants , & pour leur enſeigner ce qu'ils
doivent croire. Les Ecrivains de tous les âges
ont tenu un langage conforme à cette perſuaſion. Enfin , la raiſon ne ſauroit dire
plus fortement qu'elle fait , combien il étoit
néceſſaire que Dieu ne refuſât pas à ſon
Egliſe le ſecours de ſon Eſprit Saint pour
la conduire.

Les Proteſtants nous reprochent , que
d'une convenance nous faiſons une néceſſité ; & qu'au lieu de dire que Dieu eût fait
une grande miſéricorde aux hommes de
leur donner pour conductrice une Egliſe
infaillible, nous aſſurons que Dieu leur a
dû cette faveur , & qu'il eût agi contre ſes
perfections, de la leur refuſer. Non, les beſoins de l'homme ne ſont pas toujours la
regle des bienfaits de Dieu. Quelquefois
ſes dons ne ſont pas proportionnés à nos
intérêts. Le Baptême eſt abſolument néceſſaire pour le ſalut : une infinité d'enfants
meurent néanmoins ſans avoir pû le recevoir ; de même, la connoiſſance de la ré-

vélation eſt abſolument néceſſaire aux adultes. Beaucoup d'Infideles n'ont cependant
aucun moyen pour parvenir à cette connoiſſance. Ce n'eſt donc pas une conſéquence néceſſaire, que Dieu ait dû accorder à l'Egliſe le don ſurnaturel de l'infaillibilité, de ce que ce don lui eſt d'une extrême utilité ; & ſi l'on veut même, d'une
néceſſité preſque abſolue. Ce ne ſeroit point
une injuſtice en Dieu de n'avoir point fa-
voriſé l'Egliſe de ce don. En l'accordant,
c'eſt une grace que Dieu fait, & non pas
une dette qu'il acquitte.

Mais ce don eſt ſi conforme à la bonté
de Dieu & à ſon amour pour l'Egliſe, que
tout porte à croire qu'il a voulu qu'elle fût
infaillible. Convient-il en effet au Temple
éternel que Dieu veut élever à ſa gloire,
qu'il entre des Dogmes erronés dans ſa
conſtruction ? L'Egliſe nous étant repréſen-
tée comme une Epouſe que Jeſus-Chriſt a
rendue digne de ſa complaiſance, en la
purifiant dans ſon Sang, a-t-il pu ſouffrir
que ſa beauté fût ternie par des erreurs
érigées en Dogmes ? Dieu ne veut point
que ſes enfants ſoient emportés par tout
vent de doctrine, qu'ils ſoient entraînés
dans les pieges du menſonge. Il faut donc
qu'il leur donne un guide qui ne ſoit pas capable de les y conduire par ſes enſeignements,

Ce ne sont-là , dira-t-on dédaigneusement , que des convenances qui ne prouvent rien en rigueur. Mais qu'on veuille
l'obferver : la raifon ne peut pas aller plus
loin fur une vérité dont on ne peut être
certain que par la révélation. On demande fi Dieu a favorifé l'Eglife Chrétienne
d'une prérogative furnaturelle ? On interroge là-deffus la raifon : & l'on vient d'entendre fa réponfe. On trouve cette réponfe
conforme à celle que fait l'Hiftoire de l'E-
glife , à celle que font les oracles facrés
de l'Ecriture. N'eft-il pas contre le bon fens
d'exiger quelque chofe de plus ?

Mais le befoin prétendu du don furnaturel de l'infaillibilité , nous diront bien de
Proteftants modernes , ce befoin prétendu
fuppofe un principe dont nous ne tombons
pas d'accord; c'eft que des erreurs qu'on
prend pour des vérités, donnent quelque
atteinte à l'intégrité de la Foi , néceffaire
pour être dans la voie du falut. Je le fuppofe en effet , à moins que ces erreurs
ne fuffent produites par une ignorance véritablement invincible , que ce ne fuffent
des erreurs purement matérielles & innocentes devant Dieu. Juftifier les erreurs
que l'Eglife a condamnées, c'eft revenir
au fyftême de Jurieu , qui compofe l'Eglife de toutes les Sectes du Chriftianifme.

Si les erreurs de ces Sectes n'empêchent
point qu'on ne soit enfant de l'Eglise de
Jesus-Christ, il ne faut compter pour rien
tous les anciens Symboles, ni la doctrine
de tous les âges du Christianisme. C'est à
l'une des Communions Chrétiennes, exclusivement à toutes les autres, qu'appartient
le titre d'Eglise, & la prérogative de l'infaillibilité, supposé que Jesus-Christ l'ait
donnée à l'Eglise, comme nous venons de
le prouver, & comme nous le montrerions
avec beaucoup plus d'étendue, si nous ne
craignions de perdre trop long-temps de
vue les objections du *Vicaire Savoyard*.

Concluons cependant qu'il faut n'avoir
ni amour de la vérité, ni pudeur, pour
avancer qu'on a besoin d'un aussi grand appareil de preuves pour établir l'autorité
de l'Eglise, que pour établir directement la
doctrine des Sectes séparées de la Communion Catholique. On peut sentir, par ce
que nous venons de dire, si c'est une question bien épineuse de montrer que Jesus-
Christ a donné à son Eglise l'autorité de
gouverner la conscience de ses enfants,
ou ce qui est équivalent, s'il lui a donné
la prérogative de l'infaillibilité. La seconde
question est encore plus facile à décider.
Elle se réduit à savoir à laquelle des
Communions Chrétiennes peut appartenir

la qualité d'Egliſe de Jeſus-Chriſt : ce qui revient à demander ſi entre toutes les Communions Chrétiennes, il n'y en a point une à qui ce titre ait autrefois appartenu, & ſi elle l'a perdu. Mais il paroît également abſurde de dire qu'elle l'a perdu volontairement, ou malgré elle. Si Saint Paul parlant & en ſon propre nom, & au nom de tous les Elus de Dieu, a pu dire : Je ſuis certain que ni la mort, ni la vie, ni les choſes préſentes, ni les futures, &c, ne me ſépareront de la charité de Jeſus-Chriſt, l'Egliſe n'a-t-elle pas autant de droit d'aſſurer que rien ne la ſéparera de la vérité de Jeſus-Chriſt ?

Il n'eſt point d'époque où l'on ne parle contre toutes les apparences, je dois dire contre l'évidence même, ſi l'on oſe dire qu'alors l'Egliſe abjura pluſieurs vérités, ou même une ſeule vérité, qui faiſoit partie de ſon dépôt : alors le Corps des Paſteurs, ou une partie d'entre eux changea ſa foi & ſon enſeignement. Il y a plutôt une entiere certitude que tous les jours, ſans exception d'un ſeul, on n'a rien voulu enſeigner de contraire à la doctrine ancienne & univerſelle : volonté ſi connue, qu'il eſt impoſſible d'en douter ; & ſi ſincere, qu'il eſt impoſſible que Dieu ait fait divorce avec une Egliſe, qui n'avoit pas

N v

de plus grand défir que de conferver les
vérités qui lui ont été confiées. L'Hiftoire
de l'Eglife attefte que tels ont toujours été
les fentiments de fes Pafteurs. On a un
inftinct de vénération pour les Pafteurs des
premiers âges de l'Eglife, qui ne permet
pas de fufpecter leur zele contre toutes les
innovations en fait de doctrine. On ne doit
pas juger d'une autre maniere de ceux des
derniers temps. Mais quand ils auroient eu
la volonté de faire des innovations, il n'é-
toit plus temps. La Tradition de l'Eglife
& fon enfeignement, mettent d'invincibles
obftacles aux fuccès de toutes les nouveau-
rés dans la Foi de l'Eglife, & nous feroient
conclure, quand nous n'en aurions pas tant
d'autres motifs, que fi la Communion Catholique du quatrieme & du cinquieme fiecles étoit l'Eglife de Jefus-Chrift, la Communion Catholique du dix-huitieme n'a perdu, ni pu perdre cette prérogative.

Or, comme il ne faut ni longues, ni
épineufes difcuffions pour fe convaincre
de ce que je viens d'indiquer, il n'eft pas
fupportable de dire qu'il faut un auffi
grand appareil de preuves pour établir l'autorité de l'Eglife, que pour établir directement les Dogmes qui forment
le corps de doctrine des Sectaires féparés
de l'Eglife Catholique. Il eft manifefte

qu'ils font obligés à la difcuffion des preuves que nous alléguons pour prouver l'autorité de l'Eglife. C'eft au hazard qu'ils rejetent ces preuves fans les connoître & fans
en avoir fait la difcuffion. Ils doivent encore entrer dans la difcuffion des Dogmes
qui font propres à leur Secte, & dans la
difcuffion des objections qu'on oppofe à
ces Dogmes. Enfin, s'ils ne démentent
leurs propres principes, ils doivent faire
l'examen de tous les articles de leur doctrine, tant de ceux qui leur font propres,
que des articles qui leur font communs
avec d'autres Sectes Chrétiennes. L'examen de toutes les controverfes anciennes
& modernes eft donc une tâche qui ne
paroît pas plus difficile à remplir au *Vicai-*
re Savoyard, que la feule controverfe fur
l'autorité de l'Eglife, c'eft-à-dire, qu'un
vaut plus que cent.

N vj

SECTION SEIZIEME.

On ne peut rien conclure contre le Chriſtianiſme, de ce que quelques Infideles ne l'ont point aſſez connu, pour être obligés de l'embraſſer. Mais ils doivent être ébranlés quand ils entendent des Miſſionnaires qu'on ne peut ſoupçonner de prêcher l'Evangile par des vues humaines. Nous ne prétendons point que les Infideles embraſſent l'Evangile ſans des motifs raiſonnables. Dieu, maître de ſes faveurs, a pu faire connoître ſa révélation à certains Peuples plutôt qu'à d'autres. Ce n'eſt ni par la Tradition orale, ni chez des Nations qui ne cultivent point les Lettres, qu'on peut apprendre les évenements d'une Antiquité bien reculée. C'eſt par le Nouveau Teſtament ſeul qu'on peut être inſtruit avec certitude, de l'Hiſtoire de la naiſſance du Chriſtianiſme. Il eſt ridicule de vouloir l'apprendre chez ſes ennemis.

INterdisons-nous une prolixité superflue
sur bien de choses que le *Vicaire Savoyard*
nous étale en cet endroit : car que s'en-
suit-il de ce que peu d'entre les Chrétiens
ont examiné ce que les Juifs peuvent dire
pour la défense de leur Religion , & de
ce que le commun d'entre nous Chrétiens
ne connoît gueres leurs raisons que pour
les avoir lues dans des Livres composés
par des Chrétiens ? Que suit-il de ce que
les Juifs dans un état d'oppression, n'osent
écrire des Ouvrages dans ce stile de confiance, qui ne convient qu'aux Religions
dominantes; de ce que leur foiblesse &
leur misere les rendent plus timides & plus
circonspects ? Que suit-il de ce que les
Turcs de Constantinople y disent leurs raisons , & que les Chrétiens n'osent pas y
dire les leurs. Si les Juifs & les Turcs ne
sont pas les maîtres par-tout, ils sont en
liberté dans beaucoup de pays , & ils ont
toute sorte de facilité de faire imprimer des
Livres pour la défense du Judaïsme. Si ces
ennemis de notre Foi avoient de solides
raisons à faire valoir, mille Ecrivains ,
esprits forts de profession, qui ne se ca-
chent point de leur haine pour le Christianisme, se feroient fête de devenir Auteurs pour être Apologistes du Mahomé-

tifme & du Judaïfme : mais que pourroient-ils dire ? Quelque tour qu'on donne
à un fophifme, on n'en fera jamais une
bonne raifon. Des preuves folides font
moins d'impreffion, parce qu'elles font
mal déduites, prononcées de mauvaife
grace, mêlées de réflexions hazardées. Mais
un efprit judicieux faura démêler la bonté de la caufe, malgré les défauts de l'Orateur. Avec les plus beaux difcours, on ne
prouvera point que le Judaïfme étoit une
Religion faite pour toutes les Nations de
la terre, & qu'il ne devoit pas faire place
à un autre culte; on n'anéantira jamais les
arguments qui démontrent que la Religion des Juifs n'étoit qu'une préparation à
celle de Jefus-Chrift.

Il y a de même dans le Mahométifme un
vice inhérent, un défaut irréparable, c'eft
de manquer de preuves. On ne peut effacer de l'Alcoran, que Mahomet ne prétendoit point faire des miracles. Ses grandes
raifons pour établir fa Miffion, étoit fon
propre témoignage, l'éloquence de fon
Alcoran, fes fuccès, &c. (*a*) L'ignorance d'une infinité de Chrétiens pour combattre le Judaïfme, fera encore plus gran-

_____

(*a*) Voyez ci-deffus une Note de la Section douze;
où il eft parlé des miracles de Mahomet.

de qu'on ne voudra le ſuppoſer ; l'entêtement des Juifs , & le Fanatiſme des Muſulmans , ſeront à leur comble ; voilà de
quoi gémir ſur les miſeres de l'humanité ,
& c'eſt tout. Au ſurplus , les perſonnes
qui parmi nous ont les lumieres les plus
communes , ſont capables de ſe convaincre
que le Judaïſme a été remplacé par le culte chrétien , & que le Mahométiſme a dû
ſes rapides ſuccès au Fanatiſme d'une part ,
& de l'autre , à une extrême ignorance.
Sans de longs voyages , ſans de profondes
recherches , ſans conférer avec des Muſulmans , j'en ſuis auſſi convaincu , qu'on
puiſſe l'être.

Mais , nous dit le *Vicaire Savoyard* , il y
a une infinité de gens qui n'entendirent jamais parler de l'Evangile. Nous le ſavons ,
& il ne faudroit pas diſſimuler auſſi , que ,
ſuivant tous les Docteurs Orthodoxes , nul
ne ſera puni à cauſe de ſon ignorance de
l'Evangile , ſi cette ignorance eſt invincible. Nous l'avons dit plus d'une fois , &
nous ajoûtons pour réplique à ce que dit
le *Vicaire Savoyard* dans les pages ſuivantes , qu'on peut ſans en être coupable , n'a-
voir entendu parler des Prédicateurs de
l'Evangile , que comme de gens qui ne
méritoient aucune croyance ; on n'eſt point
reſponſable des jugements dans leſquels on

n'a point eu d'influence, non plus que des impreffions qu'on a reçues involontairement & fans y avoir contribué par fa faute. Il y a peut-être des Infideles à qui on avoit fait de fi faux rapports, & donné de fi étranges idées des Apôtres, qu'ils n'ont pu les regarder que comme des gens indignes qu'on écoutât leur doctrine, & qu'on en prît aucune connoiffance ; tout comme on peut faire cent autres fuppofitions contraires, dans lefquelles on auroit été très-coupable de n'avoir pas eu le plus grand empreffement d'examiner quelle étoit cette doctrine, & quels étoient ceux qui l'annonçoient.

Quand, par exemple, des Miffionnaires qui auront tout l'extérieur d'être des gens de bien, menant une vie fainte, ne paroiffant conduits que par le zele de la gloire de Dieu, qu'on ne pourra foupçonner d'avoir d'autre motif, que de retirer les Idolâtres de leur aveuglement ; quand de tels Prédicateurs de l'Evangile viendront le prêcher dans des régions où il eft encore inconnu, il n'eft pas poffible qu'ils ne réveillent la curiofité des habitants, qu'ils ne fe concilient l'attention des Infideles, qu'ils ne gagnent même en partie, la confiance de ceux qui les connoîtront de plus près. Ils diront tant de belles chofes fur

l'exiſtence & les perfections de Dieu, ſur
ſa providence, ſur la création de l'Univers,
ſur les devoirs qu'impoſe la loi naturelle,
ſur les récompenſes de la vertu, que les
gens ſenſés ne ſauroient refuſer leurs ſuf-
frages à ces premieres inſtructions. Si ces
Infideles n'ajoûtent pas une entiere croyance aux myſteres qu'on leur propoſera en-
ſuite, ils ſeront cependant ébranlés : ils diront peut-être dans leur cœur, ce que le Roi
Agrippa diſoit à Saint Paul : Il s'en manque (*b*) peu que vous ne me perſuadiez
de me faire Chrétien ; ou ils ſeront dans la
diſpoſition de ces Aréopagites, qui, après
avoir entendu (*c*) S. Paul, conclurent ſeulement qu'ils ne devoient rien décider dans un
premier entretien, mais examiner de nouveau les mêmes queſtions. Quand juſqu'a-
lors ces Aréopagites auroient été dans une
ignorance excuſable des vérités révélées,
ils n'y furent plus après le Diſcours de
Saint Paul. On doit porter à peu près le
même jugement des Païens qui vivoient au
temps des perſécutions. Remplis de préjugés contre les Chrétiens, qu'on leur avoit
peints des plus noires couleurs, ils ne pouvoient qu'en haïr la Religion. Nos Apo-

(*b*) *Actorum cap. 26. v. 28.*
(*c*) *Actorum cap. 17. v. 33.*

logiftes nous apprennent comment ils paf-
foient à des fentiments tout contraires.
Lors, nous difent-ils, que les Idolâtres
font témoins des affreux fupplices qu'on
fait fouffrir aux Chrétiens, & de leur (*d*)
divine patience dans ces fupplices, ils en
font dans l'étonnement ; ils veulent favoir
quel peut être ce grand bien que les Chrétiens préférent à tout, qu'ils s'obftinent à
conferver, aux dépens des plus cruelles fouffrances & de leur vie. Enfin, cette curiofité leur fait découvrir des vérités qui font
le principe de leur converfion.

On doit fuppofer un femblable progrès
d'idées & de refléxions dans l'efprit des Infideles, à qui des Prédicateurs de l'Evangile viennent l'annoncer. Ces Infideles ne
fauroient ne pas imaginer qu'un motif infiniment preffant fait agir des hommes, qui,
pour planter la Foi dans des Contrées Idolâtres, font d'auffi grands & d'auffi pénibles facrifices. Car, quoi de plus rebu-
tant que de fe condamner à des occupations qui réuniffent toutes fortes de défa-
gréments, à la perte de fon repos, à
d'extrêmes dangers, à des travaux immen-

(*d*) Voyez un paffage de Lactance, tiré du Liv. 5.
c. 22. cité au Tom. 5 de la *Religion naturelle & de la
révélée*, &c. pag. 21 & fuivantes.

ses ? Quelle effrayante peinture n'offre pas
la vie d'un Missionnaire dans les Régions
infideles ? Des voyages accablants , les ri-
gueurs des saisons , la compagnie des Peuples sauvages , une nourriture grossiere ,
que la faim même ne peut rendre agréable ,
ne sont qu'une partie de ce qu'il a à souf-
frir : plus pour lui de plaisirs , plus de
tranquillité , plus de consolations humaines. Des Infideles qui voyent que ce Missionnaire ne peut attendre aucune récompense temporelle d'un tel genre de vie , seront-ils assez stupides pour ne pas comprendre que des ressorts qui se rapportent à
l'autre vie , meuvent ce Prédicateur de
l'Evangile ? Et n'est-ce pas un grand préjugé de la vérité de cet Evangile , qu'une
persuasion capable d'opérer des choses si difficiles ? Ces refléxions mettent un Infidele
dans l'obligation d'examiner les preuves de
cette doctrine nouvelle , & fortifient les
soupçons contre un culte qu'on ne voit
d'ailleurs appuyé que sur des préjugés d'é-
ducation.

J'insiste sur ces soupçons & sur la nécessité de les approfondir. Ce devoir est
incontestable , & il nous suffit que les Infideles le sentent. Nous ne prétendons pas
que d'abord ils aillent plus loin : l'illusion
que se fait le *Vicaire Savoyard* en raisonnant

comme fi nous voulions que les Infideles
adoptaffent fur le champ la doctrine & les
myfteres du Chriftianifme, eft pitoyable.
Des inconnus, qui en annonçant un nouveau culte, exigeroient qu'on les en crût
fur leur parole, ne mériteroient pas d'être
écoutés. Ainfi, lorfque des Prédicateurs de
l'Evangile, parlant à des Infideles qui n'y
font point préparés, débuteront par leur
propofer des myfteres qui paroiffent heur-
ter de front les principes de la raifon naturelle, ils ne devront point s'attendre à
une autre réponfe qu'à celle que le *Vicaire
Savoyard* prête. à ces mêmes Infideles,
qu'on auroit prêché d'une façon fi propre
à les rebuter. » Voilà, leur fait-il dire,
» des chofes bien (*e*) étranges pour les
» croire fi vite, fur la feule autorité d'un
» homme que je ne connois pas. » Mais
une réponfe fi fenfée n'eft qu'un artifice,
pour avoir un prétexte apparent de faire
parler ces Infideles contre nos myfteres.
Voici en effet comme le *Vicaire Savoyard*
exhale fa malignité fous une efpece de mafque étranger.

» Pourquoi votre Dieu a-t-il fait arriver
» fi loin de moi (*f*) les évenements dont

(*e*) *Emile*, Tom. 3. pag. 157.
(*f*) *Ibidem*.

» il vouloit m'obliger d'être inſtruit ? Eſt-
» ce un crime d'ignorer ce qui ſe paſſe
» aux Antipodes ? Puis-je deviner qu'il y
» a eu dans un autre hémiſphere un Peu-
» ple Hébreu , & une Ville de Jéruſalem ?
» Autant vaudroit - il m'obliger de ſavoir
» ce qui ſe fait dans la Lune. Vous venez,
» dites-vous , me l'apprendre ; mais pour-
» quoi n'êtes-vous pas venu l'apprendre à
» mon pere , ou pourquoi damnez-vous ce
» bon Vieillard , pour n'en avoir rien ſu ?
» Doit-il être éternellement puni de votre
» pareſſe , lui qui étoit ſi bon , ſi bien-
» faiſant , & qui ne cherchoit que la vé-
» rité ? Soyez de bonne foi : puis mettez-
» vous à ma place. Voyez ſi je dois , ſur
» votre ſeul témoignage , croire toutes les
» choſes incroyables que vous me dites ,
» & concilier tant d'injuſtices avec le Dieu
» juſte que vous m'annoncez ? »

Mais à quels Théologiens l'*Auteur d'E-*
mile oſe-t-il imputer de damner les Infideles , parce qu'ils n'ont point connu ce qui
leur étoit impoſſible de connoître ? Si l'on
tire légitimement cette conſéquence de
quelque opinion Théologique , nous n'a-
vons garde de l'approuver , & nous ſou-
tenons qu'une telle conſéquence ne s'en-
ſuit point des articles de croyance canoni-
ſés par l'Egliſe. Elle a décidé que ces Infi-

deles font exclus du Ciel ; & nous ne dé-
favouons pas que cette exclufion ne foit
une réprobation, une damnation. Mais
cette doctrine n'attribue rien d'injufte au
Dieu de bonté. Si ces Infideles fubiffent
une autre damnation, fur-ajoûtée à l'exclufion du Ciel, elle eft la fuite de leurs
démérites, & ils ne peuvent l'imputer qu'à
eux-mêmes. L'Eglife n'a prononcé ni que
cette damnation fur-ajoûtée à l'exclufion du
Ciel, fût le fupplice d'un feu matériel, ni
aucune peine qu'on puiffe qualifier d'injufte. Le degré de la peine qu'ils fouffrent à
caufe de la perte du Ciel, qui ne leur
étoit dû par aucun titre, nous eft inconnu. Dieu n'a point été obligé de les en
exempter. Ainfi, l'*Auteur d'Emile* défigure
le Dogme Chrétien pour le rendre odieux.

Je ne dois point me laffer de le répéter.
On n'eft point condamnable de ne point
croire à l'Evangile, lorfqu'il n'eft pas
encore raifonnable d'y croire. Quand
l'*Auteur d'Emile* fera reparoître fa difficulté
fous cent tours différents, notre réponfe
devra toujours être la même. Il calomnie
la faine Théologie, qui ne fait un crime à
perfonne de ne pas embraffer la Foi Chrétienne, avant d'en avoir des motifs légitimes. Les gens de bien font quelquefois
peints avec de telles couleurs, qu'on ne

feroit pas excuſable d'en juger avantageu-
ſement. Mais des ſpéculations ſur des cas
métaphyſiques ſont à pure perte ; par certains concours de circonſtances, des Infideles peuvent mourir ſans être coupables
aux yeux de Dieu, quoiqu'ils ayent beaucoup entendu parler des Chrétiens qui
vivent à une grande diſtance de leurs pays.
Le bon ſens ne leur diſoit point de ſe faire
Néophytes du Chriſtianiſme, ſur le témoignage du premier venu.

Les miſéricordes de Dieu étant toutes
gratuites, il peut ſans injuſtice, les répandre par-tout où il veut ; & il ne doit compte
à perſonne pourquoi il en fait plutôt, ou
pourquoi il en fait une plus abondante
part à une Nation qu'à une autre. Il ne
peut y avoir de légitime fondement dans
les plaintes faites par le *Vicaire Savoyard*,
au nom des Infideles placés dans l'hémiſphere oppoſé à celui où les myſteres de la
Rédemption ont été opérés. Suppoſé que
Dieu eût dû prévenir les murmures des
Américains ſur ce qu'ils ont été invités ſi
tard d'entrer dans le Bercail du Sauveur,
& qu'en conſéquence la Paleſtine n'eût pas
dû être le théâtre de ces myſteres, les habitants de l'ancien monde ſe trouveroient
à peu près dans la même ſituation où ſont
aujourd'hui ceux du nouveau, & ſeroient

en droit d'accufer le Ciel, d'être les derniers appellés au Royaume de Dieu. Un
conflit de plaintes & de prétentions inconciliables, ne peut être jufte des deux
côtés. Tous les raifonnements du monde
ne prouveront jamais que Dieu n'eft pas
maître de fes faveurs.

Le *Vicaire Savoyard* nous a débité bien
de paradoxes ; il femble cependant renche-
rir fur lui-même, en fuppofant que les habitants de la Paleftine doivent être mieux
inftruits que nous, de ce qui fe paffoit dans
leur pays, il y a dix-fept ou dix-huit fiecles, comme fi la Tradition orale pouvoit nous attefter des évenements fi anciens, & que nous n'euffions pas entre les
mains les Ouvrages qui furent compofés
alors, & qui font les feuls monuments où
nous puiffions en puifer la connoiffance.
Eft-ce aux modernes habitants de la Grece
qu'il faut demander l'Hiftoire de l'invafion
des Perfes, de la guerre du Péloppponefe,
de l'élévation du Royaume de Macédoine.
La Tradition orale encore un coup, a-t-elle
pu conferver le moindre veftige de ces
grands évenements ? Que nous apprend-elle
fur les anciens Druides dont nous habitons
les Contrées ? A peu près rien. Nous avons
des Ouvrages modernes fur la Religion des
Gaulois, fur l'Hiftoire des Celtes. Qu'on
ouvre

ouvre ces Ouvrages, & qu'on y marque ce
que leurs Auteurs ont pris de la Tradition.
J'ose assurer qu'on n'y en trouveroit pas une
ligne ; tout y est copié des Auteurs anciens,
excepté peut - être quelques conjectures
qu'on eût mieux fait de ne point hazarder.

Selon le *Vicaire Savovard*, si ce que nous
croyons de Jesus-Christ étoit véritable,
ceux qui habitent aujourd'hui la Palestine
pourroient en rendre témoignage. Mais sur
quoi pourroit rouler ce témoignage, &
quel pourroit en être le fondement ? Car
il est manifeste qu'on parle des habitants
de la Palestine qui ne sont pas Chrétiens.
S'ils déposoient des choses avantageuses à
Jesus-Christ & au Christianisme, on devroit penser qu'ils les avoient apprises des
Chrétiens qui se trouvent mêlés parmi eux :
si elles étoient désavantageuses à Jesus-Christ
& au Christianisme, les pourroit-on attribuer qu'à leur haine & aux préjugés de
leur éducation ? Des Turcs, questionnés sur
Jesus-Christ & sur le culte chrétien, di-
roient ce qu'on en trouve dans l'Alcoran.
Mais devroit-on faire attention à ce que dé-
biteroient les ennemis du Christianisme,
plutôt qu'à ce qu'on en lit dans les Evangiles ? L'idée qu'on a toujours eue du Nouveau Testament parmi les Chrétiens, forme
la plus parfaite conviction, que jamais Li-

O

vre ne fut auffi digne d'être cru fur ce qu'il
raconte. Il fut compofé par des Auteurs
contemporains, lorfqu'une infinité de témoins des évenements étoient pleins de
vie. Il fut reçu avec un refpect infini par
les premiers Chrétiens; il contient quatre
Rélations de la Vie & de la Mort du Sauveur, qui fans avoir été concertées, ne laiffent pas de s'accorder. Il a été confervé
comme un dépôt qu'on ne pouvoit altérer
fans crime. Des copies en ont été auffi-tôt
répandues partout. Ceux qui ne pouvoient
le lire dans la langue des Ecrivains facrés,
en ont eu inceffamment des verfions. On
l'a toujours lu dans les affemblées des
Chrétiens, toujours regardé comme un
Livre d'une autorité égale à celle des Livres de l'Ancien Teftament. S'il a donc
pu fe gliffer quelques altérations dans le
texte du Nouveau Teftament, par l'inatten-
tion des copiftes, elles ne peuvent être de
quelque conféquence; tout l'Univers Chrétien rendoit l'altération impoffible.

Ajoutons, & ceci vient encore plus directement au but de notre Ouvrage: quel
motif eût-on pu avoir pour altérer le Nouveau Teftament? On n'en imagine point
d'autre qui puiffe tavorifer la caufe des Incredules, que celui de faire paffer Jefus-
Chrift & les Apôtres, pour des perfonnages

à miracles, quoiqu'ils ne le fuffent pas, entreprife parfaitement ridicule. Perfuader aux premiers Sectateurs de l'Evangile que Jefus-Chrift & les Apôtres, avoient opéré les prodiges dont ils les croyoient Auteurs, & qui font écrits dans le Nouveau Tefta- ment ; perfuader, je le répete, aux Corin- thiens, aux Romains, &c. qu'ils avoient embraffé la Foi parce qu'ils avoient été té- moins des miracles dont parle Saint Paul dans fes Epitres, comme de ce qui avoit été la caufe de leur converfion, fans que ces prodiges & ces miracles fuffent réels & effectifs ; on l'a démontré ; c'eft une im- poffibilité abfolue. Les principaux faits de l'Hiftoire de l'établiffement du Chriftiani- me font donc inconteftables ; on ne peut former des doutes fur la véracité des Au- teurs des Livres du Nouveau Teftament : car les principaux miracles qui ont com- me donné l'exiftence au Chriftianifme, étant certains, les Auteurs du Nouveau Teftament n'ont point eu des motifs pour défigurer leur Hiftoire par des fauffetés ; ils ont eu au contraire les motifs les plus puiffants d'être véridiques ; le culte chrétien n'eft que vérité, n'a be- foin que de vérité ; il eft l'implacable en- nemi de la fraude & du menfonge. La Re- ligion Chrétienne ayant pour appui des

O ij

prodiges furnaturels, le Nouveau Testament eft le plus vrai de tous les Livres,
fes Auteurs auroient été des infenfés
d'y avoir femé des impoftures gratuites.
Où feroit donc le bon fens de fe tranfporter en Paleftine pour y faire des recherches fur ce qui s'y paffa au temps de
Jefus-Chrift ? Les habitants de la Contrée
ne pourroient en rien dire, à moins qu'ils
ne parlaffent en qualité de Chrétiens, &
en conféquence de leur éducation chrétienne. Or, avec le Nouveau Teftament,
dans quelque coin de l'Univers que nous
foyons confinés, nous connoiffons tout
ce qu'on peut favoir, & tout ce qu'il
importe de favoir de Jefus-Chrift.

SECTION DIX-SEPTIEME.

Contradiction entre l'éloge de Jeſus-Chriſt & des Evangéliſtes, que l'Auteur d'Emile met dans la bouche du Vicaire Savoyard, & l'idée du même Vicaire que tous les Infideles ſe tranſportent en Paleſtine pour s'y aſſurer de ce que racontent les Evangéliſtes. Cauſe de cette contradiction. Autre paradoxe du Vicaire Savoyard qui voudroit que tout le monde examinât tous les cultes religieux. Les Eleves de la véritable Religion n'y ſont point obligés. Si les Miſſionnaires connoiſſoient des Infideles déſireux de ſe faire inſtruire, ils ne manqueroient pas de voler à leur ſecours. Les Enfants Chrétiens doivent, autant qu'ils en ſont capables, connoître les motifs qui juſtifient leur attachement au Chriſtianiſme. Certitude des conſéquences néceſſaires des Dogmes définis. Des ſuppoſitions qu'il faut faire pour défendre certaines opinions

O iij

Un Ecrivain qui veut mettre dans ſon
Ouvrage des choſes qui lui paroiſſent trop
choquantes , introduit un perſonnage
étranger, pour dire ſous ce maſque, ce
qu'il n'oſeroit débiter comme parlant lui-
même. Mais c'eſt un artifice uſé, & qui
ne ſauroit plus tromper perſonne. *Mr.*
Rouſſeau ne laiſſe pas de s'en ſervir. Ce
n'eſt pas ſous ſon nom, c'eſt ſous le nom
d'un *Vicaire Savoyard* , qu'il propoſe contre le Chriſtianiſme, les objections que nous
avons juſques ici réfutées ; & c'eſt encore
en ſuivant la même méthode, qu'il va faire parler un Infidele, qu'il ſuppoſe qu'on
commence d'inſtruire de la Foi Chrétienne.

» Ne voyez-vous pas qu'avant que j'ajou-
» te foi à ce Livre, que vous appellez
» ſacré (le Nouveau Teſtament), & auquel
» je ne comprends rien , je dois ſavoir
» par d'autres que vous , quand & par qui
» il a été fait , comment il s'eſt conſervé ,
» comment il vous eſt parvenu, ce que
» diſent dans le pays pour leurs raiſons,
» ceux qui le rejetent, quoiqu'ils ſachent
» auſſi bien que vous, tout ce que vous
» m'apprenez. Vous ſentez bien qu'il faut

» néceſſairement que j'aille en Europe , en
» Aſie , en Paleſtine , examiner tout par
» moi-même. Il faudroit que je fuſſe fou,
» pour vous écouter avant ce temps-là. »

La premiere refléxion que ce paſſage
fait naître , c'eſt comment le même Auteur
a pu écrire , cinq pages plus bas , le célebre
endroit où il fait ſi dignement ſentir , &
combien le perſonnage de Jeſus-Chriſt , tel
que les Evangéliſtes le repréſentent dans le
Nouveau Teſtament , eſt au-deſſus de la
Philoſophie humaine , & combien il eſt inconcevable qu'un Livre fabriqué à plaiſir ,
ait des caracteres de vérité ſi grands , ſi
frappants , ſi parfaitement inimitables , que
l'inventeur en ſeroit plus étonnant que le
Héros. Une main étrangere n'auroit-elle
point fait gliſſer dans l'*Emile de Rouſſeau* un
texte qui s'accorde ſi mal avec le reſte du
diſcours du *Vicaire Savoyard* ? Mais il eſt
inoui , que du vivant d'un Auteur , on
faſſe à ſes Ouvrages de pareilles additions;
& l'on eſt certain , à l'égard de ce paſſage
en particulier , que *Mr. Rouſſeau* le reconnoît pour une production de ſa plume , qu'il
ſeroit même tâché qu'on lui ravît la gloire
de l'avoir écrit. Sa Lettre à M. l'Archevêque de Paris en eſt une preuve certaine. (*a*)

_____

(*a*) Voyez la Lettre de *M. Rouſſeau* à M. l'Archevêque de Paris , page 86.

Le *Vicaire Savoyard* prétend ici, qu'avant d'ajouter foi au Nouveau Testament, l'Infidele doit savoir par d'autres que par ses Prédicateurs, qui a fait ce Livre, comment il s'est conservé & nous est parvenu; qu'il doit savoir ce que disent dans ce pays pour leurs raisons, ceux qui le rejetent : & tout cela lui paroît si indispensable, qu'il faut nécessairement que l'Infidele aille en Europe, en Asie, en Palestine, examiner tout par lui-même. Il seroit fou selon l'expression de notre *Vicaire*, si avant cela, il écoutoit le Prédicateur de l'Evangile : de cet Evangile, car il faut le répéter, qui a des caracteres de vérité, si grands, si frappants, si parfaitement inimitables, que l'inventeur en seroit plus étonnant que le Héros. N'est-ce pas souffler le froid & le chaud, n'est-ce pas une contradiction palpable ?

Non, dira-t-on peut-être : car l'Infidele qui n'a plus entendu parler de l'Evangile, n'a pu sentir ces caracteres de vérité, si grands, si frappants, &c. Mais quoi, dirai-je à mon tour ! Pour les sentir faut-il que l'Infidele aille en Europe, en Asie, en Palestine, qu'il confere avec ceux qui rejetent le Nouveau Testament, pour savoir leurs raisons, qu'il passe dans l'autre hémisphere pour examiner tout par lui-même ? N'y a-t-il aucun milieu entre l'état d'un Infidele qui entend pour la premiere fois, parler de l'Evangile, & l'état de ce même Infidele aſſez inſtruit, pour l'embraſ-ſer ſans changer de pays ? La contradiction dont je parle me paroît ſi ſinguliere, que je crois en devoir approfondir la cauſe : & la voici, ce me ſemble.

Le grand but de l'*Auteur d'Emile* a été de prouver qu'il étoit preſque impoſſible de ſe faire Chrétien avec une ſuffiſante connoiſſance de cauſe. C'eſt ce qui lui a fait raſſembler tant de difficultés contre le Chriſtianiſme, prétendant qu'on ne peut prudemment l'embraſſer ſans les avoir ré-ſolues. De-là cette multitude d'objections contre ſes preuves ; objections de tant d'eſ-peces, objections ſur les miracles, objec-tions ſur l'Hiſtoire de l'établiſſement du Chriſtianiſme, ſur le ſyſtême de ſa doctri-ne, ſur l'Ecriture, ſur ſon interprétation, ſur l'intolérance de l'Evangile, ſur le ſa-lut des Infideles, ſur l'Egliſe : de-là tant d'imputations fauſſes, & de déguiſements de ſa véritable croyance.

L'*Auteur d'Emile* n'a pourtant pas voulu qu'on le ſoupçonnât de ne pas ſentir la ſupériorité de la vertu de Jeſus-Chriſt, & l'inimitable caractere de ſincérité des Evan-giles. Voilà, à mon avis, le mot de l'é-

O v

nigme. *Mr. Rousseau* a peint , & cette vertu , & cette sincérité avec une force de
pinceau dont peu d'Ecrivains font capables. C'est ce qui a produit l'oubli de ce
qu'il venoit d'écrire peu de pages auparavant ; on fait avec plaisir ce que l'on fait
bien. Les beaux endroits d'un Livre mettent l'Auteur qui les compose , dans une espece d'enchantement qui ne lui fait voir
que les traits qui le saisissent. C'est l'en-
thousiasme des grands Ecrivains , soit en
prose , soit en poësie. Personne n'a dû plus
souvent que *Rousseau* , en faire l'expérience : personne n'a plus que lui , droit de dire
avec un célebre Auteur (*b*) de nos jours ,
& moi aussi je suis peintre. Or , demandons-
dons aux connoisseurs si ce n'a pas été sur-
tout en faisant le portrait de Jésus-Christ ,
& en traçant le caractere de sincérité des
Evangélistes , que *Jean-Jacques* a dû être
frappé de leur beauté. Ainsi pardonnons-
lui , ou plutôt applaudissons-lui de ce
qu'en cet endroit il a perdu de vue le but
général de son Ouvrage.

La Religion , avons-nous dit déja , n'a
point de plus dangereux ennemi que *Jean-
Jacques* , par la multitude des lecteurs que

(*b*) L'Auteur de *l'Esprit des Loix.* Voyez la fin
de sa Préface.

lui ont attiré la beauté & l'énergie de ſon ſtyle ; car rien ne ſeroit plus foible que ſon *Emile*, ſi on n'avoit égard qu'aux difficultés qu'il y propoſe. Il en étale qui ont été cent fois réfutées, & qu'un nouveau tour ne rend pas réellement nouvelles. Il en étale d'autres qui ſont nouvelles, mais qu'on ne peut traiter de ſérieuſes. Peut-on en effet, prendre pour un Diſcours ſérieux ce qu'il nous débite ſur la prétendue obligation de connoître & d'examiner par nous-mêmes, tous les cultes religieux qui ont été, & qui ſont encore pratiqués ſur toute la terre ? Cependant, l'objection qu'il en tire eſt ſi fort à ſon goût, qu'il ne peut s'empêcher d'y revenir : ne refuſons pas de l'écouter encore.

» S'il n'y a qu'une Religion véritable, & » que tout homme (*c*) ſoit obligé de la » ſuivre ſous peine de damnation, il faut » paſſer ſa vie à les étudier toutes, à les » approfondir, à les comparer, à parcourir les pays où elles ſont établies. Nul » n'eſt exempt du premier devoir de l'homme, nul n'a droit de ſe fier au jugement » d'autrui. » Notre Ecrivain ajoute un détail que je ne tranſcris point, mais dont il faudroit conclure, s'il étoit ſolide, que

_____

(*c*) *Emile*, Tom. 3. pag. 160.

tous les hommes jufqu'à un, devroient paffer leur vie à étudier, méditer, difputer, voyager, parcourir le monde, pour favoir par eux-mêmes quelle eft la meilleure Religion. Ainfi, voilà l'Univers entier métamorphofé en une troupe de Pelerins qui cherchent cette Religion.

Mais ne devons-nous pas d'abord en difpenfer ceux qui ont eu le bonheur de naître dans le fein de la véritable Religion ? Nous avons dit combien il leur étoit facile d'en connoître les preuves. La prérogative divine d'être l'Eglife de Jefus-Chrift, ne peut appartenir aux Communions que leur nouveauté convainc de n'être que des parcelles, qui fe font elles-mêmes retranchées du Corps. Cette confidération feule, mais qu'on ne peut étendre ici, eft également propre à faire fentir aux Catholiques que la véritable Religion eft toute trouvée pour eux ; & aux Sectaires, qu'ils fe laiffent entraîner au Fanatifme, qui a fait revolter leurs peres contre l'Eglife Catholique.

Au lieu de ces principes également folides & féconds, le *Vicaire Savoyard* nous fait raifonner ainfi : Il n'y a qu'une Religion véritable, qu'il faut embraffer fous peine de damnation. Donc il faut connoître toutes les Religions, pour faire fon choix par foi-même , & ne pas s'en fier au hazard , ou , ce qui reviendroit au même, ne pas s'en rapporter au jugement d'autrui. Eh ! pourquoi le *Vicaire* n'ajoutoit-il , qu'à tou-tes ces recherches , il falloit en ajouter de nouvelles ſur les Religions des Contrées, qui ſont encore à découvrir , & ſur les Religions des Peuples qui ne ſubſiſtent plus?

Mais parlons plus ſérieuſement ; & quand le *Vicaire Savoyard* devroit nous reſuſer ſon ſuffrage, donnons hardiment & ſans plus ample examen , l'excluſion à tant de Re-ligions anciennes & modernes qui por-tent des caraĉteres viſibles de cruauté, de licence , d'indécence. Diſons-en de même de toutes les Religions qui ne nous pré-ſentent point de titres qui conſtatent leur inſtitution divine ; & encore à toutes les Religions contraires à un culte qui en a d'authentiques ; ainſi , le Chriſtianiſme mu-ni de l'approbation du Ciel , proſcrivant toute révélation en vertu de laquelle on prétendroit établir un autre culte , on doit rejeter ce culte ſans autre examen. Si nous avions la ſimplicité de ſuivre le *Vicaire Sa-voyard* , ce guide trompeur épuiſeroit nos forces & notre patience dans les ſentiers tortueux qu'il nous indique, lorſqu'il ſe préſente à nous un chemin applani où l'on ne peut s'égarer. Des arguments invincibles nous découvrent dans le Chriftianifme la Religion révélée ; & au lieu de nous y attacher, on veut nous faire paffer la vie à examiner des cultes où nous ne pouvons trouver que des marques d'impofture & de Fanatifme. Voici à quoi je compare ce procédé. Un habile Antiquaire connoiffant une médaille d'un fi grand prix qu'elle fuffiroit pour faire notre fortune, mais qui feroit mêlée avec un fi grand nombre de fauffes médailles, qu'il faudroit la vie d'un homme pour les examiner toutes une à une, au lieu de nous découvrir cette précieufe médaille, nous condamne à en faire la recherche, au hazard de ne recueillir aucun fruit d'un travail immenfe, comment étouffer nos murmures contre une pareille dureté ? Comment ne pas bénir au contraire un Savant plus charitable qui nous donneroit des fignes faciles pour parvenir à la découverte de l'objet de nos vœux ? L'Auteur du Chriftianifme ufe de cette bonté. En nous fourniffant des preuves certaines de fa Religion, il nous défend de faire de nouvelles recherches pour découvrir fi la véritable Religion ne fe trouveroit point ailleurs.

Pour les autres hommes, il faut faire diftinction entre ceux qui ne connoiffoient point, & ceux qui connoiffent le Chriftianisme. Les premiers, à qui la conscience ne dit rien sur l'obligation de rechercher & de découvrir le culte qu'ils doivent rendre à leur Dieu, peuvent être plus ou moins coupables suivant leur négligence à remplir cette obligation ; mais leur ignorance peut être invincible à l'égard de la Religion de Jesus-Christ. Il peut encore y avoir des Infideles qui n'ont entendu parler du Christianisme qu'en si mauvais termes, qu'ils n'ont pas eu la moindre pensée que c'étoit-là peut-être, la Religion qu'ils devoient embrasser. On doit ajouter que la plûpart des Infideles ne font pas moins latitudinaires en fait de Religion, que les anciens Païens ; & qu'il ne peut par conséquent pas être question pour eux, de parcourir le monde pour découvrir s'il y a quelque meilleure Religion que celle de la patrie ; toutes les Religions leur font bonnes.

Au reste, que le *Vicaire Savoyard* ne foit pas en follicitude fur les courfes des Pelerins qui cherchent la véritable Religion. La conscience de ceux dont nous venons de parler, ne leur fera ni quitter leur habitation, ni rien faire de pénible dans cette recherche. Ce qu'on doit craindre pour ceux d'entre les Infideles qui ont du Christianisme une connoiffance affez

diſtincte, pour ſe croire obligés de l'approfondir, eſt qu'ils ne ſoient pas aſſez doci-
les à ce cri de leur conſcience. S'ils en
donnoient quelques ſignes, un eſſaim de
Miſſionnaires ſe diſputeroient l'honneur de
voler les premiers à leur ſecours. Ce qu'a
fait dans tous les temps le zele des Miniſ-
tres de l'Egliſe pour le ſalut des Infideles,
nous eſt garant de ce qu'ils feroient encore, ou d'autres pour eux. L'eſprit qui les
anime n'eſt pas éteint ; le Sauveur déſire
le (*e*) progrès du feu qu'il eſt venu porter ſur la terre. L'Egliſe le déſire comme
lui, & ſes déſirs ne ſont pas ſtériles.

Les Docteurs Catholiques regardent comme une des notes de la vraie Egliſe, le zele
pour la propagation de la Foi : & (l'*Auteur
d'Emile* dût-il s'en moquer,) nous dirons
que quand la providence ne s'en mêleroit
pas d'une maniere particuliere, le cours naturel des affaires humaines ne ſauroit manquer de procurer des Prédicateurs à ceux
qui déſireroient de ſe faire inſtruire ſans ſe
tranſporter en Europe. Nos Miſſionnaires
parcourent la terre & la mer, malgré le
peu d'eſpérance qu'ils ont de faire quelque
proſélyte parmi des Peuples ſauvages,
dont on a dit qu'il faudroit en faire de

(*e*) Luc 12, v. 49.

hommes raiſonnables , avant de prétendre en faire des Chrétiens. Le travail feroit mille fois plus conſolant pour ces Miſſionnaires , s'ils avoient à annoncer la Foi à des Peuples qui auroient déja quelque déſir de la recevoir.

La fuite du texte du *Vicaire Savoyard* nous offre les mêmes illuſions , ou les mêmes artifices. Il continue à nous prêter des ſentiments qui ne ſont point les nôtres , & qui ne ſont point non plus de légitimes conſéquences de nos Dogmes. Il faut encore le tranſcrire , après avoir averti qu'il parle de la méthode d'examiner par ſoi-même , toutes les Religions de l'Univers. (*f*) » Voulez-vous , dit-il , mitiger cette mé-» thode , & donner la moindre priſe à l'au-» torité des hommes ? A l'inſtant vous lui » rendez tout : & ſi le fils d'un Chrétien fait » bien de ſuivre ſans un examen profond & » impartial, la Religion de ſon pere , pour-» quoi le fils d'un Turc feroit-il mal de » ſuivre de même la Religion du ſien ? Je » défie tous les intolérants du monde de » répondre à cela rien qui contente un » homme ſenſé. »

Mais , où le *Vicaire Savoyard* a-t-il trouvé que nous prétendions que le fils d'un

---

(*f*) *Emile*, Tom. 3. pag. 161.

Chrétien peut s'en rapporter à l'autorité
paternelle fur fa croyance, & qu'il ne
doit pas en connoître la vérité par lui-même ? Le *Vicaire Savoyard* oublie toujours
qu'en inftruifant un Chrétien de ce qu'il
doit croire, il eft facile de lui faire comprendre les motifs qui l'en doivent perfuader : au lieu qu'un Mufulman ne peut refléchir fur les fondements de fa croyance fans
découvrir qu'ils fe réduifent à un pur Fanatifme. Le *Vicaire Savoyard* nous force à
cette rédite. Le Mahométan & le Chrétien doivent fe demander pourquoi ils fuivent la Religion paternelle ? Mais le fimple coup d'œil découvre au Chrétien la
folidité des preuves du Chriftianifme : & la
plus legere attention peut convaincre que
Mahomet ne doit pas en être cru fur fa parole, quand il fe débite pour un envoyé
du Ciel ; qu'on ne doit le traiter que d'Impofteur ou de Fanatique. Le texte fuivant
demandera une difcuffion plus étendue.

» Preffés par ces raifons, les uns aiment
» mieux faire Dieu injufte (*g*), & punir
» les innocents, du péché de leur pere, que
» de renoncer à leur barbare Dogme. Les
» autres fe tirent d'affaires, en envoyant
» obligeamment un Ange inftruire quicon-

(*g*) *Emile*, Tom. 3. pag. 162.

« » que dans une ignorance invincible, auroit
« » vécu moralement bien. La belle inven-
« » tion que cet Ange ! Non contents de nous
« » aſſervir à leurs machines, ils mettent Dieu
« » lui-même, dans la néceſſité d'en employer.»

Le *Vicaire Savoyard* n'eſt point accoutu-
mé à développer ſes raiſonnements. Par
cette méthode, il n'eſt pas ſi facile d'en
dévoiler l'artifice ; en voici un nouvel exemple. Ces dernieres lignes ſignifient, qu'à
moins de renverſer les ſyſtêmes de quelques Théologiens, Dieu ne peut ſe diſpenſer d'envoyer un Ange pour inſtruire
des vérités révélées ceux qui, en les ignorant invinciblement, auroient moralement
bien vécu. L'envoi de cet Ange eſt ce que
le *Vicaire Savoyard* appelle les machines de
quelques Théologiens. Mais il ne nous explique pas ſi ces Théologiens ſuppoſent
l'envoi de cet Ange, pour répondre à des
objeſtions contre leurs ſyſtêmes non adop-
tés par l'Egliſe, ou pour répondre à des
objeſtions contre des vérités en faveur
deſquelles l'Egliſe s'eſt expliquée.

Cette diſtinſtion n'eſt point frivole. Des
opinions purement Théologiques n'exigent
point qu'on admette comme des vérités,
des ſuppoſitions poſſibles ſans conteſtation,
mais qui n'ont point de fondement néceſſaire dans la révélation. Il en eſt tout autre-

ment des Dogmes définis ; si l'on ne peut
les défendre que par des suppositions ana-
logues à la Foi , on doit applaudir aux
Théologiens qui adoptent ces suppositions ;
& on ne les réfute pas en les qualifiant
dédaigneusement de machines. Les conséquences nécessaires des Dogmes révélés ,
sont des vérités certaines , & non de pures suppositions. Pour cette espece d'opinions Théologiques , que l'Eglise n'a point
canonisées , & qu'on ne sauroit défendre que par des suppositions que l'Eglise
n'a point canonisées non plus ; ce seroit
une espece de tyrannie de prétendre imposer la nécessité de croire ces suppositions.
Mais leurs défenseurs les regardent comme
plus conformes à la saine Théologie, &
à la bonté de Dieu. Ne leur en faisons donc
point un crime, comme semble faire le *Vicaire Savoyard* ; c'est le sens des paroles que
nous venons de lire. » Non contents, dit-il,
» de nous asservir à leurs machines , ils
» mettent Dieu lui-même dans la nécessité
» d'en employer » Quel tour d'expression
lorsqu'il falloit seulement donner à entendre, que ces Théologiens pouvoient se méprendre , en supposant , sans en être certains , que Dieu agissoit d'une maniere conforme à leurs hypotheses !

Si l'*Auteur d'Emile* eût été mieux ins-

truit des principes de la Théologie Chrétienne, il eût fait tout autrement parler le
Vicaire Savoyard. Nous croyons que les Infideles adultes, qui ont vécu dans une ignorance invincible de la révélation, ſont
exclus du Paradis, & punis dans l'autre
vie, par des peines (*h*) proportionnées à
leurs fautes perſonnelles. Mais l'*Auteur
d'Emile* va mieux à ſon but en nous attribuant des ſentiments que nous ne recon-
noiſſons point. Il eût en vérité dû nous
apprendre quel eſt ce Dogme barbare, ſi
cher à nos Théologiens, que pcur ne pas
y renoncer, ils aiment mieux faire Dieu
injuſte, & punir les innocents du péché
de leur pere.

Mais la ſuite du texte fait juger qu'il a
eu en vue le Dogme qui proſcrit l'indifférence des Religions, & qui nous oblige à
croire qu'on ne parvient point au ſalut ſans
la Foi, ou ſans le Baptême. Cependant,
les Théologiens Orthodoxes nous apprennent qu'ils ſont attachés à ce Dogme, &
qu'ils adoptent celui du péché originel,
parce qu'ils les voyent clairement révélés
dans l'Ecriture. Si quelques Docteurs di-

(*h*) Si en cet endroit on parle ſi ſuccinctement des
peines du péché originel, c'eſt pour ne pas s'enfoncer
dans des diſcuſſions qui doivent avoir ailleurs leur
place.

fent que les enfants non baptifés & les adultes Infideles négatifs font condamnés à fouffrir dans l'Enfer le fupplice d'un feu matériel, à caufe du feul péché originel, & fans être coupables de fautes perfonnelles qui foient mortelles, nous fommes bien éloignés de foufcrire à cette Théologie. Le Ciel eft fermé pour tout homme à qui le péché originel n'eft point remis ; cet article de la Foi Catholique ne doit fouffrir aucun doute. Mais la damnation d'un homme à qui le Ciel eft fermé, renferme-t-elle le fupplice d'un feu matériel ? A cette queftion tout ce que nous pouvons répondre, eft qu'il ne nous appartient point de prononcer fur ce que l'Eglife n'a point défini.

Le *Vicaire Savoyard* fe moque de la fuppofition d'un Ange que Dieu envoyeroit pour l'inftruction d'un Infidele exact obfervateur de la loi naturelle, plutôt que de le laiffer mourir fans la connoiffance du Médiateur. Cette fuppofition, fi digne de la bonté de Dieu, n'eft pourtant pas abfolument néceffaire pour défendre contre les Incredules, les Dogmes de l'Eglife : car Dieu ne doit pas plus à cet Infidele d'employer une voie miraculeufe pour lui rendre poffible l'entrée du Ciel, qu'à un enfant qui va mourir fans être baptifé. Dieu ne leur refufera rien qui leur foit dû, en les laiſſant dans l'impoſſibilité de gagner le bonheur éternel ; & le ſort de l'adulte pour l'autre vie , ſera tel qu'il l'aura mérité par ſes œuvres.

L'Egliſe n'a point proſcrit le ſentiment qui prédomine parmi les Grecs ſur le feu métaphorique de l'Enfer ; on peut ſuppoſer, ſans être expoſé à aucune note d'erreur, que cet Infidele négatif n'étant coupable d'aucun péché mortel, ne ſouffrira dans l'autre vie, que des peines proportionnées à ſes actions perſonnelles. Cette doctrine ne donne aucune priſe aux objections des Incredules, & ne ſauroit être cenſurée par les Théologiens qui ne font point d'articles de Foi de leurs opinions. Prétendre qu'il ne meurt point d'adulte Infidele qui ne ſoit coupable de péché mortel, c'eſt avancer une choſe deſtituée de toute preuve & de toute vraiſemblance. Par conſéquent, il n'y a point ici de difficulté dont on ne puiſſe ſe débarraſſer ſans la ſuppoſition de l'envoi d'un Ange.

SECTION DIX-HUITIEME.

Motifs de l'averfion de M. Rouffeau pour le Dogme de l'Intolérance Théologique. Les raifons qu'il allegue contre ce Dogme en font plutôt la preuve. Le Philofophe de foi-même, *Livre Arabe, fembleroit établir qu'on peut parvenir à toutes fortes de connoiffances par l'ufage de fes propres facultés ; mais ce n'eft qu'un Roman. Des faits certains & des arguments appuyés du fuffrage même de* M. Rouffeau, *démontrent que fans aucune efpece d'inftruction, les hommes ne pourroient qu'être profondement ignorants , & prefque ftupides. La fagacité de certaines gens ne conclud rien pour le refte du genre humain. Les découvertes de la* Philofophie, *bien inférieures à celles que nous devons à la révélation. La neutralité propofée par* M. Rouffeau, *impoffible. Si Jefus-Chrift n'eft pas un Impofteur , il faut indifpenfablement être Chrétien. L'obligation d'embraffer*

la

la révélation n'est point contraire à la Justice de Dieu.

ECOUTONS encore le Docteur de la tolérance, & admirons comment il donne le défi à tous les défenseurs du Christianisme de lui répondre rien de sensé, ou plutôt comment il s'adjuge la victoire. Cette maniere de se couronner de ses propres mains est toute singuliere.

» Je prends, dit-il, à témoin ce Dieu
» de paix que j'adore...... (*a*) que toutes
» mes recherches ont été sinceres. Mais
» voyant qu'elles étoient, qu'elles seroient
» toujours sans succès, & que je m'aby-
» mois dans un océan sans rives, je suis re-
» venu sur mes pas, & j'ai resserré ma foi
» dans mes notions primitives. Je n'ai ja-
» mais pu croire que Dieu m'ordonnât,
» sous peine de l'Enfer, d'être si savant ;
» j'ai donc refermé tous les Livres. Il en est
» un seul ouvert à tous les yeux, c'est ce-
» lui de la nature. C'est dans ce grand &
» sublime Livre, que j'apprends à servir &
» à adorer son divin Auteur. Nul n'est ex-
» cusable de n'y pas lire, parce qu'il parle
» à tous les hommes une langue intelligi-

(*a*) *Emile*, Tom. 3. pag. 162.

P

» ble à tous les esprits. Quand je serois né
» dans une Isle déserte, quand je n'aurois
» point vu d'autre homme que moi, quand
» je n'aurois jamais appris ce qui s'est fait
» anciennement dans un coin du monde; si
» j'exerce ma raison, si je la cultive, si
» j'use bien des facultés immédiates que
» Dieu me donne, j'apprendrois de moi-
» même à le connoître, à l'aimer, à ai-
» mer ses œuvres, à vouloir le bien qu'il
» veut, & à remplir pour lui plaire, tous
» mes devoirs sur la terre. Qu'est-ce que
» tout le savoir des hommes m'apprendra
» de plus ? »

Ce font ici les assertions de l'*Auteur*, tant
de fois répétées ; présentées, si l'on veut,
sous un nouveau tour, mais sans aucune
nouvelle preuve. Il ne veut point croire
que Dieu exige qu'on soit si savant pour
être sauvé : expression qui feroit presque
penser que Dieu ferme à tous ceux qui
ne sont pas savants, l'entrée de son Royaume. Il s'agissoit néanmoins de dire tout simplement, que Dieu vouloit ne sauver les
hommes que par la connoissance de la Religion révélée. Mais cette doctrine est inconciliable avec le principe chéri du *Vicaire Savoyard*. Il n'a jamais pu croire la nécessité de la révélation ; & les motifs de
cette grande répugnance (car il ne prétend

point la justifier par un titre d'infaillibilité, il nous en fait expressément l'aveu) ; ses motifs ne sont pas non plus des démonstrations mathématiques. Ses motifs sont qu'il ne peut goûter les nôtres ; il les a, nous-dit-il, pesés & contrebalancés avec les siens : & le résultat de cet examen est de s'en tenir au grand Livre de la nature : Livre ouvert à tous les yeux, & qui rend inutiles tous ceux où l'on prétend nous faire lire la révélation.

Mais l'Ecrivain qui fait parler le *Vicaire Savoyard*, devroit-il ignorer que les arguments qui lui persuadent l'inutilité de la révélation, font sur nous une impression contraire, & qu'ils nous convainquent de sa nécessité. Il nous débite que s'il fût né dans une Isle déserte, & qu'il y eût vécu sans aucun commerce avec les hommes, en cultivant sa raison, il seroit parvenu à connoître Dieu, à bien remplir ses devoirs. Tout le savoir des hommes ne lui apprendroit rien de plus. Mais quelle caution le *Vicaire Savoyard* nous donne t-il de ce qu'il avance ? Lui est-il même possible de nous en fournir quelqu'une ? Ce point mérite d'être examiné ; la discussion n'en sera ni longue, ni pénible.

Les Savants connoissent l'Ouvrage d'un

Philofophe Arabe & (*b*) Mahométan nommé Tophail, *où l'on montre par quels degrés
la raifon humaine, avec le fecours de l'expérience,
& d'un grand nombre d'obfervations exactes,
peut parvenir à la connoiffance des chofes naturelles, découvrir enfuite les furnaturelles, &
s'élever jufqu'à Dieu & à ce qui regarde l'autre vie.* Dans la Traduction Angloife le Livre eft intitulé : *l'Hiftoire de Hai Ebn Yokdhan,* ou *le Philofophe de foi-même.* C'eft
donc une Hiftoire philofophique, dont le
Héros eft un enfant expofé fur les ondes,
& porté dans une Ifle déferte, où une che-
vre le nourrit ; il paffe fes premieres an-

(*b*) Voyez *la Bibliotheque univerfelle de Mr. le Clerc,*
Tome 3e. pag. 76. & fuiv Le Journalifte donne de
cet Ouvrage Arabe un Extrait affez étendu. Dans
l'Examen férieux & comique du Livre de *l'Efprit,*
par le Pere de Lignac, il y a une efpece de **Roman**
femblable à bien des égards. On peut faire la même
obfervation fur l'Eleve de la nature de *Mr. Rouffeau.*
Il n'eft pas furprenant que dans des Romans, les **Auteurs**
fe propofant en gros le même but, fe rencontrent en
bien de chofes. Au refte, l'Ouvrage de *M. Rouffeau*
dont je viens de parler, n'eft qu'un tiffu d'evene-
ments fans vraifemblance, & qui fans la magie du ftyle
enchanteur de *Mr. Rouffeau,* ne feroient pas plus inté-
reffants que les Contes des Fées. Je ne puis donc me
faire une objection férieufe de ce que l'Eleve de la
nature de *Mr. Rouffeau* parvient de lui-même & fans
éducation, à beaucoup de connoiffances. Ces connoiffances, acquifes fans le fecours de l'éducation, font des
fonges philofophiques, qui n'eurent, & qui n'auront
jamais de réalité.

nées avec les bêtes, sans autre maître qu'elles, & ensuite sa raison & sa sagacité en font d'abord une espece d'observateur naturaliste, de Philosophe, & enfin de Théologien. Ainsi, le *Vicaire Savoyard* est dans la persuasion que s'il eût eu le même sort qu'*Yokdhan*, il auroit à peu près atteint au même degré d'habileté.

Mais l'histoire d'*Yokdhan* n'est qu'un Roman; & quand on ne le donneroit pas pour un Roman, personne n'y seroit trompé; s'il n'y a pas une impossibilité métaphysique que pareille histoire soit arrivée, des faits réels en démontrent l'impossibilité morale. Tous les gens de Lettres savent l'évenement arrivé à Chartres en mille sept cent trois. Un sourd de naissance y recouvra l'ouie, & peu après apprit à parler. » Des Théologiens habiles l'interrogerent » sur (c) son état passé; & leurs questions » principales roulerent sur Dieu, sur l'a- » me, sur la bonté, ou la malice morale » des actions. Il ne parut pas avoir poussé » ses pensées jusques-là. Quoiqu'il fût né » de parents Catholiques, qu'il assistât à

(c) Voyez Mr. l'Abbé de Condillac dans le Traité de *l'origine des connoissances humaines*, page 190. Bien d'autres Ecrivains ont rapporté ce fait d'après Mr. de Fontenelle, *Histoire de l'Académie des Sciences.* Année 1731.

» la Meſſe, qu'il fût inſtruit à faire le Signe
» de la Croix, & à ſe mettre à genoux, dans
» la contenance d'un homme qui prie, il
» n'avoit jamais joint à tout cela aucune
» intention, ni compris celle que les au-
» tres y joignent .... Ce n'eſt pas qu'il n'eût
» naturellement de l'eſprit ; mais, ajou-
» te Mr de Fontenelle, l'eſprit d'un hom-
» me privé du commerce des autres, eſt
» ſi peu exercé & ſi peu cultivé, qu'il ne
» penſe qu'autant qu'il y eſt indiſpenſable-
» ment forcé par les objets extérieurs. Le
» plus grand fonds des idées des hommes
» eſt dans leur commerce réciproque. »

Le fait que je vais ajouter n'eſt pas moins
connu (*d*). » Dans les forêts qui confinent
» la Lithuanie & la Ruſſie, on prit en 1694,
» un jeune homme d'environ dix ans, qui
» vivoit parmi les ours. Il ne donnoit au-
» cune marque de raiſon, marchoit ſur ſes
» pieds & ſur ſes mains, n'avoit aucun
» langage, & formoit des ſons qui ne reſ-
» ſembloient en rien à ceux d'un homme.
» Il fut long-temps, avant de pouvoir pro-
» férer quelques paroles ; encore le fit-il
» d'une manicre bien barbare. Auſſi-tôt qu'il
» put parler, on l'interrogea ſur ſon pre-
» mier état ; mais il ne s'en ſouvint, non

(*d*) L'Abbé de Condillac, *ibid.* pag. 202.

» plus que nous-nous ſouvenons de ce qui » nous eſt arrivé au berceau. »

Vraiſemblablement , les hommes nés ſourds , & par une ſuite de cette diſgrace , privés de l'uſage de la parole ; les hommes élevés dans les forêts avec les ours , ou dans des Iſles déſertes , ſans avoir aucun commerce avec le reſte des mortels , n'au- roient pas leurs facultés naturelles plus de- veloppées , que l'homme de Chartres , & que l'enfant pris dans les forêts qui con- finent la Lithuanie & la Ruſſie ; les mê- mes cauſes produiſent les mêmes effets ; & ſi nous en croyons de bons Philoſophes , nous renfermerons dans le cercle le plus étroit la ſphere des connoiſſances de quiconque a toujours vécu ſeul , & par conſéquent ſans avoir jamais rien pu apprendre des autres. Les raiſons de ces Philoſophes me paroiſ- ſent ſans réplique. Je les emprunte de M. l'Abbé de Condillac (*e*).

» Combien les reſſorts de nos connoiſ- » ſances ſont ſimples & admirables ! Voi- » là l'ame de l'homme avec des ſenſations » & des opérations ; comment diſpoſe- » ra-t-elle de ces matériaux ? Des geſtes, » des ſons, des chiffres , des lettres : c'eſt

(*e*) *Ibid.* pag. 186.

» avec des inftruments auffi étrangers à
» nos idées , que nous les mettons en œu-
» vre , pour nous élever aux connoiffan-
» ces les plus fublimes. Les matériaux font
» les mêmes chez tous les hommes : mais
» l'adreffe à fe fervir des fignes varie ; &
» de-là l'inégalité qui fe trouve parmi eux.
» Refufez à un efprit fupérieur l'ufage des
» caracteres : combien de connoifiances lui
» font interdites , auxquelles un efprit mé-
» diocre atteindroit facilement ! Ôtez-lui
» encore l'ufage de la parole , le fort des
» muets vous apprend dans quelles bornes
» étroites vous le renfermez. » Le plus
grand génie n'apprendra point à parler, en
vivant feul avec les bêtes : & le *Vicaire
Savoyard* prétend que s'il fût né dans une
Ifle déferte , en cultivant fes facultés naturelles , il fût parvenu de lui-même à la
connoiffance de Dieu & de tous fes devoirs : paradoxe, pour le dire en paffant ,
qui s'allieroit merveilleufement avec la
préférence que *Mr Rouffeau*, dans un de
fes premiers Ouvrages, donnoit à la vie des
Sauvages , fur la vie des hommes affem-
blés en fociété.

Mais fans infifter là-deffus, obfervons
que le paradoxe du *Vicaire Savoyard* ne
s'accorde point avec ce qu'écrit *Mr. Rouffeau*
vers la fin de fon fecond Tome *d'Emile.*

Ici, il s'eſt mis en tête de prouver qu'on pouvoit parvenir au bonheur de l'autre vie , ſans avoir connu Dieu dans celle-ci, pourvu que cet aveuglement n'eût pas été volontaire : & je dis , ajoute-t-il , qu'il ne l'eſt pas (*f*) toujours. Vous en convenez pour les inſenſés qu'une maladie prive de leurs facultés ſpirituelles, mais non de leur qualité d'hommes , ni par conſéquent du droit aux bienfaits de leur Créateur ». Pour- » quoi donc n'en pas conclure auſſi pour » ceux , qui, ſéqueſtrés de toute ſociété » dès leur enfance, auroient mené une vie » abſolument ſauvage , privés des lumie- » res qu'on n'acquiert que dans le com- » merce des hommes ? Car il eſt d'une im- » poſſibilité démontrée , qu'un pareil Sau- » vage pût jamais élever ſes refléxions juſ- » qu'à la connoiſſance du vrai Dieu. » Il ne s'agit point ici d'examiner cette étrange doc- trine ; je dois ſeulement faire obſerver les aveus formels de l'*Auteur d'Emile* : ils ſont équivalents à cette aſſertion : ſi l'*Auteur*

(*f*) *Emile* , Tom. 2 pag. 325. Ce n'eſt pas la qualité d'homme qui donne droit au bonheur de l'autre vie : c'eſt la qualité de fils adoptif de Dieu , de membre du Corps myſtique de Jeſus-Chriſt. Ce Dogme , que Mr. *Rouſſeau* ne croit point , eſt adopté par tous les Chrétiens. Il ne devoit donc pas ſuppoſer que ſa Théologie ſeroit reçue par des Lecteurs inſtruits.

d'Emile fût né dans une Ifle déferte, qu'il
n'eût point vu d'autre homme que lui-même, qu'il n'eût point fu ce qui s'eft fait
autrefois dans le monde, il n'eût point
exercé fa raifon, il ne l'eût point cultivée,
il n'eût pas bien ufé de fes facultés, &
par conféquent, il n'eût point appris à
connoître Dieu, à l'aimer, &c. C'eft
qu'il eft d'une impoffibilité démontrée, qu'un
Sauvage, tel qu'eût été *Mr. Rouffeau* dans
cette fuppofition, pût jamais élever fes refléxions jufqu'à la connoiffance du vrai
Dieu. Nous ne le difons que d'après *Mr.
Rouffeau.*

Mais oublions, s'il fe peut, la contradiction qu'il y a entre l'*Auteur d'Emile* &
le *Vicaire Savoyard.* Ne conteftons même
rien à celui-ci des rares talents qu'il s'attribue : accordons-lui, que fans Inftituteur,
fans Livres, fa fagacité naturelle lui eût
appris tout ce qu'enfeignent les Ouvrages
de Philofophie morale. C'eft donc un génie incomparable ; c'eft un efprit tranfcen-
dant. Mais, plus nous ferons perfuadés de
fa fupériorité fur le refte du genre humain,
plus nous ferons en droit de lui dire que
fa pénétration lui fait oublier à quel point
les hommes fans éducation quelconque, font
ignorants & ftupides. Il raifonne comme fi
le commun des hommes pouvoit acquerir

ſans le ſecours de la révélation, une connoiſſance de ſes devoirs, auſſi exacte que
celle qu'avoient les Philoſophes Païens.
Cela ne ſuffiroit pas même en rigueur : car,
comme on n'a pas manqué de l'obſerver, ſi dans leurs Livres de morale on
trouve quelque choſe d'épuré & d'exact,
c'eſt ſur-tout depuis que l'Evangile fut ré-
pandu dans le monde. Quand la Philoſophie voudra ſe faire honneur de tant de
belles maximes ſemées dans les Ecrits d'E-
pictete, on aura raiſon de (*g*) répliquer
qu'Epictete vivoit du temps d'Adrien &
peut-être plus tard.

Encore, la Morale Stoïcienne avoit-elle
le défaut irréparable de ne fournir à la
pratique de la vertu, que des motifs humains : motifs frivoles, en comparaiſon de
ceux que fournit le Chriſtianiſme. L'immortalité de l'ame n'étoit point un Dogme
de cette Philoſophie : & l'on peut faire le
même reproche à preſque tous les autres
Philoſophes Païens. Il y a une orthodoxie
trompeuſe ſur ce Dogme, dont il ne faut
pas être la dupe. Le Chriſtianiſme nous
enſeigne que nous exiſterons individuelle-
ment & perſonnellement après la mort.

(*g*) Voyez *l'Hiſtoire critique de la Philoſophie de Mr.*
Bructier, Tom. 2. pag. 572. & ſuiv.

Et le Platonifme débitoit que la fubftance
de notre ame fubfifteroit réunie à la fubftance de la Divinité, ou de l'amé du monde : l'eau d'une phiole plongée dans la mer,
fubfifte encore après que la phiole eft bri-
fée : mais cette eau ne fubfifte plus à part,
n'eft plus comme un individu particulier.
Nous importe-t-il davantage d'être totalement anéantis, en telle forte que la fubftance de notre ame ne foit rien : ou qu'elle
fe confonde avec la fubftance de l'ame du
monde, qu'elle s'y mêle, qu'elle n'y ait
plus une exiftence perfonnelle ? Il n'y a à
gagner ni à perdre, foit qu'on croie notre ame anéantie, ou qu'on la croie tellement abforbée dans l'immenfité de l'ame
univerfelle, que la nôtre n'ait plus ni mémoire, ni fentiment propre. Les Platoni-
ciens pouvoient éblouir le vulgaire, en
difant que l'ame n'étoit point anéantie à la
mort. Mais pour les perfonnes inftruites,
ce langage ne difoit rien qui pût être un
motif de chérir davantage la vertu. A cet
égard, un Platonicien n'avoit pas de plus
preffant motif d'être homme de bien, qu'un
difciple d'Epicure. D'ailleurs, le ton problématique dont tant de Philofophes parloient du fort de notre ame après cette vie,
énervoit prefque entierement la crainte des
vengeances de la Divinité. Il étoit réfervé

à l'Evangile de (*h*) lever tous les doutes sur ce point. Avant Jesus-Christ, même parmi les Juifs, une Secte puissante & accréditée, tenoit les premieres places dans la Synagogue, sans faire profession de ce Dogme : mais de quelle efficace est la connoissance de nos devoirs, sans la persuasion d'une vie à venir ?

Rendons-nous attentifs aux suppositions que le *Vicaire Savoyard* a besoin d'entasser, pour parvenir à sa conclusion. Il peut lire dans le grand Livre de la nature tout ce qu'il apprendra dans tous les autres Livres, même dans ceux où l'on prétend qu'est contenue la révélation ; & en parlant ainsi, il doit parler au nom de tous les hommes, sans quoi il ne pourra rien conclure pour l'inutilité de la révélation. Il faut qu'il suppose que tous les hommes peuvent lire dans le grand Livre de la nature, leurs devoirs à l'égard d'eux-mêmes, des autres hommes, & de Dieu ; qu'ils y liront le Dogme des récompenses & des punitions à venir ; il faut qu'il suppose que la contemplation des Ouvrages de la Création, sera pour eux,

_____

(*h*) Jesus-Christ nous a, dit l'Apôtre, 2 *ad Timoth. t. v. 10*, découvert par l'Evangile, la vie & l'immortalité. Ce qu'on en savoit avant Jesus-Christ, n'étoit que ténebres & obscurité, si on le compare à ce que nous en a appris l'Evangile.

comme un Code entier des Loix Divines &
du culte religieux. Mais fi nous avions la
complaifance, dirai-je, ou l'imbécillité de
paffer au *Vicaire Savoyard* toutes ces fuppofitions, les fages de tous les temps fe ré-
crieroient qu'il n'appartient qu'aux confi-
dents de la Divinité de s'ériger en Inftituteurs du culte religieux. Plus on connoît la
foibleffe & les égarements de la raifon li-
vrée à elle-même, plus on craint de la laiffer arbitre des moyens de fe rendre Dieu favorable. Nous ne concluons pas de cette
refléxion, que Dieu a réellement accordé
aux hommes une révélation furnaturelle :
mais nous en concluons que c'eft ce qu'ont
dû fouhaiter les hommes ; & c'eft (*i*) auffi
ce qu'ont fouhaité des fages du Paganifme :
nous en concluons qu'il y auroit du délire
à croire que Dieu n'a point favorifé les
hommes, de ce grand bienfait, parce que
Mr. Jean-Jacques Rouffeau s'eft imaginé que
s'il fût né dans une Ifle déferte, qu'il eût
vécu fans voir d'autre homme que lui, il
auroit affez bien connu Dieu & fes devoirs,
pour pouvoir dire que tout le favoir des
hommes ne lui apprendroit rien de plus.

(*i*) Voyez là-deffus un paffage important de Platon,
cité dans le fecond Volume *de la Religion naturelle &
révélée*, &c. pag. 100 & 101. Ce paffage eft tiré du
Dialogue intitulé : *Phédon*.

Achevons de discuter la conclusion que le *Vicaire Savoyard* tire (k) de ce tas d'objections que nous venons de réfuter. Nos observations seront courtes. Voici d'abord son texte.

» A l'égard de la révélation, si j'étois
» meilleur raisonneur, ou mieux instruit,
» peut-être sentirois-je sa vérité, son utili-
» té pour ceux qui ont le bonheur de la
» reconnoître. Mais si je vois en sa faveur,
» des preuves que je ne puis combattre,
» je vois aussi contre elle, des objections
» que je ne puis résoudre. Il y a tant de
» raisons solides pour & contre, que ne sa-
» chant à quoi me déterminer, je ne l'ad-
» mets, ni ne la rejete. Je rejete seulement
» l'obligation de la reconnoître, parce que
» cette obligation prétendue est incompati-
» ble avec la Justice de Dieu ; & que loin
» de lever par-là les obstacles au salut, il
» les eût multipliés, il les eût rendus in-
» surmontables pour la plus grande partie
» du genre humain. A cela près, je reste
» sur ce point, dans un doute respectueux.
» Je n'ai pas la présomption de me croire
» infaillible. D'autres hommes ont pu dé-
» cider de ce qui me semble indécis. Je rai-
» sonne pour moi & non pas pour eux ;

(k) *Emile* , Tom. 3. pag ,164.

» Je ne les blâme , ni ne les imite. Leur
» jugement peut être meilleur que le mien ;
» mais il n'y a pas de ma faute fi ce n'eſt
» pas le mien. »

Ce texte nous cauſe de la ſurpriſe : en voici les motifs. 1°. *Mr. Rouſſeau* ne prétend
pas que tout ce qu'on allegue en preuve
du Chriſtianiſme , ſoit faux. C'eſt un paradoxe trop inſoutenable , de dire que les
anciennes Prophéties, les miracles de Jeſus-
Chriſt & des Apôtres, la ſainteté de ceux-ci
& celle de leur Maître, la conſtance des
Martyrs , la propagation du Chriſtianiſme ,
ne ſont que des chimeres. Le célebre texte où le *Vicaire Savoyard* fait l'éloge de
Jeſus-Chriſt & de la ſincérité des Evangéliſtes, eſt inconciliable avec cette idée.

Cette idée contredit également les aveux
formels de *Mr. Rouſſeau*. Il voit , dit-il,
en faveur de la révélation , des preuves
qu'il ne peut combattre : & ce qui eſt équivalent, il y a des raiſons pour & contre.
Nous venons de marquer quelles ſont les
preuves en faveur du Chriſtianiſme , les
Prophéties, les miracles de Jeſus-Chriſt ,
& des Apôtres, &c. Si ces preuves ſont ſolides , & tellement ſolides, que *Mr. Rouſſeau*
ne peut les combattre , Dieu parle pour
le Chriſtianiſme. Dans quel étonnement ne
devons-nous donc pas être , qu'on ne cede

pas à ce témoignage, ou qu'on prétende que Dieu en a rendu un contraire, par d'autres raiſons capables de contrebalancer les premieres ? Une raiſon ſolide en effet, ſur quelque fondement qu'elle ſoit appuyée, eſt une eſpece de témoignage divin. Ce que Dieu nous atteſte par la raiſon naturelle, doit être regardé comme le langage de Dieu-même. Si nous voulons donc en croire *Mr. Rouſſeau*, Dieu s'eſt mis en frais ; il a agi ſurnaturellement pour nous mener au Pyrrhoniſme : il nous fournit de part & d'autre, des motifs ſolides, qui mettent néceſſairement notre eſprit en ſuſpens. Par les facultés que Dieu nous a données, ſi nous en uſons bien, Dieu fait de nous de véritables Sceptiques ; voilà un plan bien digne de la ſageſſe de Dieu.

2°. Le *Vicaire Savoyard* n'admet, ni ne rejete la révélation : il rejete ſeulement l'obligation de la reconnoître ; il veut donc être neutre. Mais cela ſe peut-il ? Rejeter l'obligation de reconnoître la révélation, c'eſt tout comme ſi l'on rejetoit la révélation. Les mêmes arguments qui établiſſent le Chriſtianiſme, établiſſent la néceſſité de reconnoître le Chriſtianiſme. Il eſt équivalent de dire : je ne ſuis pas obligé d'être Chrétien, & de dire : je ne ſuis pas Chrétien. Auſſi Jeſus-Chriſt a-t-il expreffément déclaré (*l*), que celui qui n'eft pas pour lui ou avec lui, eft contre lui. En effet, fi Jefus-Chrift eft l'envoyé de Dieu, il eft le Seigneur de tous les hommes, leur Dominateur & leur Juge ; ne pas fe reconnoître pour fon fujet & pour fon ferviteur, c'eft lui difputer fes titres, c'eft fécouer le joug de fon Empire : c'eft fe revolter contre lui. Dans les guerres que fe font les Rois de la terre, on ne peut embraffer le parti de la neutralité, fans prétendre qu'on n'eft point dans la dépendance de fon Prince légitime, ce qui feroit manifeftement criminel. Mais la même neutralité ne feroit-elle pas également criminelle dans cette efpece de guerre qu'on fait à Dieu, en ne voulant pas embraffer la Religion qu'il a prefcrite aux hommes ?

On a loué une loi de Solon, qui notoit d'infamie le (*m*) Citoyen, qui dans une fédition civile, ne prenoit aucun parti, afin d'avoir après l'évenement, la liberté de fe joindre à ceux qui fe trouvoient les plus forts. Solon vouloit qu'on ne balançât pas un moment à fe déclarer pour le parti qui paroiffoit le plus jufte & le plus utile à la patrie ; & ce parti ne pou-

---

(*l*) Math. 12. v. 30.
(*m*) Plutarque, *Vie de Solon*, chap. 3.

voit gueres manquer par-là, d'avoir la ſupériorité. Quoique la République Chrétienne ne ſe conduiſe pas par les loix d'u-
ne politique humaine, les maximes du bon
ſens doivent préſider par-tout. Or, ces
maximes nous apprennent que cet exemple
de neutralité eſt contagieux : car les hommes, naturellement ennemis d'un joug qui
gêne leurs penchants, ſaiſiſſent les plus
mauvais prétextes, pour ne pas s'en char-
ger. Cependant, les Loix de Jeſus-Chriſt
exigent de tous ſes Diſciples, qu'ils n'ayent
point de plus chers intérêts que de les voir
fidelement obſervées ; elles exigent même
qu'ils y contribuent autant qu'il eſt en eux.
On doit ajouter que les ennemis déclarés
de la Religion lui nuiſent moins, que ceux
qui, ſans prétendre qu'elle eſt fauſſe, né-
gligent d'en pratiquer les préceptes. Ce qui
a fait dire que les mauvais exemples des
partiſans du vrai culte, ſont plus nuiſibles
que ceux des Païens. Par vous, diſoit l'E-
criture aux Juifs, le nom de Dieu eſt blaſ-
phémé entre les Gentils (*n*). L'indéciſion
de ceux qui, comme le *Vicaire Savoyard*,
connoiſſent les preuves de la Religion, eſt
plus outrageuſe à Dieu, que l'infidélité de
ceux qui ne les connoiſſent point.

(*n*) *Iſaia , cap.* 52. *v.* 5.

Mais il n'y a point de ma faute, dit le *Vicaire Savoyard*, fi le jugement des autres n'eft pas le mien ; puérile jeu de mots, qui doit être banni d'une matiere où la plaifanterie eft fi deplacée. Dieu eft en droit de prefcrire des loix à nos efprits, comme à nos cœurs ; il nous commanderoit une chofe impoffible, s'il nous ordonnoit de croire que deux fois deux ne font pas quatre. Mais au fonds, quand Dieu nous fait une loi de croire que Jefus-Chrift eft fon Fils, qu'il eft le Sauveur du genre humain, &c, il ufe de fes droits comme Créateur, & comme Vérité fouveraine ; il veut que nous-nous rendions attentifs aux preuves de ces Dogmes, & que nous ne nous laiffions pas féduire aux préjugés des inclinations perverfes qui font haïr ce qui les gêne. Il n'y aura rien que de jufte, quand Dieu punira l'infidélité de ceux qui n'auront point cru. Sa punition tombera fur un jugement volontaire, produit par l'injuftice & la corruption de leur volonté : châtiment auffi jufte que celui des autres malfaiteurs. Le *Vicaire Savoyard* écouteroit-il leur apologie, s'ils s'avifoient de lui dire : le jugement des autres peut être meilleur, mais il n'y a pas de notre faute fi ce n'eft pas le nôtre. Nous croyons bien faire, de commettre des crimes qui nous font utiles, &

nous ne ſommes pas en cela plus coupables, que de n'avoir pas de meilleurs yeux.

Mr. Rouſſeau fait débiter fort inutilement au *Vicaire Savoyard*, qu'il n'a pas la
préſomption de ſe croire infaillible. Perſonne ne doit s'attribuer ce privilege, ſans
pouvoir montrer que Dieu lui a accordé
cette prérogative toute divine. Dans un
certain ſens néanmoins, chaque particulier
doit agir comme s'il étoit infaillible : &
l'on en tombera d'accord, ſi l'on veut faire attention qu'à l'égard des vérités dont
nous avons pour garant une autorité infaillible, nous devons agir comme ſi nous
étions infaillibles, en croyant ces vérités.
Un Catholique eſt dans ce cas, par rapport aux déciſions de l'Egliſe : un Proteſ-
tant l'eſt auſſi à l'égard de ce qu'il voit
clairement révélé dans l'Ecriture ; & un
Philoſophe dogmatique doit ſe croire encore dans le même cas, ſur les vérités dont
ſa raiſon naturelle ne lui permet pas de
douter. Qu'avons-nous donc appris quand
le *Vicaire Savoyard* nous a dit qu'il ne ſe
croyoit pas infaillible ? Cette proteſtation
de ne pas ſe croire infaillible, détruit-elle
la perſuaſion où il eſt des vérités que nous
ne lui conteſtons pas, ou même des erreurs
dont nous avons tâché de le convaincre ?

Finiſſons par une refléxion plus impor-

tante. Le motif allégué par le *Vicaire Savoyard*, pour rejeter l'obligation de reconnoître la révélation, n'eſt point ſolide. Cette obligation, dit-il, eſt incompatible avec
la Juſtice de Dieu. Loin de lever les obſtacles au ſalut, elle les multiplie, & les rend
inſurmontables pour la plus grande partie
du genre humain. Mais nous avons dit &
redit, que Dieu ne doit point à tous les
hommes ce qu'il accorde à quelques-uns
d'entre eux, par miſéricorde. La connoiſſance de la révélation eſt une faveur toute
gratuite, dont le refus ne peut exciter de
juſtes plaintes. Ce refus, il eſt vrai, rend
le ſalut impoſſible : mais ce refus n'eſt point
injuſte ; & les hommes n'en peuvent murmurer, puiſqu'ils ne ſont traités que ſuivant leurs mérites. La qualité d'enfants d'un
pere coupable les exclud du Ciel. C'eſt un
myſtere dans le Chriſtianiſme : myſtere qui
encore un coup, n'a rien d'injuſte. Le *Vicaire Savoyard* voudroit faire croire que ce
Dogme eſt inconciliable avec la Divine
Juſtice ; mais il en allegue toujours une
preuve qui n'eſt point recevable : c'eſt de
repréſenter les punitions du péché originel,
ſuivant des idées rigoureuſes que l'Egliſe
n'a point adoptées. Cependant, cette diſcuſſion délicate ne ſauroit être traitée avec
quelque utilité, ſans lui donner une juſte

étendue, & mérite un Ouvrage exprès. Je n'ajouterai donc à celui-ci qu'une Section, afin d'y découvrir les ſentiments de *Mr. Rouſſeau* ſur la formation de la Société , & ſur les obligations de la conſcience. Pour n'être pas répandus dans le Diſcours du *Vicaire Savoyard* , ces ſentiments n'en ſont pas moins dangereux.

❋❋❋⁑❋❋❋❋❋❋❋·❋·❋❋❋❋❋❋❋❋

SECTION DIX-NEUVIEME.

Si Dieu n'intervient dans la forma-
tion des Sociétés , leurs membres ne
font point liés par des obligations véri-
tables. La grande gloire de Dieu eft
d'être maître de la confcience. Tout droit
émane originairement de Dieu. Etran-
ges principes de Mr. Rouffeau fur la
Religion de l'état , & fur la liberté des
particuliers de croire ce qu'il leur plaît.
L'Intolérance Théologique , Dogme
fondamental dans le Chriftianifme. Mr.
Rouffeau , Pyrrhonien fur les attributs
de Dieu. L'éloge qu'il fait de la conf-
cience fe réduit à un vrai Fanatifme.

HOBBES a formé la Société , fans y faire
intervenir aucune (*a*) obligation de conf-

_____

(*a*) Voici les premiers mots du cinquieme Chapitre
du Traité d'Hobbes de *Cive.* » *Manifeftum eft per fe ac-*
» *tiones hominum , à voluntate , voluntatem à fpe & metu*
» *proficifci , adeò ut quoties bonum majus , vel malum minus*
» *videtur à violatione legum fibi proventurum , quàm ab ob-*
» *fervatione , volentes violant.* » Tout porte fur ce princi-
cience ,

cſence , & par-là il a tout réduit en derniere analyſe , à des conventions qui n'ont
qu'autant de force qu'il plaît à chacun de
leur en donner. Selon cette Philoſophie,
la loi du plus fort décide de tout. Tels ſont
les principes de *Mr. Rouſſeau.* Nous tente-
rions inutilement de l'en juſtifier ; il veut
expliquer la naiſſance des Sociétés civiles ,
& il n'y fait entrer Dieu pour rien. Mais
que ſont tous les engagements humains , ſi
Dieu ne preſcrit pas de les obſerver ? ſi perſonne ne nous lie que nous-mêmes , perſonne ne peut nous empêcher de nous dé-
lier. Comme nous pouvons briſer les chaî-
nes que nous avons forgées , le Légiſlateur
peut abroger la Loi dont il eſt Auteur ; un
Supérieur diĉte des ordres , mais non un
égal. Quand la Divinité commande , l'o-
béiſſance devient un devoir indiſpenſable.
Mais ſi l'Etre Suprême ne s'en mêle point ,
qu'on ſe tourne de tous les côtés ; on pourra bien trouver ſon avantage à être fidele obſervateur de ſes conventions & de ſes
promeſſes ; ce ne ſera pourtant jamais par

---

pe. L'intérêt des Particuliers les oblige à faire des conventions, & à les obſerver. Il n'y eſt fait nulle mention de Dieu. L'Auteur débute par ce prétendu axio-
me , que le commencement de la Société civile vient de
la crainte qu'on a les uns des autres. Voyez chap. 1. §. 1.

Q

confcience qu'on y fera tenu. Qui dit confcience, dit un fentiment intérieur, qui
nous avertit de ce que veut le Souverain
Juge. Le fyftême d'Epicure, & tout autre
femblable, anéantit donc la confcience.
Dans l'hypothefe même que Dieu connoî-
troit toutes nos actions, mais fans y prendre aucun intérêt, le témoignage que nous
pourrions nous rendre d'avoir bien ou mal
agi, ne feroit point le mouvement d'une
confcience parfaite. Ce que Dieu n'approuve, ni ne défapprouve, ce qu'il ne
veut ni récompenfer, ni punir, eft cenfé
comme non avenu pour la confcience. On
peut en efpérer de l'avantage, ou du défa-
vantage, des louanges ou des cenfures:
mais c'eft toute autre chofe quand on fuppofe que Dieu veille fur les actions des
hommes pour les traiter fuivant leurs œuvres. Dans cette dernière fuppofition,
le témoignage qu'on fe rend intérieurement,
n'eft point une idée infructueufe & ftérile
qu'on puiffe méprifer. La conviction où
je fuis que l'Etre Souverain me regarde de
bon ou de mauvais œil, rend ma condition bien différente de ce qu'elle feroit fans
cette conviction, fur-tout fi je fuis perfuadé que mon ame eft immortelle.

Comme il n'eft cependant point impoffible de croire en même-temps que l'ame pé-

rit avec le corps, & que Dieu veille sur les choses humaines, pour faire trouver dans cette vie des récompenses ou des punitions temporelles aux gens de bien & aux méchants ; je ne conteste pas qu'on ne puisse attribuer des sentiments intérieurs de conscience à des hommes qui ne croyent pas que leur ame survive à leur corps ; cette croyance, toute fausse qu'elle est, ne leur fait pas nécessairement conclure que leurs bonnes ou leurs mauvaises actions, ne puissent leur attirer la bienveillance ou l'indignation de l'Etre Suprême. J'avouerai donc que de tels hommes, malgré leur fausse croyance, peuvent se conduire par des motifs de conscience. Mais s'ils font tant que d'adopter le système impie qui regarde l'Etre Suprême comme spectateur indifférent de la conduite des humains, plus ils auront de force d'esprit, moins ils auront d'égard à des motifs de conscience, si tant est même qu'ils les comptent pour quelque chose.

Car, pourquoi disputer, si, sur de simples idées d'honnêteté morale, on peut former une conscience qui en mérite le nom? Si quelqu'un se plaît à parler de la conscience des Athées, des Epicuriens, des Spinosistes, pourquoi s'y opposer ? Mais peut-on aussi attribuer plus de force à cette

efpece de confcience, qu'à une toile d'a-
raignée? Il eft plus beau, en ne croyant pas
l'exiftence de Dieu, d'être jufte, fincere,
reconnoiffant, fidele à fes promeffes. Mais
dans les occafions où le commun des hommes fera perfuadé qu'il eft plus utile de n'ê-
tre pas jufte, fincere, reconnoiffant, fidele à fes promeffes, comment fe conduira-
ra-t-il, s'il n'eft guidé que par cette efpece de confcience que peut avoir un Epi-
curien & un Athée? Que penfer donc des
fondements des Sociétés qui fe feroient
formées fans la croyance en Dieu, rému-
nérateur du bien, & vengeur du mal?
Voilà la faute capitale que nous voudrions
encore un coup, n'avoir pas à reprocher à
Mr. Rouffeau. Dans l'Encyclopédie, article
Economie, qui eft de lui, on étale des principes fur l'origine du jufte & de l'injufte, où
l'on ne fait aucune mention de Dieu. On a
fuivi le même fyftême à l'article *Droit
naturel,* qui eft auffi de *Mr. Rouffeau.* Dans
le *Contraɛ̃t focial,* autre Ouvrage de *Mr.
Rouffeau,* on s'attache à des idées femblables. Mais les conventions des hommes,
ou leurs intérêts, foit en général, foit
en particulier, ne rendent point une chofe
jufte ou injufte, fuppofé que le Suprême
Légiflateur ne daigne pas y intervenir. La
volonté des hommes, quoique générale,

ne fait point par elle-même, qu'une loi oblige. Il pourra y avoir de la convenance &
de l'utilité d'observer cette loi : mais ce
n'est point-là l'idée précise d'obligation.
Les associations humaines, dont Dieu seroit simple spectateur, & qu'il ne ratifie-
roit point par son autorité, se réduiroient
donc à la loi du plus fort. On est libre
d'agir, si Dieu n'interdit point l'usage des
forces qu'on a, & qu'avec elles on puisse
enfreindre les Statuts des hommes. Tout
l'esprit des Encyclopédistes & de *Mr. Rouffeau* ne persuadera le contraire à aucun bon
Logicien.

Le monde moral obéit véritablement à
Dieu, & non le monde physique, qui
n'est qu'un assemblage d'Etres sans liberté,
& dont les opérations se réduisent à être
mus. S'il n'y avoit point d'autres Etres
dans l'Univers, tout y feroit passif. Des
créatures intelligentes & actives, images
vivantes du Créateur, lui rendent des hommages dignes de lui. Or, c'est sur-tout par
les sentiments de leur conscience, qu'elles lui
offrent un tribut volontaire. C'est par la
conscience que l'assujetissement des esprits
est entier à l'égard de Dieu. Il gouverne
les impies par les pensées & les motifs qu'il
fait naître en eux ; il les conduit à ses fins,
même en les abandonnant aux conseils de

leur cupidité & de leur malice. Mais une
autre espece de domination, plus glorieuse
à Dieu, c'est celle de la conscience. Ceux
qu'il gouverne par la conscience sont les
seuls qui peuvent véritablement s'attribuer
la qualité de ses serviteurs. Car, comme
pour reconnoître toute l'étendue de l'empire de Dieu sur l'Univers physique, il ne
lui en faut soustraire aucune partie, il en
est de même de l'empire de Dieu sur les
esprits, qui font le monde intellectuel; il
n'en seroit qu'imparfaitement le maître,
s'il n'étoit pas le maître de leurs consciences. Aristote a donné (*b*) une mortelle
atteinte au Dogme de la providence, en
la bornant à la Sphere de la Lune; ceux
qui font naître les Sociétés civiles, sans
que Dieu s'en mêle par l'empire qu'il a
sur les consciences, méritent un pareil reproche. Cette omission est criminelle,
puisqu'elle laisse les hommes arbitres de
leur soumission à ceux qui tiennent en
main l'autorité temporelle. Si Dieu ne dit
pas qu'il faut leur obéir par conscience,
on est sans joug, on est dans l'indépendance, on n'est lié que par des motifs

---

(*b*) Voyez *l'Histoire critique de la Philosophie de Jacques
Brucker*, Tom. 1. pag. 832, & l'Ouvrage du P. Mourgues,
qui a pour titre: *Plan Théologique du Pythagorisme*, &c.
pag. 75 & suiv.

d'une crainte, ou d'une utilité temporelles : ainſi, les inconvénients reprochés au
ſyſtême d'Hobbès reviennent ici dans toute leur force.

Mr. Rouſſeau l'a compris, & il prend
un tour ſingulier pour parer à la difficulté.
Il reconnoît la néceſſité des Dogmes de la
Religion, & il porte (*c*) ſi loin cette
néceſſité, qu'il veut qu'on mette à mort
celui qui, après avoir reconnu publique-
ment ces Dogmes, ſe conduit comme ne
les croyant pas. Or, parmi ces Dogmes
il compte l'exiſtence de Dieu, la vie à venir, le bonheur des Juſtes, le châtiment
des méchants, la ſainteté des loix & du
contract ſocial. Mais le Souverain n'ayant
d'autres droits que ceux que peut lui donner l'utilité de la Société, les ſujets ne lui
doivent (*d*) compte de leurs opinions,
qu'autant que ces opinions importent à la
Communauté ; & il lui importe fort peu que
chacun croye ce qu'il lui plaît. Il n'appartient pas au Souverain de connoître quel
ſera le ſort des ſujets dans l'autre vie: ce
n'eſt pas ſon affaire, pourvu qu'ils ſoient
bons ſujets dans celle-ci. Sur ces beaux prin-

(*c*) *Contract ſocial* , Liv. 4. ch. 8. pag. 204, Edit.
d'Amſterdam 1762.
(*d*) *Ibid.* pag. 203.

Q iv

cipes, *Mr. Rousseau* permet aux sujets de penser intérieurement ce qu'ils veulent, pourvu que leur conduite extérieure ne porte aucun préjudice à l'Etat.

Une seule refléxion fera crouler les fondements de cette espece de système. Le *droit*, nous-dit-on, *que le pacte social donne au Souverain*, &c. Je demande s'il peut y avoir quelque droit qui ne vienne originairement de Dieu. S'il n'y avoit point de Dieu, ou s'il ressembloit à la Divinité d'Epicure, spectatrice indifférente de ce qui se passe dans le monde, que signifieroit le mot *droit* ? Rien du tout, ou il signifieroit la loi du plus fort. Pourquoi ne pas dire tout simplement l'une de ces deux choses. Il n'y a naturellement rien de juste ni d'injuste ; il n'y a point d'autres obligations que celles qui naissent de nos propres intérêts ; ou bien : Dieu, ami de l'ordre, protecteur de ses créatures, veut qu'elles contribuent à leurs avantages réciproques, leur ordonne de vivre en paix, leur défend de se nuire : voilà l'origine des loix naturelles ; voilà la source de l'obligation imposée aux hommes d'observer le *pacte social*, & de vivre paisiblement dans la Société où la providence les a fait naître. Quand on admet ces principes, on ne sauroit douter qu'avant tout pacte social, il n'y ait des loix naturelles ; que les hommes ne doivent reſpecter les déciſions d'une conſcience éclairée ; qu'ils ne ſoient tenus d'aimer la vérité & la juſtice ; qu'ils n'ayent des devoirs plus anciens que les Sociétés civiles : loix, devoirs, dont l'obſervation aura influence dans leur ſort à venir, ſoit qu'ils veuillent, ſoit qu'ils ne veuillent pas ſe conſidérer de la façon qu'il plaît à *Mr. Rouſſeau.* Bon gré, malgré, ils exiſteront après la mort, pour recevoir le ſalaire de leurs œuvres. Ainſi, nonobſtant les ſpéculations de notre Auteur, ſi ce n'eſt pas au Prince à régler les Dogmes de la Religion, il commettra une injuſtice aux yeux de la Divinité, & il uſurpera ſes droits, s'il décerne quelque punition ſur la croyance des vérités que Dieu fait connoître, ou par la raiſon, ou par la révélation. Les droits de Dieu ne diffèrent point de ſes Ordonnances, & ne peuvent ſe trouver en conflit avec des droits humains.

Si *Mr. Rouſſeau* eût refléchi ſur des principes ſi ſimples, il ne nous eût pas débité tant de paradoxes ; il ne nous eût pas forgé une double eſpece de Religion, l'une purement civile, aſſortie aux intérêts & à la prétendue utilité de la Société civile ; & l'autre, la Religion des particuliers, qui ne doivent point compte au Souverain, de

leurs opinions. Des Dogmes & des loix
qui n'ont point d'empire fur la confcience
ne méritent point le nom augufte de Religion, & ne fauroient en faire des parties
effentielles. Ce qui eft capital dans la Religion émane de Dieu; & il n'y eft capital
que parce qu'il en émane. Ainfi, une profeffion de Foi purement civile, dont il appartient au Souverain de fixer les articles,
eft un affemblage d'idées incompatibles.
Il n'y a rien de férieux dans une profeffion
de Foi, dictée par une autorité qui n'ofe-
roit fe débiter pour infaillible, & qui prefcrit des articles qu'on n'eft point obligé de
croire intérieurement. Cette efpece de
croyance feroit équivalente à ce difcours:
» Je fais profeffion de tels & tels Dogmes.
» qui me paroiffent faux ou incertains, &
» auxquels je ne fuis point attaché de cœur,
» quoique dife ma langue. »

Au lieu de ces paradoxes, voici les leçons de la Théologie Chrétienne. Ce que
Dieu apprend aux hommes ou par la raifon,
ou par la révélation, ne peut être ni contredit, ni révoqué en doute. La Société
religieufe en étant la dépofitaire, elle doit
tout fouffrir, plutôt que de l'abandonner,
ou de confentir qu'il lui foit donné atteinte. Mais n'ayant d'autre moyen pour faire
recevoir les Dogmes qu'elle tient de Dieu,

que la voie de la perſuaſion, ſi on ne veut
pas déférer aux raiſons qu'elle allegue, elle
ne peut diſſimuler que cette déſobéiſſance
attire l'indignation de Dieu. C'eſt-là ſans
doute un terrible anathême. Eſt-ce néanmoins rien ajouter à la déciſion de Jeſus-
Chriſt, lorſqu'il a prononcé : celui qui ne
croira point (*e*) ſera condamné. S'il eſt
l'infaillible Docteur de la vérité, la conſéquence eſt certaine, l'Intolérance Théologique eſt un Dogme fondamental dans le
Chriſtianiſme.

Mais l'Intolérance civile eſt preſque uni-
verſellement odieuſe; & *Mr. Rouſſeau* voudroit qu'on prît la même averſion pour
l'une que pour l'autre. Il prétend qu'on
fait là-deſſus une diſtinction puérile & vaine. On ne peut, dit-il (*f*), admettre l'une
ſans l'autre. Des Anges mêmes, ce ſont ſes
expreſſions, ne vivroient pas en paix avec
des hommes qu'ils regarderoient comme
les ennemis de Dieu. Cette refléxion lui
paroît ſi déciſive, qu'il la répete dans un
autre Ouvrage. » Il eſt impoſſible, dit-il,
» (*g*) de vivre en paix avec des gens qu'on
» croit damnés. Les aimer, ſeroit haïr

(*e*) Marc, 16. v. 15.
(*f*) *Emile*, Tom. 3. pag. 172 & 173 dans une Note.
(*g*) *Contract ſocial*, pag. 204 & 205.

Q vij

» Dieu , qui les hait ; il faut abfolument
» qu'on les ramene ou qu'on les tourmen-
» te.. » La tolérance qu'on doit à tous les
errants ne doit donc pas feulement être civile & temporelle ; il faut les regarder comme les membres de la même Société temporelle & éternelle.

Quels paradoxes ! Quoi ! les hommes à
qui l'on doit la charité , l'amitié, les devoirs de la vie civile, on leur doit auffi
de croire qu'ils font les héritiers du Royaume du Ciel ! Aimer les hommes , c'eft hair
Dieu , qui peut-être les punira dans l'autre vie. Encore un coup , quels paradoxes !
Il faut amener les hommes à la connoiffance de la vérité , quand on le peut , par des
moyens légitimes. Les tourmenter n'eft pas
une voie pour les y conduire, ni une ref-
fource pour les convertir. Sans être un
Ange, même fans être un homme bien
vertueux , on peut & l'on doit chérir ceux
qu'on fait être actuellement les ennemis de
Dieu, mais dont il n'eft pas permis de juger qu'ils le feront dans la vie à venir.
Enfin , l'Intolérance Théologique , bien
loin de nous infpirer de l'averfion pour
ceux que la révélation nous apprend être
hors de la voie du falut , doit réveiller notre zele pour les y ramener.

Mais n'eft-ce point calomnier *Mr. Rouffeau*

de lui imputer qu'il forme les Sociétés civiles, ſans que la Divinité s'en mêle, lui,
qui parle ſi ſouvent de conſcience dans ſon
Emile ? Le mot de conſcience a-t-il quelque
ſignification, ſi l'on ne ſuppoſe un Dieu
qui donne des loix à des créatures intelligentes ? Je conviens de la juſteſſe de l'obſervation ; & je tombe d'accord que *Jean-
Jacques* eût dû ſentir la contradiction ; mais
les contradictions lui ſont familieres, comme on lui en a fait le reproche (*h*). Il oublie de faire ici mention de la Divinité,
où il étoit le plus indiſpenſable d'en parler. Il devoit rendre raiſon pourquoi ſont
obligatoires les conventions réciproques
que les hommes font en entrant en Société. Les plus ſimples lumieres du bon ſens
ſuggerent la réponſe à cette queſtion : c'eſt
que Dieu le leur preſcrit, & que ſans Maître, la nature le leur enſeigne. Cet enſeignement ne differe en rien de la conſcience :
& l'on ne peut aſſez s'étonner qu'un Ecrivain qui ſemble Orthodoxe ſur l'exiſtence
de Dieu, ne le mette pour rien dans ſon
analyſe de la formation des Sociétés civiles.
Je dis qu'il ſemble Orthodoxe ſur l'exiſtence de Dieu : car voici ſon langage. » Je crois

---

(*h*) Voyez la Cenſure *d'Emile* par la Sorbonne.

» que (*i*) le monde eft gouverné par une
» volonté prudente & fage ; je le vois, ou
» plutôt je le fens » ; & deux pages plus bas :
» J'apperçois (*k*) Dieu par-tout dans fes
» œuvres, je le fens en moi , je le vois tout
» autour de moi. » Quand je ne pourrois
pas faire valoir, pour conftater l'Orthodoxie
de *Mr. Rouffeau* fur l'exiftence de Dieu ,
l'eftime qu'il témoigne pour Mr. Clarke,
ces textes , & bien d'autres qu'on y pourroit ajouter , ne laiffent pas foupçonner fes
fentiments fur ce Dogme fondamental. Que
dire cependant des doutes qu'il répand fur
les attributs de l'Etre Suprême ? » Ce mon-
» de , nous-dit-il , eft-il (*l*) éternel , ou
» créé ? Y a-t-il un principe unique des
» chofes ? y en a-t-il deux, ou plufieurs, &
» quelle eft leur nature ? je n'en fais rien &
» que m'importe ? » Je ne fais point de refléxions fur cette affreufe Philofophie ; &
je reviens à la maniere dont il conçoit
qu'ont été formées les Sociétés civiles. Il la
réduit à ce principe : » Chacun de nous
» (*m*), ce font fes paroles, chacun de nous
» met en commun fa perfonne , & toute fa

_____

(*i*) *Emile* , Tome 3. page 56.
(*k*) *Ibidem* , pag. 58.
(*l*) *Ibidem* , pag. 56.
(*m*) Voyez *Emile* , Tome 4. pag. 365 , & le *Contract*
Social ; où il répete la même chofe , page 18.

» puiffance fous la fuprême direction de la
» volonté générale, & nous recevons en
» corps chaque membre comme partie in-
» divifible du tout. » Qu'on donne à ce
prétendu principe toute la force qu'on voudra ; que chacun des membres de la Société
l'accepte expreffément & formellement,
il reftera toujours à favoir s'il lie la confcience, & en vertu de quoi elle fe trouve liée ? La volonté & l'utilité des membres de la Société ne fuffifent point pour
produire une obligation de confcience. Si
l'on exclut la Divinité, la conftruction de
cet édifice, il manquera de fondement :
ce fera (*n*) une Ville bâtie en l'air ; car

» (*n*) Vous trouverez des Villes qui ne font point
» clofes de murs, qui n'ont point de Lettres, qui
» n'ont aucuns Rois, voire qui n'ont point de mai-
» fons, ni point d'argent, ni ne fe fervent point de
» monnoye, qui ne favent que c'eft de Théatres, ni
» des exercices du corps : mais vous n'en trouverez
» jamais qui foit fans Dieu, qui n'ait point de fer-
» ment à jurer, qui n'ufe point de prieres, ni de fa-
» crifices pour obtenir des biens, & détourner des maux :
» jamais homme n'en vit, ni n'en verra jamais : ainfi
» me femble que plutôt une Ville feroit fans fole, qu'une
» Police ne s'y drefferoit & établiroit fans aucune Reli-
» gion ou opinion des Dieux, & fans la conferver après
» l'avoir eue. C'eft ce qui contient toute Société humai-
» ne : c'eft le fondement & appui de toutes loix, &ç.
» *Plutarque contre Colotes*, *Verfion d'Amiot*, chapitre 28.
» & antepénultieme. Grotius confirme ce fentiment par
nombre d'autorités d'Auteurs anciens. Voyez *le Droit de
la guerre & de la paix*, liv. 2. ch. 20. §. 44.

la volonté générale n'a point d'empire sur
la confcience des particuliers, à moins que
Dieu ne le lui donne. Dieu feul peut dépouiller les hommes de leur indépendance ;
leurs conventions font fans force dès qu'ils
ne veulent plus y tenir, & qu'on fuppofe
que la volonté divine ne le leur prefcrit
point. Le lien, ou la loi de la confcience
n'eft rien (*o*) pour les Athées, & pour
tous ceux qui ne croyent pas que Dieu ra-
tifie les conventions mutuelles que les
hommes font entre eux. Or, entre ces conventions, il n'en eft point de fi importantes que celles qui donnent naiffance aux Sociétés civiles. Par quel éblouiffement, je
le répete, Dieu n'y eft-il, n'y entre-t-il
pour rien ?

On me répondra peut-être, que c'eft une
chofe qui s'entend d'elle-même, fans qu'il
foit néceffaire d'en faire une mention ex-
preffe. Mais fi *Mr. Rouffeau* accepte cette
réplique, ne voit-il pas qu'il renverfe fon
propre édifice, du-moins, qu'il le rend
inutile ? Car fi l'on convient que Dieu
veut que les hommes exécutent les conventions qu'ils font entre eux en formant
les Sociétés civiles, il faut également tom-

(*o*) Voyez Puffendorf, *Droit de la nature & des gens*,
liv. 3. ch. 4. §. 4.

ber d'accord que Dieu veut qu'ils ſoient fideles à l'obſervation des loix naturelles, avant de former des Sociétés civiles, qu'il veut que ſous le gouvernement paternel, monarchique, ou autre, on garde ces mêmes loix, & les autres qui y ſont établies, pourvu qu'elles n'ayent rien de contraire à celles de Dieu. Ainſi, dans tous les pays du monde, ſoit qu'on ait penſé, ſoit qu'on n'ait point penſé au Contract ſocial de *Mr. Rouſſeau*, les hommes doivent être ſinceres, reconnoiſſants, fideles à leurs promeſſes, charitables, patients, pacifiques. Par-tout il eſt défendu, & c'eſt Dieu qui fait cette défenſe, d'être inquiet, turbulent, vindicatif, avide du bien d'autrui. Par-tout il eſt défendu de ſacrifier le repos public à des intérêts perſonnels, legers & incertains; par-tout il eſt défendu d'écouter des ſpéculations philoſophiques, dont les conſéquences vont à bouleverſer les Sociétés civiles. Il n'y a nulle apparence qu'aucune Société civile ait eu une origine ſemblable au plan que *Mr. Rouſſeau* nous a tracé. Mais il n'eſt pas douteux que Dieu nous ordonne de vivre en paix dans l'état où ſa providence nous fait naître, & d'y obſerver les loix naturelles & les loix politiques qui n'ont rien de vicieux. Sans diſputer, ſi, afin de former une Société ci-

vile fur un plan jufte & légitime, il ne
faudroit point adopter celui du *Contract
focial* , on devroit décider par provifion ,
que ce feroit un devoir de confcience de
ne point écouter un politique qui à travers
mille périls & mille calamités , voudroit
nous engager à quitter ou à changer la Société dont nous ferions membres. La charité qu'on fe doit à foi-même ne permet-
troit pas de s'embarquer dans une pareille
entreprife , ni par conféquent auffi la confcience , qui ne fauroit infpirer des confeils
contraires à ceux de la reine des vertus.

Or, de tous les Tribunaux, il n'en eft
point pour *Mr. Rouffeau* , de fi refpectable
que celui de la confcience. Il en parle
avec un enthoufiafme tout divin. Tranfcri-
vons fes paroles. » Le meilleur (*p*) de
» tous les Cafuiftes eft la confcience.....
» Trop fouvent (*q*) la raifon nous trompe :
» nous n'avons que trop acquis le droit de
» la récufer : mais la confcience ne trom-
» pe jamais : elle eft le vrai guide de l'hom-
» me.... Confcience ! (*r*) Confcience !
» Inftinct divin, immortelle & célefte voix !
» Guide affuré d'un être ignorant & borné,

(*p*) *Emile* , Tom. 3. pag. 90.
(*q*) *Ibid.* pag. 91.
(*r*) *Ibid.* pag. 105.

» mais intelligent & libre ! Juge infaillible
» du bien & du mal , qui rends l'homme
» femblable à Dieu , &c ! » Qui ne feroit
faifi de refpect à un langage qui reffemble
fi bien à celui d'un Prophete ? Mais de
quelle confcience nous a parlé *Mr. Jean-
Jacques* ? Eft-ce de la confcience d'un Idolâtre , d'un Mahométan, d'un Proteftant ,
d'un Catholique, d'un Partifan de la loi naturelle ? Nous n'en favons rien ; nous favons feulement que *Mr. Rouffeau* nous débite le plus parfait Fanatifme , fans renoncer pourtant au privilege de déclamer contre le Fanatifme en beaucoup d'endroits de
fon Livre. Qu'on juge par-là de la confiance qu'on doit avoir en fes leçons.

F I N.

TABLE.

✳✳✳✳✳✳✳✳✳✳✳✳✳✳✳✳✳✳✳✳✳✳✳✳✳

SECTION PREMIERE.

NECESSITÉ de répondre aux objections des Incredules. A quelles conditions nous pouvons nous y engager. Célebre paſſage de *Mr. Rouſſeau* ſur JESUS-CHRIST, & ſur les Evangiles, Page 1.

SECTION SECONDE.

Le paſſage ſur JESUS-CHRIST, de *l'Auteur d'Emile*, eſt en contradiction avec le reſte de l'Ouvrage. Quels ſont les Dogmes abſurdes que *Mr. Rouſſeau* trouve dans le Nouveau Teſtament. Il eſt impoſſible qu'on les y ait inſérés après coup. 8

SECTION TROISIEME.

Le *Vicaire Savoyard* approuve toutes les Religions. Selon lui, le culte eſſentiel eſt celui du cœur ; & le Calviniſme de Geneve, la Religion qu'il approuve le plus. Il exerce les fonctions de la Religion Catholique, laquelle n'en tolere aucune autre. La volonté de plaire à Dieu rend attentif aux preuves de la véritable Religion. L'intention d'honorer Dieu, mauvaise apologie des cultes mauvais & impies. Que juger de ceux dont on ne fait comment ils ont été établis, & par quels motifs ? C'est se contredire, d'approuver des Religions intolérantes ; & telles font le Mahométisme & le Christianisme. Si toutes les Religions font bonnes, Jesus-Christ est un Docteur de mensonge. Le Paganisme, trop abominable pour être une bonne Religion.   17

SECTION QUATRIEME.

Réfutation des objections du *Vicaire Savoyard* contre la nécessité de la Révélation. Le culte religieux des premiers hommes venoit de Dieu. Sans la Révélation, nulle uniformité dans la croyance. La raison naturelle ignore quelle est la destination de l'homme, & les moyens d'y parvenir. On déguise les effets de la Révélation, pour l'attaquer, & on la confond avec les fausses Révélations ; celles-ci prouvent la nécessité d'une véritable Révélation. Ce que Dieu ajoute au culte essentiel est d'une nécessité indispensable. Confiance insensée des Fanatiques, fondée sur l'abus de cette parole : *Le cœur fait tout dans la Religion*. Nécessité du culte extérieur.   45

SECTION CINQUIEME.

On ne peut faire un crime à la Providence;

de ce que l'autorité paternelle inspire une fausse croyance au plus grand nombre des humains. De la foiblesse & de l'ignorance où naissent tous les hommes, il s'ensuit que les parents doivent instruire leurs enfants sur la Religion, comme sur tout le reste. *Mr. Rousseau* ne veut pas qu'on donne des leçons aux jeunes gens sur le culte religieux, qu'ils n'ayent environ vingt ans. Impiété de cette pratique. Ne point différer d'apprendre les preuves de la véritable Religion. L'ignorance de ces preuves n'exclut pourtant pas de la voie du salut, quand on n'a aucun doute sur la vérité du Christianisme. Ne point accuser de mauvaise foi les gens élevés dans l'erreur.　　　67

SECTION SIXIEME.

La naissance, principale cause extérieure du salut. Nulle différence essentielle entre la prédestination *ante* & *post prævisa merita.* Le salut vient de la bonté de Dieu ; les réprouvés ne peuvent imputer leur malheur qu'à eux-mêmes. La prévision de l'avenir expose les Pélagiens aux objections qui attaquent les Orthodoxes. Ne point imputer à Dieu qu'on puisse errer dans le choix d'un culte. Des signes de la vraie Religion & de la bonne foi qui justifie au Tribunal de Dieu. L'ignorance volontaire n'y excuse point. Il faut être fort réservé à accuser de mauvaise foi ceux qui ont été élevés dans des fausses Religions.　　　84

SECTION SEPTIEME.

L'ignorance sur les disputes de Religion n'au-

torife point à admettre l'indifférence des Religions. On ne doit point quitter la Religion où
l'on eft né, fans avoir des raifons de la croire
fauffe. Les ignorants de l'Eglife font en voie de
falut : mais ils doivent fe faire inftruire. Etrange
impiété de *Mr. Rouffeau*, qui ne veut pas qu'on
pratique de culte religieux avant dix-huit ou vingt
ans. Sans une connoiffance entiere de ce qu'en
favent des gens mieux inftruits, on peut être
Chrétien. Origene étoit dans cette penfée, &
d'autres Peres après lui. Facilité de comprendre
les raifons qui doivent faire préférer la Religion
Catholique à toute autre Religion. Obligation de
remplir les devoirs du Chriftianifme, quoiqu'on
n'ait point encore diftinctement refléchi fur fes
preuves. L'ignorance où naiffent les hommes doit
les attacher d'abord à la Religion de leurs Peres.
Dieu feul connoît quand l'attache à cette Religion fuppofée fauffe, devient condamnable. 103

SECTION HUITIEME.

Suite des objections des Incredules, fondées
fur la néceffité de connoitre les motifs de fa
croyance. Malgré l'ignorance de ces motifs, on
peut être en voie de falut. Avec des connoiffances très-diftinctes fur bien de chofes, on eft très-
ignorant fur d'autres, fans en être coupable. On
peut en donner pour exemple les preuves de la
Religion. Grande indulgence de l'Eglife pour
les erreurs puifées dans le bas âge. Sentiment de
Saint Auguftin fur ce fujet, adopté par les Théologiens. L'amour effectif de la vérité n'eft pas
prouvé par des paroles. En fe féparant de l'E-

glife, on fe met dans l'obligation de faire des
recherches impoffibles, & on fe trouve privé des
Sacrements de Jefus-Chrift. 127

SECTION NEUVIEME.

De la prétendue infuffifance des preuves du
Chriftianifme. Dieu n'eft pas obligé d'agir au gré
des hommes. Averfion déraifonnable du *Vicaire
Savoyard* pour les témoignages humains, fans lefquels il eût fallu renouveller pour chaque croyant
les prodiges qui ont fervi de preuve à la Révélation. Etrange hardieffe de *Mr. Rouffeau*, de
ne pas tomber d'accord que l'éloge qu'il a fait de
Jefus-Chrift a pour appui, des témoignages humains. Il n'y a que ce feul moyen pour établir
& l'authenticité & la divinité des Evangiles.
Mr. Rouffeau ayant tort dans le fonds, eft impardonnable d'avoir répondu d'une maniere fi peu
réfervée à M. l'Archevêque de Paris. 145

SECTION DIXIEME.

Nos preuves ne perdent rien de leur force,
malgré les fuppofitions du *Vicaire Savoyard.* Ce
qu'il objecte touchant les Prophéties & les anciens
Monuments, & encore touchant les infidélités
des copiftes & des traducteurs, fe réduit à des
minuties. Il eft mieux de ne pas faire valoir les
preuves incertaines. On n'a pu fe faire illufion
fur les miracles de Jefus-Chrift & des Apôtres.
On ne peut rien conclure de ce que nous ne
favons

favons pas fi les anciens ennemis de notre Religion en connoiſſent bien les preuves. Ils ſont nos témoins , & nous ſommes certains qu'ils étoient per-ſuadés des faits qui établiſſent que le Chriſtianiſme doit ſon origine à des cau-ſes ſurnaturelles. Leurs objections ne nous ſont point inconnues. Cependant la perte de leurs Ouvrages nous doit être plus ſenſible qu'aux Incrédules. Rien n'a tant contribué à la perte de ces Ouvrages que le mépris qu'on en a fait : ſujets de triomphe qu'ils nous fourniroient , s'ils ſubſiſtoient encore. 169.

SECTION ONZIEME.

Rien n'eſt plus frivole ſur-tout dans les principes du *Vicaire Savoyard*, que ce qu'il débite ſur la loi des ſorts & des probabilités éventives, Sans la con-noiſſance des langues originales , on peut faire uſage des Prophéties. L'incertitu-de de certains faits , que la critique ſuſ-pecte , & l'ignorance de ce qui diſtingue les évenements naturels & les ſurnatu-rels , ne peuvent rien faire conclure contre la preuve que fourniſſent au Chriſtianiſme une infinité de prodiges incontestables. On ne peut non plus rien conclure du conflit des miracles de Moïse, & ceux que prétendirent lui opposer les Magiciens de Pharaon. 197.

SECTION DOUZIEME.

Nous ne pouvons connoître les événements de l'Antiquité, ni ceux des pays éloignés, que par des témoignages humains attestés par d'autres témoignages humains. L'Histoire profane nous étant connue par ce moyen, pourquoi se plaindre que celle de la Religion le soit aussi ? Témoignages qui nous ont transmis l'Histoire de la Religion ; sans les miracles dont l'Histoire du commencement du Christianisme est remplie, elle seroit absurde & impossible. Les Auteurs anciens, sacrés & profanes, nous parlent dans leurs Livres Il a fallu multiplier les miracles, pour établir la Loi de Moïse & celle de J. C. Mahomet n'a point prétendu en faire. Il en est de même des Sectaires Chrétiens. 211.

SECTION TREIZIEME.

Chicane frivole sur le nombre des

témoins nécessaires pour constater un miracle. Examen de la difficulté triviale que nous prouvons la doctrine par les miracles, & les miracles par la doctrine. On calomnie la Révélation Chrétienne, en lui imputant d'attribuer à Dieu des défauts. Sans injustice Dieu fait un partage inégal de ses faveurs. Il n'y a que les Dogmes décidés par l'Eglise, que nous soyons obligés de défendre contre les Incrédules. On renverse tout le Système du Christianisme, en prétendant qu'il ne doit y avoir aucune obscurité dans ses Dogmes. Du Dialogue entre un Inspiré & un Philosophe. Le *Vicaire Savoyard* y suppose faussement que les Dogmes révélés sont contraires à la droite raison. 233.

SECTION QUATORZIEME

Personne, selon le *Vicaire Savoyard*, n'est capable de faire choix d'un culte religieux. Abus de la maxime qu'il faut écouter toutes les parties, tout examiner, &c. On peut sans nouvel examen & sur le simple coup d'œil, proscrire la Religion Payenne & la Mahométane. Des questions autrefois agitées ne doivent

plus l'être à préfent. Objection contre
la certitude de l'Hiftoire ancienne. L'Hiftoire Orientale de Perfe eft apocryphe.
L'accompliffement de la Prophétie du
huitiéme Chapitre de Daniel ne peut
être attribué qu'à une providence toute
divine. Avec les lumieres les plus communes on eft fuffifamment affuré que les
motifs de beaucoup de cultes religieux
étoient frivoles , & que les Religions
qui n'ont point de preuves de leur inftitution divine , font fauffes. Quand eft-
ce précifement que deviennent coupables de s'attacher à une fauffe Religion,
ceux qui y ont été élevés ? Queftion
prefque infoluble.   251.

SECTION QUINZIEME.

Le cours naturel des chofes humaines
a fait que les langues dans lefquelles
fut écrite la révélation , ne font plus des
langues vulgaires. L'infidélité des verfions n'eft nullement à craindre. La
révélation eft une grace infiniment précieufe , quoique les Incrédules ne ceffent
de chicaner pour montrer qu'elle eft
inutile. Certitude des miracles qui ont
confirmé la doctrine de l'Evangile. On

ne peut former des doutes fur ce que penfoient les Apôtres touchant l'infpiration des Livres facrés. Ces Livres nous apprennent ce que nous n'aurions pu favoir fans eux, ou ce que nous n'aurions pu favoir avec autant de clarté & de certitude. Voie abrégée pour s'affurer de l'infaillibilité de l'Eglife, qui fait mieux que perfonne, quelles font fes prérogatives. Témoignage de l'Eglife, recevable, quoique rendu dans fa propre caufe. Réunion de l'Ecriture, des faftes Eccléfiaftiques & de la raifon, pour établir l'autorité de l'Eglife. Cette autorité ne peut appartenir qu'à la Communion Catholique. Dieu n'a pu faire divorce avec l'Eglife. Les Sectaires doivent difcuter tous les points de leur doctrine. 276.

SECTION SEIZIEME.

On ne peut rien conclure contre le Chriftianifme, de ce que quelques Infideles ne l'on point affez connu, pour être obligés de l'embraffer. Mais ils doivent être ébranlés quand ils entendent des Miffionnaires qu'on ne peut foupçonner de prêcher l'Evangile par des vues humaines. Nous ne prétendons point que les Infideles embraffent l'Evangile fans des motifs raifonnables. Dieu, maître de fes faveurs, a pu faire connoître fa révélation à certains Peuples plutôt qu'à d'autres. Ce n'eft ni par la Tradition orale, ni chez des Nations qui ne cultivent point les Lettres, qu'on peut apprendre les évenements d'une antiquité bien reculée. C'eft par le Nouveau Teftament feul qu'on peut être inftruit avec certitude, de l'Hiftoire de la naiffance du Chriftianifme. Il eft ridicule de vouloir l'apprendre chez fes ennemis.   300.

SECTION DIX-SEPTIEME.

Contradiction entre l'éloge de Jefus-Chrift & des Evangéliftes, que *l'Auteur d'Emile* met dans la bouche du *Vicaire Savoyard*, & l'idée du même *Vicaire* que tous les Infideles fe tranfportent en Paleftine pour s'y affurer de ce que racontent les Evangéliftes. Caufe de cette contradiction. Autre paradoxe du *Vicaire Savoyard* qui voudroit que tout le monde examinat tous les cultes religieux. Les Eleves de la véritable

Religion, n'y sont point obligés. Si les Missionnaires connoissoient des Infideles désireux de se faire instruire, Ils ne manqueroient pas de voler à leur secours. Les Enfants Chrétiens doivent, autant qu'ils en sont capables, connoître les motifs qui justifient leur attachement au Christianisme. Certitude des conséquences nécessaires des Dogmes définis. Des suppositions qu'il faut faire pour défendre certaines opinions Théologiques. Le *Vicaire Savoyard* mal instruit des Dogmes Catholiques. 317.

SECTION DIX-HUITIEME.

Motifs de l'aversion de *M. Rousseau* pour le Dogme de l'Intolérance Théologique. Les raisons qu'il allegue contre ce Dogme en sont plutôt la preuve. Le *Philosophe de soi-même*, Livre Arabe sembleroit établir qu'on peut parvenir à toutes sortes de connoissances par l'usage de ses propres facultés ; mais ce n'est qu'un Roman. Des faits certains & des arguments appuyez du suffrage même de *M. Rousseau*, démontrent que sans aucune espece d'instruction, les hommes ne pourroient qu'être profondement ignorants,

& presque stupides. La sagacité de certaines gens ne conclud rien pour le reste
du genre humain. Les découvertes de
la Philosophie, bien inférieures à celles
que nous devons à la révélation. La
neutralité proposée par M. *Rousseau*,
impossible. Si Jesus-Christ n'est pas un
imposteur, il faut indispensablement être
Chrétien. L'obligation d'embrasser la
révélation n'est point contraire à la Justice de Dieu.   336.

SECTION DIX-NEUVIEME.

Si Dieu n'intervient dans la formation
des Societés, leurs membres ne font
point liés par des obligations véritables.
La grande gloire de Dieu est d'être Maître de la conscience. Tout droit émane
originairement de Dieu. Etranges principes de M. *Rousseau* sur la Religion de
l'état, & sur la liberté des particuliers
de croire ce qu'il leur plaît. L'Intolérance Théologique, Dogme fondamental dans le Christianisme. M. *Rousseau*,
Pyrrhonien sur les attributs de Dieu.
L'éloge qu'il fait de la conscience se
réduit à un vrai Fanatisme.   360.

Imprimé en France
FROC031936060720
24425FR00012B/544